O MELHOR DA MÚSICA POPULAR BRASILEIRA

Versão Compacta

Mário Mascarenhas

VOL. II

300 canções cifradas para violão

Nº Cat.: 292 - A

Irmãos Vitale S/A Indústria e Comércio
E-mail: irmaos@vitale.com.br
Rua França Pinto, 42   Vila Mariana   São Paulo   SP
CEP: 04016-000   Tel: 11 5574-7001   Fax: 11 5574-7388

© Copyright 2001 by Irmãos Vitale S. A. Ind. e Com. - São Paulo - Brasil
Todos os direitos autorais reservados para todos os países. *All rights reserved.*

Dados Internacionais de Catalogação na Publicação (CIP)
(Câmara Brasileira do Livro, SP, Brasil)

Mascarenhas, Mário
   O melhor da música popular brasileira: versão compacta, vol. 2: 300 canções cifradas para violão / Mário Mascarenhas. -- São Paulo: Irmãos Vitale

1. Música popular - Brasil   I. Título.

01-3568   CDD-781.630981

Índices para catálogo sitemático:
1. Brasil: Música popular   781.630981
2. Música popular brasileira   780

CRÉDITOS

Concepção musical   *Mário Mascarenhas*

Revisão musical e sumário de acordes   *Claudio Hodnik*

Projeto gráfico e capa   *Marcia Fialho*

Ilustrações de capa   *Lan*

Editoração eletrônica   *Marcia Fialho*

Revisão de texto   *Marcos Roque*

Gerente de projeto   *Denise Borges*

Produção executiva   *Fernando Vitale*

Sumário

Nota do Editor — 11

Músicas

A Bahia te espera — *Herivelto Martins e Chianca de Garcia* — 94
A banda — *Chico Buarque de Hollanda* — 104
A flor e o espinho — *Nelson Cavaquinho, Guilherme Brito e Alcides Caminha* — 84
A fonte secou — *Monsueto C. Menezes, Tuffy Lauar e Marcelo* — 295
A lenda do abaeté — *Dorival Caymmi* — 338
A lua e eu — *Cassiano e Paulinho Zdonowski* — 359
A saudade mata a gente — *João de Barro e Antonio Almeida* — 319
A vida do viajante — *Luiz Gonzaga e Hervê Cordovil* — 391
A volta do boêmio — *Adelino Moreira* — 92
A volta — *Roberto Menescal e Ronaldo Boscoli* — 356
A voz do morro — *Zé Keti* — 106
A voz do violão — *Francisco Alves e Horácio Campos* — 160
Abismo de rosas — *João do Sul e Américo Jacomino (Canhoto)* — 96
Abre a janela — *Arlindo Marques Jr. e Roberto Roberti* — 85
Acalanto — *Dorival Caymmi* — 111
Acorda Maria Bonita (Se eu soubesse) — *Antônio dos Santos (Volta Seca)* — 294
Adeus, batucada — *Synval Silva* — 80
Adocica — *Beto Barbosa* — 386
Ai que saudade da Amélia — *Ataulpho Alves e Mario Lago* — 337
Alguém me disse — *Jair Amorim e Ewaldo Gouveia* — 300
Álibi — *Djavan* — 113
Alô, alô, marciano — *Rita Lee e Roberto de Carvalho* — 122
Amanhã — *Guilherme Arantes* — 326
América do Sul — *Paulo Machado* — 390
Amoroso — *Garoto e Luiz Bittencourt* — 392
Andança — *Danilo Caymmi, Edmundo Souto e Tapajós* — 214
Andorinha preta — *Breno Ferreira* — 237
Anos dourados — *Antônio Carlos Jobim e Chico Buarque de Hollanda* — 266
Antes que seja tarde — *Ivan Lins e Vitor Martins* — 374
Aos pés da cruz — *Marino Pinto e Zé da Silva* — 120
Aparências — *Cury e Ed Wilson* — 428
Apesar de você — *Chico Buarque de Hollanda* — 116
Argumento — *Paulinho da Viola* — 152

Arrasta a sandália – *Oswaldo Vasquez e Aurélio Gomes* *154*
Arrastão – *Edu Lobo e Vinícius de Moraes* *70*
Arrependimento – *Sylvio Caldas e Cristovão de Alencar* *394*
As curvas da estrada de Santos – *Roberto Carlos e Erasmo Carlos* *180*
As praias desertas – *Antônio Carlos Jobim* *236*
Asa branca – *Luiz Gonzaga e Humberto Teixeira* *72*
Azul – *Djavan* *231*
Azul da cor do mar – *Tim Maia* *232*
Azulão – *Jayme Ovalle e Manoel Bandeira* *331*
Baby – *Caetano Veloso* *102*
Bahia com h – *Denis Brean* *380*
Baião caçula – *Mário Gennari Filho e Felipe Tedesco* *396*
Baião de dois – *Luiz Gonzaga e Humberto Teixeira* *161*
Balada do louco – *Arnaldo Baptista e Rita Lee* *224*
Balanço zona sul – *Tito Madi* *110*
Bandolins – *Oswaldo Montenegro* *384*
Banho de cheiro – *Carlos Fernando* *352*
Beija-me – *Roberto Martins e Mario Possi* *397*
Beijinho doce – *Nhô Pai* *157*
Bijuterias – *João Bosco e Aldir Blanc* *398*
Bilhete – *Ivan Lins e Vitor Martins* *276*
Bloco do prazer – *Moraes Moreira e Fausto Nilo* *119*
Bolinha de papel – *Geraldo Pereira* *251*
Boneca de pixe – *Ary Barroso e Luiz Iglesias* *252*
Borandá – *Edu Lobo* *194*
Branca – *Zequinha Abreu e Duque de Abramonte* *298*
Brasil pandeiro – *Assis Valente* *199*
Cabelos brancos – *Herivelto Martins e Marino Pinto* *427*
Cabelos negros – *Eduardo Dusek e Luis Antonio de Cassio* *288*
Cachoeira – *Luis Guedes e Thomas Roth* *279*
Cadeira vazia – *Lupicínio Rodrigues e Alcides Gonçalves* *90*
Cais – *Milton Nascimento e Ronaldo Bastos* *357*
Camisa amarela – *Ary Barroso* *264*
Canção da América – *Milton Nascimento e Fernando Brant* *258*
Canção da criança – *Francisco Alves e Renê Bittencourt* *341*
Canção da volta – *Ismael Netto e Antonio Maria* *286*
Canção do amor demais – *Antônio Carlos Jobim e Vinícius de Moraes* *361*
Casinha da Marambaia – *Henricão e Rubens Campos* *262*
Castigo – *Dolores Duran* *112*

Céu e mar – *Johnny Alf*	257
Charlie Brown – *Benito di Paula*	287
Chega de saudade – *Antônio Carlos Jobim e Vinícius de Moraes*	268
Chovendo na roseira – *Antônio Carlos Jobim*	308
Chuá! Chuá! – *Pedro de Sá Pereira e Ary Pavão*	204
Chuva de prata – *Ed Wilson e Ronaldo Bastos*	280
Coisas do Brasil – *Guilherme Arantes e Nelson Motta*	304
Com mais de 30 – *Marcos Valle e Paulo Sergio Valle*	360
Como dizia o poeta – *Toquinho e Vinícius de Moraes*	162
Como nossos pais – *Belchior*	100
Como vai você – *Antônio Marcos e Mário Marcos*	88
Construção – *Chico Buarque de Hollanda*	98
Copacabana – *Alberto Ribeiro e João de Barro*	159
Coração apaixonado – *Fernando Adour e Ricardo Magno*	272
Coração aprendiz – *Erick Bulling e Ronaldo Bastos*	226
Coração de estudante – *Milton Nascimento e Wagner Tiso*	142
Coração de papel – *Sergio Reis*	336
Corcovado – *Antônio Carlos Jobim*	137
Corrente de aço – *João Nogueira*	430
Cotidiano nº 2 – *Vinícius de Moraes e Toquinho*	178
Dá-me – *Adylson Godoy*	290
Dançando Lambada – *José Maria*	400
De coração pra coração – *Isolda, M. Motta, R. Jorge e Lincoln Olivetti*	238
Deixa – *Baden Powell e Vinícius de Moraes*	292
Desacato – *Antonio Carlos e Jocafi*	156
Desesperar jamais – *Ivan Lins e Vitor Martins*	329
Deslizes – *Michael Sullivan e Paulo Massadas*	220
Detalhes – *Roberto Carlos e Erasmo Carlos*	74
Dezessete e setecentos – *Luiz Gonzaga e Miguel Lima*	107
Dia de graça – *Candeia*	202
Disritmia – *Martinho da Vila*	150
Dora – *Dorival Caymmi*	200
Dó-ré-mi – *Fernando Cesar*	158
Dorinha, meu amor – *José Francisco de Freitas*	89
Ego – *Frankye Arduine e Arnaldo Saccomani*	414
Encontros e despedidas – *Milton Nascimento e Fernando Brant*	216
Espanhola – *Guarabyra e Flávio Venturini*	322
Esse cara – *Caetano Veloso*	62
Esses moços – *Lupicínio Rodrigues*	87

Esta noite eu queria que o mundo acabasse – *Silvio Lima*	*318*
Eternas ondas – *Zé Ramalho*	*369*
Eu agora sou feliz – *Mestre Gato e José Bispo*	*206*
Eu daria a minha vida – *Martinha*	*248*
Eu dei – *Ary Barroso*	*382*
Eu só quero um xodó – *Dominguinhos e Anastácia*	*293*
Eu te amo meu Brasil – *Dom*	*57*
Expresso 2222 – *Gilberto Gil*	*208*
Fã nº 1 – *Guilherme Arantes*	*332*
Falsa baiana – *Geraldo Pereira*	*60*
Farinhada – *Zé Dantas*	*349*
Feitio de oração – *Vadico e Noel Rosa*	*56*
Fica comigo esta noite – *Adelino Moreira e Nelson Gonçalves*	*225*
Fita amarela – *Noel Rosa*	*58*
Flor de lis – *Djavan*	*210*
Flor do mal – *Santos Coelho e João Portaro*	*363*
Foi assim – *Paulo André e Ruy Barata*	*404*
Foi assim – *Renato Corrêa e Ronaldo Corrêa*	*330*
Foi ela – *Ary Barroso*	*255*
Foi um rio que passou em minha vida – *Paulinho da Viola*	*196*
Folhas secas – *Nelson Cavaquinho e Guilherme de Brito*	*46*
Garoto maroto – *Franco e Marcos Paiva*	*260*
Gavião calçudo – *Pixinguinha*	*54*
Gita – *Raul Seixas e Paulo Coelho*	*372*
Gostava tanto de você – *Edson Trindade*	*153*
Gosto que me enrosco – *J. B. Silva (Sinhô)*	*86*
Gostoso demais – *Dominguinhos e Nando Cordel*	*340*
Gota d'água – *Chico Buarque de Hollanda*	*426*
Hino do carnaval brasileiro – *Lamartine Babo*	*333*
Homem com "h" – *Antonio Barros*	*52*
Homenagem à velha guarda – *Sivuca e Paulo Cesar Pinheiro*	*406*
Homenagem ao malandro – *Chico Buarque de Hollanda*	*191*
Implorar – *Kid Pepe, Gaspar e Germano Augusto*	*83*
Inquietação – *Ary Barroso*	*49*
Insensatez – *Antônio Carlos Jobim e Vinícius de Moraes*	*212*
Izaura – *Herivelto Martins e Roberto Roberti*	*223*
Jardineira – *Benedito Lacerda e Humberto Porto*	*14*
Jarro da saudade – *Daniel Barbosa, Mirabeau e Geraldo Blota*	*192*
João e Maria – *Sivuca e Chico Buarque de Hollanda*	*50*

Jou-Jou e Balangandans – *Lamartine Babo*	408
Jurar com lágrimas – *Paulinho da Viola*	301
Juventude transviada – *Luiz Melodia*	256
Kalú – *Humberto Teixeira*	182
Kid Cavaquinho – *João Bosco e Aldir Blanc*	306
Lapinha – *Baden Powell e Paulo César Pinheiro*	316
Lata d'água – *L. Antonio e J. Júnior*	39
Laura – *Alcyr Pires Vermelho e João de Barro*	13
Leva meu samba (Mensageiro) – *Ataulpho Alves*	170
Linda flor (Yayá) – *Luis Peixoto, Marques Porto, H. Vogeller e Candido Costa*	47
London, London – *Caetano Veloso*	312
Lua branca – *Chiquinha Gonzaga*	48
Lua e estrela – *Vinícius Cantuária*	144
Luz negra – *Nelson Cavaquinho e Amancio Cardoso*	328
Mágoas de caboclo – *J. Cascata e Leonel Azevedo*	186
Manhã de carnaval (Canção de Orfeu) – *Luiz Bonfá e Antônio Maria*	17
Marcha da quarta-feira de cinzas – *Carlos Lyra e Vinícius de Moraes*	246
Maringá – *Joubert de Carvalho*	44
Marvada pinga – *Ochelsis Laureano e Raul Torres*	40
Máscara negra – *Zé Keti e Pereira Mattos*	278
Matriz ou filial – *Lucio Cardim*	78
Me chama – *Lobão*	354
Meiga presença – *Paulo Valdez e Otávio de Moraes*	188
Mensagem – *Cícero Nunes e Aldo Cabral*	16
Mergulho – *Gonzaga Júnior*	320
Meu Cariri – *Dilú Mello e Rosil Cavalcanti*	193
Minha rainha – *Rita Ribeiro e Lourenço*	410
Minha terra – *Waldemar Henrique*	15
Mistura – *João Roberto Kelly*	284
Morena boca de ouro – *Ary Barroso*	269
Moro onde não mora ninguém – *Agepê e Canário*	172
Muito estranho – *Dalto e Claudio Rabello*	230
Mulata assanhada – *Ataulpho Alves*	189
Mulheres de Atenas – *Chico Buarque de Hollanda e Augusto Boal*	18
Na batucada da vida – *Ary Barroso e Luiz Peixoto*	362
Na cadência do samba – *Ataulpho Alves, Paulo Gesta e Matilde Alves*	20
Na hora da sede – *Luiz Américo e Braguinha*	377
Na Pavuna – *Almirante e Candóca da Anunciação*	37
Nada além – *Custódio Mesquita e Mário Lago*	23

Namoradinha de um amigo meu – *Roberto Carlos*	244
Nancy – *Luis Lacerda e Bruno Arelli*	291
Natal das crianças – *Blecaut*	21
Negue – *Adelino Moreira e Enzo de Almeida Passos*	296
Nervos de aço – *Lupicínio Rodrigues*	24
Nick Bar – *Garoto e José Vasconcellos*	190
Ninguém me ama – *Fernando Lobo e Antonio Maria*	22
Noites cariocas – *Jacob do Bandolim e Hermínio Bello de Carvalho*	218
Nos bailes da vida – *Milton Nascimento e Fernando Brant*	211
Nós queremos uma valsa – *Nássara e Frazão*	323
Nunca – *Lupicínio Rodrigues*	38
O "dengo" que a nega tem – *Dorival Caymmi*	282
O homem de Nazaré – *Claudio Fontana*	346
O inverno do meu tempo – *Cartola e Roberto Nascimento*	26
O mestre-sala dos mares – *João Bosco e Aldir Blanc*	370
O pato – *Jayme Silva e Neuza Teixeira*	27
Ó pé de anjo – *Sinhô*	128
O poeta aprendiz – *Toquinho e Vinícius de Moraes*	412
O que é que a baiana tem – *Dorival Caymmi*	166
O que será (a flor da terra) – *Chico Buarque de Hollanda*	34
O sal da terra – *Beto Guedes e Ronaldo Bastos*	342
O sanfoneiro só tocava isso – *Haroldo Lobo e Geraldo Medeiros*	277
O show já terminou – *Roberto Carlos e Erasmo Carlos*	133
O sol nascerá – *Cartola e Elton Medeiros*	25
O teu cabelo não nega – *Lamartine Babo e Irmãos Valença*	77
O trem azul – *Lô Borges e Ronaldo Bastos*	165
O trovador – *Jair Amorim e Ewaldo Gouveia*	36
Ocultei – *Ary Barroso*	183
Odara – *Caetano Veloso*	147
Onde está o dinheiro? – *José Maria de Abreu, Francisco Mattoso e Paulo Barbosa*	376
Os meninos da Mangueira – *Rildo Hora e Sergio Cabral*	240
Ouça – *Maysa Matarazzo*	33
Ovelha negra – *Rita Lee*	303
Palco – *Gilberto Gil*	114
Papel machê – *João Bosco e Capinan*	285
Para Lennon e McCartney – *Lô Borges, Marcio Borges e Fernando Brant*	307
Passaredo – *Francis Hime e Chico Buarque de Hollanda*	30
Pede passagem – *Sidney Miller*	164
Pedro pedreiro – *Chico Buarque de Hollanda*	366

Peguei um "Ita" no norte – *Dorival Caymmi* — 168
Pelo amor de Deus – *Paulo Debetio e Paulinho Rezende* — 409
Pensando em ti – *Herivelto Martins e David Nasser* — 32
Pequenino cão – *Caio Silva e Fausto Nilo* — 378
Perigo – *Nico Resende e Paulinho Lima* — 413
Pierrot – *Joubert de Carvalho e Paschoal Carlos Magno* — 28
Pior é que eu gosto – *Isolda* — 324
Podres poderes – *Caetano Veloso* — 344
Poema das mãos – *Luiz Antonio* — 171
Ponto de interrogação – *Gonzaga Júnior* — 184
Por causa de você – *Antônio Carlos Jobim e Dolores Duran* — 29
Poxa – *Gilson de Sousa* — 425
Pra frente, Brasil – *Miguel Gustavo* — 82
Pra não dizer que não falei das flores – *Geraldo Vandré* — 310
Preciso aprender a só ser – *Gilberto Gil* — 416
Que bate fundo é esse? – *Bide e Marçal* — 138
Quem há de dizer – *Lupicínio Rodrigues e Alcides Gonçalves* — 148
Quero que vá tudo pro inferno – *Roberto Carlos e Erasmo Carlos* — 270
Rapaz de bem – *Johnny Alf* — 222
Rato, rato – *Casimiro G. Rocha e Claudinho M. da Costa* — 418
Risque – *Ary Barroso* — 136
Roque Santeiro – *Sá e Guarabyra* — 250
Rotina – *Roberto Carlos e Erasmo Carlos* — 174
Saigon – *Paulo César Feital, Claudio Cartier e Carlão* — 388
Samba da benção – *Baden Powell e Vinícius de Moraes* — 64
Samba de uma nota só – *Antônio Carlos Jobim e Newton Mendonça* — 213
Samba de verão – *Marcos Valle e Paulo Sergio Valle* — 274
Samba do Arnesto – *Adoniran Barbosa e Alocin* — 69
Saudade de Pádua – *Edmundo Guimarães* — 134
Saudade fez um samba – *Carlos Lyra e Ronaldo Boscoli* — 63
Saudade querida – *Tito Madi* — 420
Saudade – *Chrystian* — 334
Saudades de Matão – *Raul Torres, Jorge Galati e Antenógenes Silva* — 243
Se Deus me ouvisse – *Almir Rogério* — 401
Se queres saber – *Peterpan* — 297
Sei que é covardia... mas... (Pois é) – *Ataulpho Alves e Claudinor Cruz* — 305
Sem compromisso – *Nelson Trigueiro e Geraldo Pereira* — 353
Serenata suburbana – *Capiba* — 146
Sina – *Djavan* — 140

Só com você eu tenho paz – *Pereira dos Santos e Avarese* — 403
Só em teus braços – *Antônio Carlos Jobim* — 233
Sorris da minha dor – *Paulo Medeiros* — 177
Sorriu para mim – *Garoto e Luiz Claudio* — 421
Sorte – *Celso Fonseca e Ronaldo Bastos* — 242
Suas mãos – *Pernambuco e Antonio Maria* — 132
Súplica cearense – *Gordurinha e Nelinho* — 121
Talismã – *Michael Sullivan e Paulo Massadas* — 365
Telefone – *Roberto Menescal e Ronaldo Boscoli* — 234
Tem capoeira (é bom se segurar) – *Batista da Mangueira* — 385
Tereza da praia – *Billy Blanco e Antônio Carlos Jobim* — 76
Ternura antiga – *J. Ribamar e Dolores Duran* — 71
Tieta – *Paulo Debetio e Boni* — 364
Tigresa – *Caetano Veloso* — 124
Todo azul do mar – *Flávio Venturini e Ronaldo Bastos* — 422
Três apitos – *Noel Rosa* — 108
Triste madrugada – *Jorge Costa* — 235
Tristeza danada – *Majó* — 314
Uma jura que fiz – *Francisco Alves, Noel Rosa e Ismael Silva* — 424
Uma noite e meia – *Renato Rocket* — 402
Universo no teu corpo – *Taiguara* — 358
Urubu malandro – *Louro e João de Barro* — 129
Vagamente – *Roberto Menescal e Ronaldo Boscoli* — 431
Velho realejo – *Custódio Mesquita e Sadi Cabral* — 198
Vida de bailarina – *Américo Seixas e Chocolate* — 335
Vide, vida marvada – *Rolando Boldrin* — 130
Você e eu – *Carlos Lyra e Vinícius de Moraes* — 145
Você já foi à Bahia? – *Dorival Caymmi* — 350
Volta por cima – *Paulo Vanzolini* — 207
Wave – *Antônio Carlos Jobim* — 302
Xamêgo – *Luiz Gonzaga e Miguel Lima* — 228
Xica da Silva – *Jorge Ben* — 126
Zíngara – *Olegário Mariano e Joubert de Carvalho* — 263

SUMÁRIO DE CIFRAS — 433

Nota do Editor

Este livro, o segundo de uma série de três volumes, dá seguimento a uma versão compacta da Coleção *O Melhor da Música Popular Brasileira*, de autoria do Prof. Mário Mascarenhas, editada por Irmãos Vitale em nove volumes e até a presente data, reunindo 900 das mais importantes obras de compositores brasileiros.

Os arranjos originais da coleção, feitos para piano, foram revisados para sua melhor adequação ao canto e à execução das músicas por cifras. Além disso, foram incluídas algumas obras inéditas na coleção e que foram transcritas seguindo-se as mesmas métricas musicais do falecido autor, conforme autorização de seus herdeiros.

Fernando Vitale

Laura

Samba-canção - Ré Maior

*Alcyr Pires Vermelho
e João de Barro*

Introdução: G7M A7 F#m7 Bm7 B7(9-) Em7 A7 D Em7 A7

D　　　　Bm7　　　Em7　　　A7　　　D7M
O vale em flor... a ponte... o rio cantando
D　　　　Bm7　　　Em7　　　A7　　　D7M
O sol banhando a estrada... frases de amor
D7　G7M　　A/G
Laura,
　　　　　　　　F#m7　　Bm7
Um sorriso de criança;
Em7　　　G/A
Laura,
　　　　　　A7　　　　D7
Nos cabelos uma flor,
　　G　　　Gm6
Ó Laura
　　　　　　　D7M　　B7(9-)
Como é linda a vida
Em7　　　A7
Ó Laura
　　　　　　　D　　D6/9　Em7(9)　A7(13)
Como é grande o amor!
　　　D　　　Bm7　　　Em7　　　A7　　　D7M
Depois o adeus... um lenço... a estrada... a distância
　　　D　　　Bm7　　　Em7　　　A7　　　D7M
O asfalto... a noite... o bar... as taças de dor
D7　G7M　　A/G
Laura,
　　　　　　　　　F#m7　　Bm7
Que é da rosa dos cabelos?
Em7　　　G/A
Laura,
　　　　　　A7(9)　　　　D7
Que é do vale sempre em flor?
　　G　　　Gm6
Ô Laura,
　　　　　　　D7M　　B7(9-)
Que é do teu sorriso?
Em7　　A7
Ô Laura,
　　　　　　D6
Que é do nosso amor?

Copyright 1957 by Editora Musical Brasileira Ltda.

Jardineira

Marcha - Mib Maior

Benedito Lacerda e Humberto Porto

Introdução: Fm Bb7 Eb Cm7 Fm7 Bb7 Eb Bb7

      Eb
Oh! Jardineira
             Fm
Por que estás tão triste?
     Bb7   Eb
Mas o que foi que aconteceu?

     Eb
Foi a camélia
         Gm7
Que caiu do galho |
        Ab | **BIS**
Deu dois suspiros |
           Eb |
E depois morreu...

Bb7 Eb   Fm   Gm Eb7
Vem jardineira
 Ab Bb7   Eb Cm7
Vem meu amor...
        Fm7
Não fique triste
        Bb7
Que este mundo
    Gm7
"É todo teu"
   Cm7   Fm7
Tu és muito mais bonita
    Bb7
Que a camélia
       Eb   Bb7(13)
Que morreu...

          Eb Ab Eb7M
Final: morreu.

Minha terra

Canção - Ré Maior   **Waldemar Henrique**

Introdução: D Em7 A7 D

                Em7 A7
Este Brasil tão grande e amado
Em7   F#m7
É meu país idolatrado
Bm7   Em7
Terra do Amor e Promissão
           A7
Toda verde, toda nossa
    G7   F#m7 Em7 A7
De carinho e coração.

D7M   D7   G
Na noite quente enluarada
A/G   F#m7
O sertanejo está sozinho
C7   B7   Em
E vai cantar pra namorada
    A7   D7M A7(13)
No lamento do seu pinho.
D7M   D7   G
E o sol que nasce atrás da serra
A/G   F#m7
A tarde em festa rumoreja
C7   B7   Em
Cantando a paz da minha terra
   A7   D   F#7 Bm7
Na toada sertaneja.

               C#°
Este sol, este luar
F#7   Bm7
Estes rios e cachoeiras
G7   A#°
Estas flores, este mar
F#7   B7
Este mundo de palmeiras
        Em7   G#°
Tudo isto é teu, ó meu Brasil
        Bm7
Deus foi quem te deu
   Em7   Em/D C#m7(5-)
Ele por certo é brasilei__ro
F#7   Bm7
Brasileiro como eu.

Copyright 1934 by Irmãos Vitale S. A. Ind. e Com.

Mensagem

Cícero Nunes e Aldo Cabral

Samba-choro - Lá menor

Introdução: Bm7(5-) E7 Am7 Bb E7 Am E7(9-)

Am
Quando o carteiro chegou
                Dm7
E o meu nome gritou
        E7
Com uma carta na mão
              Am
Dm7   G7   C
Ante surpresa tão rude
         E7
Nem sei como pude
        Am
Chegar ao portão
E7 Am   Dm7
Lendo o envelope bonito
        E7
No seu sobrescrito
        A7
Eu reconheci
Dm7   E7   Am
A mesma caligrafia
          Bb
Que disse-me um dia
 E7   Am
Estou farta de ti
G7   C7M
Porém não tive coragem
      E7
De abrir a mensagem
         Em5- A7 Dm7
Porque na incerte__za
  G7   Am
Eu meditava e dizia
    B7   E7
Será de alegria! Será de tristeza!
G7   C7M
Quanta verdade tristonha
      E7
Ou mentira risonha
      A7
Uma carta nos traz
Dm   E7   Am
E assim pensando rasguei
          Bb
Tua carta e queimei
 E7   Am
Para não sofrer mais.

Manhã de carnaval

(Canção de Orfeu)

Samba-canção - Lá menor

Luiz Bonfá
e Antônio Maria

    Am7   Bm7(5-) E7   Am7 Bm7(5-) E7
Manhã, tão bonita manhã,
    Am7   Dm7 G7   C7M A7
Na vida uma nova canção
      Dm7   G7
Em cada flor, o amor
       C6   Am7
Em cada amor, o bem
       Dm6   E7
O bem do amor faz bem
    Am7 Bm7(5-) E7
Ao coração...
    Am7   Bm7(5-) E7   Am7 Bm7(5-) E7
Então vamos juntos cantar
    Gm6   A7   Dm7
O azul da manhã que nasceu
Bm7(5-)   E7
O dia já vem...
 Am   F7M
E o seu lindo olhar
    E7   Am
Também   amanheceu...

Canta o meu coração.
    Dm7   Am7
A alegria voltou
    Dm7   Am7
Tão feliz a manhã

(Pra voltar)
   Em7   F7M Am7
Desse amor...

Mulheres de Atenas

Beguine - Fá Maior

**Chico Buarque de Hollanda
e Augusto Boal**

   F   G/F   Bbm6   C7
Mirem-se no exemplo daquelas mulheres de Atenas
  F   G/F   Bbm6   F
Vivem pros seus maridos orgulho e raça de Atenas
Bb   C/Bb   A/C#   Dm
Quando amadas, se perfumam   se banham com leite,
         Bb   Bb/C F
Se arrumam   suas melenas
Bb   C/Bb
Quando fustigadas não choram
A/C#   Dm
Se ajoelham, pedem, imploram
Bb   Bb/C
Mais duras penas
 F
Cadenas
          G/F   Bbm6   C7
Mirem-se no exemplo daquelas mulheres de Atenas
 F   G/F   Bbm6   F
Sofrem pros seus maridos poder e força de Atenas
Bb   C/Bb
Quando eles embarcam, soldados
A/C#   Dm
Elas tecem longos bordados
Bb   Bb/C F
Mil quarentenas
Bb   C/Bb
E quando eles voltam sedentos
A/C#   Dm
Querem arrancar violentos
Bb   Bb/C
Carícias plenas
 F
Obscenas
         G/F   Bbm6   C7
Mirem-se no exemplo daquelas mulheres de Atenas
 F   G/F   Bbm6   F
Despem-se pros maridos, bravos guerreiros de Atenas
Bb   C/Bb
Quando eles se entopem de vinho
A/C#   Dm   Bb   Bb/C
Costumam buscar o carinho   de outras falenas
Bb   C/Bb
Mas no fim da noite, aos pedaços
A/C#   Dm   Bb   Bb/C
Quase sempre voltam pros braços   de suas pequenas

Mulheres de Atenas (continuação)

F
Helenas
          G/F   **Bbm6**   **C7**
Mirem-se no exemplo daquelas mulheres de Atenas
F   **G/F**   **Bbm6**   **F**
Geram pros seus maridos os novos filhos de Atenas
Bb   **C/Bb**
Elas não têm gosto ou vontade
A/C#   **Dm**
Nem defeito, nem qualidade
Bb   **Bb/C** **F**
Têm medo apenas
Bb   **C/Bb**
Não têm sonhos, só têm presságios
A/C#   **Dm**
O seu homem, mares, naufrágios
Bb   **Bb/C**   **F**
Lindas sirenas morenas
F   **G/F**   **Bbm6**   **C7**
Mirem-se no exemplo daquelas mulheres de Atenas,
F   **G/F**   **Bbm6**   **F**
Temem por seus maridos, heróis e amantes de Atenas,
Bb   **C/Bb**
Às jovens viúvas marcadas
A/C#   **Dm**
E as gestantes abandonadas
Bb   **Bb/C** **F**
Não fazem cenas
Bb   **C/Bb**
Vestem-se de negro

Se encolhem
A/C#   **Dm**
Se conformam e se recolhem
Bb   **Bb/C**
Às suas novenas
   F
Serenas
          G/F   **Bbm6**   **C7**
Mirem-se no exemplo daquelas mulheres de Atenas
F   **G/F**
Secam por seus maridos
        Bbm6   **F**
Orgulho e raça de Atenas.

Na cadência do samba

Samba - Mi menor

*Ataulpho Alves, Paulo Gesta
e Matilde Alves*

Introdução: G7M E7 Am F#m7(5-) B7 Em B7

Em   F#7
Sei que vou morrer não sei o dia
    B7   Em
Levarei saudade da Maria
Bm7(5-)   E7   Am7
Sei que vou morrer não sei a hora
    D7   G7M   F#m7(5-)
Levarei saudade da Aurora
B7 Em   B7
Quero morrer numa batucada de bamba
             Em   F#m7(5-) B7
Na cadência bonita do samba

           Em
(2º vez) samba

   Am   D7   G7M
O meu nome não se vai jogar na lama
   C7M   F#m7(5-)
Diz o dito popular:
  B7   Em Am B7
Morre o homem fica a fama
Em   B7
Quero morrer numa batucada de bamba
              Em
Na cadência bonita do samba.

Copyright 1961 by Ata Edições Ltda.

Natal das crianças

Valsinha de roda - Ré Maior ***Blecaut***

Introdução: D Em7 A7 D Em7 A7 Em7 A7 D

D   Bm7   Em7   A7
Natal, Natal das crianças
Em7   A7   D   A7
Natal da noite de luz
D   D7   G
Natal da estrela-guia
D   A7   D
Natal do Menino Jesus.

D   Bm   A7 Em7
Blim blom, blim blom, blim blom,
A7   D
Bate o sino da Matriz
F#m7(5-) B7   Em7
Papai, mamãe rezando
A7   Em7   A7   D A7
Para o mundo ser feliz
D   Bm7   A7   Em7
Blim blom, blim blom, blim blom,
A7   D
O Papai Noel chegou
F#m7(5-) B7   Em7   Gm6
Também trazendo presente
A7   D
Para vovó e vovô.

Ninguém me ama

Samba-canção - Mi menor

*Fernando Lobo
e Antonio Maria*

Introdução: Am7   D7   G7M   C7M   F#m7(5-)   B7   Em7

          B7   Em   Am7
Ninguém me ama,   ninguém me quer
           C#m7(5-)   F#m7(5-) B7
Ninguém me chama   de meu amor
Em7 Am7   Em   Am7
A vida passa   e eu sem ninguém
         F#7   B7   Em7 Am7 Em7
E quem me abraça   não me quer bem.
Bm7(5-)   E7
Vim pela noite tão longa
               Am
De fracasso em fracasso
 C/D   D7
E hoje descrente de tudo
         G
Me resta o cansaço
     C7   B7   Em7
Cansaço da vida, cansaço de mim
 C7   F#m7(5-)   B7   Em7
Velhice chegando e eu chegando ao fim.

2ª vez para terminar:
         Am/E Am7 F#m7(5-) B7   Em7
Ninguém me ama,   ninguém me quer...

Nada além

Fox - Dó Maior

*Custódio Mesquita
e Mário Lago*

Introdução: C7M A7 Em7(5-) A7 D7 G7 Dm7 G7 C Dm7 G7(13)

C7M Dm7 Em7
Nada além,
    A7   Dm7 G7 Dm7 G7
Nada além de uma ilusão
A7
Chega bem
Dm7 G7   C   Dm7 G7
E é demais para o meu coração
C   A7   Dm7
Acreditando em tudo que o amor
    F/G
Mentindo sempre diz
G7 C7M   A7 Dm7
Eu vou vivendo assim
  G7 Em7 Ebº Dm G7(13)
Feliz na ilusão de ser feliz
C7M   Em7
Se o amor
  A7   Dm7   G7 Dm7 G7
Só nos causa sofrimento e dor
  Dm7 G7 Dm7
É melhor,
  G7(13) Bm7 E7
Bem melhor a ilusão do amor
A7   Em7(5-) A7
Eu não quero e não peço
D7
Para o meu coração
  G7 Dm7   G7   C6
Nada além de uma linda ilusão.

Copyright 1938 by Irmãos Vitale S. A. Com. e Ind.

Nervos de aço

Lupicínio Rodrigues

Samba - Sib Maior

     Bb7M   Gm7   Cm7
Você sabe o que é ter um amor,
   F7
Meu senhor?
  Cm7   F7   Bb7M
Ter loucura por uma mulher
  Gm7   Cm7
E depois encontrar este amor,
   F7
Meu senhor?
               Bb7M F7
Ao lado de um tipo qualquer
  Bb7M   Cm7
Você sabe o que é ter um amor,
   F7
Meu senhor?
  Am7(5-) D7   Gm7
E por ele   quase morrer
  Cm7   C#°   Bb6
E depois encontrar em um braço
  G7   Cm7
Que nem um pedaço
 F7   Bb9   D7
Do meu pode ser.
  Gm7   D7/A   Gm7
Há pessoas com nervos de aço
   G7
Sem sangue nas veias
   Cm7
E sem coração
  Am7(5-)   D7   Gm7
Mas não sei se passando o que passo
 Gm/F   Em7(5-)   A7   D7
Talvez não lhe venha qualquer reação
  Gm7   D7/A   Gm7
Eu não sei se o que trago no peito
     G7(13)   G7(13-)   Cm
É ciúme, despeito, amizade ou horror
  Am7(5-)   D7   Gm
Eu só sinto que quando a vejo
  Gm6   A7   D7   Gm6
Me dá um desejo de morte ou de dor...

Copyright 1947 by Irmãos Vitale S. A. Ind. e Com.

O sol nascerá

Samba - Dó Maior

**Cartola
e Elton Medeiros**

   C   C7   F7M
A sorrir
     Am7   Dm7 G7
Eu pretendo levar a vida
  C   C7   F7M
Pois chorando
Em7   Dm7 G7   C
Eu vi a mocidade perdida
               G7   C
Pra terminar: perdida

Cm
Fim da tempestade
Ab7M
O sol nascerá
Fm7
Fim desta saudade
         Dm7   G7
Hei de ter outro alguém para amar.

O inverno do meu tempo

Samba-canção - Dó Maior

Cartola e Roberto Nascimento

Introdução: Fm Bb7 Eb Dm7 G7

C7M   E7   Am7   G7
Surge a alvorada,   folhas a voar
                     C7M
E o inverno do meu tempo
Eb° Dm7   G7/13   C7M
Começa   a brotar, a minar
    Am7   D7   G7/13   E7
E os sonhos do passado,   do passado
    Em7(5-)   A7
Estão presentes no amor
Dm7   G7
Que não envelhecem jamais
Am7   Fm7   Bb7   Eb7M
Eu tenho a paz e ela tem paz
C7(9-)   Fm7   Bb7
Nossas vidas muito sofridas
          Gm7   Fm   Bb7   Eb7M
Caminhos tortuosos entre flores e espinhos demais
Cm7   Ab
Já não sinto saudades
   Fm   Gm7
Saudades de nada que fiz
C7   Fm   Bb7
No inverno do tempo da vida
   Bb7   Eb7M
Oh! Deus, eu me sinto feliz.

O pato

Jayme Silva e Neuza Teixeira

Samba-bossa - Sol Maior

    G   **A7**
O pato vinha cantando alegremente

Quen, quen,
                Am7   **Eb7**   **D7(9)**
Quando o marreco sorridente pediu
                 G6
Para entrar também no samba, no samba,

O ganso gostou da dupla e fez também
A7
Quen, quen,
                         Am7
Olhou pro cisne e disse assim vem, vem,
Eb7   **D7**   **G6**
Que o quarteto ficará bem, muito bom, muito bem,
Dm7   **G7**   **Dm7** **G7(13)** **C**   **A7**
Na beira da   lagoa foram ensaiar
                  Am7 **D7**   **G7M**
Para começar o Tico-Tico no Fubá
   C7M   **G6**
A voz do pato era mesmo um desacato
C   **G6**
Jogo de cena com o ganso era mato
C   **G6**
Mas eu gostei do final
           E7   **Am7**
Quando caíram n'água
   D7   **G6**   **G7M**
Ensaiando o vocal, quen, quen.

Pra terminar:
D7   **G6**   **G7M**
Quen quen, quen quen
D7   **G6**   **G7M**
Quen quen, quen quen.

Pierrot

Canção - Sol Menor

*Joubert de Carvalho
e Paschoal Carlos Magno*

Gm7   **Am7(5-)**
Há sempre um vulto de mulher
D7   **Gm7**
Sorrin_do
Cm7   **Am7(5-)**   **D7/4** **D7**
Em desprezo à nossa mágoa
Bm7   **E7**   **Am7** **D7**
Que nos enche os olhos d'água
             G7M
Pierrot, Pierrot!
   Bm7   **Em7**
Teu destino tão lindo
D7   **Am7**   **D7/4** **D7**
É sofrer, é chorar toda vida
   D/C   **D7/A**
Por amor do amor de alguém... de alguém
G   **G#°**   **A7**
Arranca a máscara da face, Pierrot
D7   **F/Eb**
Para sorrir do seu amor
D7   **G**
Que passou.
Gm   **Am7(5-)**
Deixar de amar não deixarei
D7   **Gm7**
Porque
Cm7   **Am7(5-)**   **D7/4** **D7**
O amor feito saudade
Bm7   **E7**   **Am7** **D7**
É a maior felicidade
             G7M
Pierrot, Pierrot!... etc.

Por causa de você

Samba-canção - Dó Maior **Antônio Carlos Jobim
e Dolores Duran**

Introdução: C7M F#m7(5-) B7(9-) Em7(9) Am7 Fm7(9,11)

C7M   C6
Ai, você está vendo só
         D/C
Do jeito que eu fiquei
        A7(5+)
E que tudo ficou
Dm7   Ab7   F/G
Uma tristeza tão grande
   G7   C7M   Gm/Bb A7(5+)
Nas coisas mais simples que você tocou
Dm7   F#m7(5-)
A nossa casa querida
  B7(9-)   Em7   Bb7(11+)   A7
Já estava acostumada guardando você
         Dm7   F/G
As flores na janela sorriam, cantavam
  G7   Bb7(9)
Por causa de você
A7 Dm   G7
Olha, meu bem, nunca mais
      C7M   Em7(5-) A7(5+,9-)
Me deixe, por favor
Dm7   Ab7(11+) F/G
Somos a vida e o sonho
  G7(13)   Gm/C C7
Nós somos o amor
F7M   F#m7(5-)
Entre meu bem, por favor,
 B7   Bb7(9)
Não deixe o mundo mau
      A7(9)
Lhe levar outra vez
 A7   D7
Me abrace simplismente
      G7
Não fale, não lembre,
    C
Não chore, meu bem.

Copyright 1957 by Edições Euterpe Ltda.

Passaredo

*Francis Hime
e Chico Buarque de Hollanda*

Toada - Dó Maior

Introdução: C D/C F/C

C7M
Ei, pintassilgo
Fm6/C
Oi, pintaroxo
C7M   **Fm6/C**
Melro, uirapuru
C7M
Ai, chega-e-vira
Bb/C
Engole-vento
F/C   **Fm/C**
Saíra, inhambu
C
Foge, asa-branca
D/F#   **G/F**
Vai, patativa
C/E   **D7**   **G4 G7**
Tordo, tuju, tuim
Eb7M   **Eb7**
Xô, tié-sangue
F7/Eb   **Abm/Eb**
Xô, tié-fogo
Eb   **Eb7**   **F/Eb Abm/Eb**
Xô, rouxinol, sem fim
Bbm/Db
Some coleiro
Bbm6/C   **C7**
Anda trigueiro
F/A   **Abm7M**
Se esconde, colibri
C7M
Voa, macuco
Fm/C
Voa, viúva
C7M   **Fm/Ab**
Utiariti
C7M
Bico calado
Fm/C
Toma cuidado
C7M   **Fm/Ab**
Que o homem vem aí
C7M   **Fm/C**
Que o homem vem aí
C7M   **Fm/C**
Que o homem vem aí.

Passaredo (continuação)

C7M
Ei, quero-quero
Bb/C
Oi, tico-tico
F/C **Fm/C**
Anum, pardal, chapim
C
Xô, cotovia
D/F# **G/F**
Xô, ave-fria
C/E **D7** **G4 G7**
Xô, pescador-martim
Eb7M **Eb7**
Some rolinha
F7/Eb **Abm/Eb**
Anda, andorinha
Eb **Bb7** **F/Eb Abm/Eb**
Te esconde, bem-te-vi
Bbm/Db
Voa, bicudo
Bbm6/C **C7**
Voa, sanhaço
F/A **Abm7**
Vai, juriti
C7M
Bico calado
Fm/C
Muito cuidado
C7M **Fm/Ab**
Que o homem vem aí
C7M **Fm/C**
O homem vem aí.
C7M **Fm/C**
O homem vem aí.

Pensando em ti

Herivelto Martins e David Nasser

Samba-canção - Sol Maior

Introdução: C7M Am7 Bm7 E7 Am7 D7 G Am7 D7

D7   G   Bm7
Eu amanheço pensando em ti,
E7   Am7
Eu anoiteço pensando em ti,
        D7
Eu não te esqueço,
      C7(9)   Bm7 Am7
É dia e noite pensando em ti.
G7M   Dm7   Bm7(5-)   E7   Am7
Eu vejo a vida pela luz dos olhos teus,
              G   Em7   Am7   D7   G
Me deixa, ao menos, por favor, pensar em Deus!
G7M   E7(9-)   Am7
Nos cigarros que eu fumo
   D7
Te vejo nas espirais;
   G   Em7   Am7
Nos livros que eu tento ler
   D7   G7M
Em cada frase tu estás;
Dm/F   E7
Nas orações que eu faço
           Am7
Eu encontro os olhos teus,
D7   G   Em7   Am7   D7   G
Me deixa, ao menos, por favor, pensar em Deus!

Ouça

Maysa Matarazzo

Samba-canção - Ré Maior

D Bm7 Em A7
Ouça, vá viver a sua vida com outro bem
D7M Bm7 Em7 A7(13)
Hoje eu já cansei de pra você não ser ninguém
A7 D7M Do D7M Em7
O passado não foi o bastante pra lhe convencer
B7 Em7 Bb7 G/A
Que o futuro seria bem grande, só eu e você
A7(13) D Bm7 Em7 A7
Quando a lembrança com você for morar
D7M Bm7 Em7 A7
E bem baixinho de saudade você chorar
D B7(9-)
Vai lembrar que um dia existiu
Em7 Em7(5-)
Um alguém que só carinho pediu
C7 F#7(13) B7 E7(13)
E você fez questão de não dar
A7 D
Fez questão de negar...

D6
2ª vez para terminar: negar.

O que será (à flor da terra)

Samba - Ré menor   *Chico Buarque de Hollanda*

   Dm   Dm7M
O que será, que será
               Dm7
Que andam suspirando pelas alcovas
Dm6   Gm7
Que andam sussurrando em versos e trovas
Gm/F   Em7(5-)
Que andam combinando no breu das tocas
A7   Dm7
Que anda nas cabeças, anda nas bocas
             Am7
Que andam acendendo velas nos becos
Am7(5-) D7(9-)   Gm
Que estão falando alto pelos botecos
Gm7M   Gm7   Gm6
Que gritam nos mercados, que com certeza
A7(5+)   Dm
Está na natureza
   Dm7M   Dm7
Será, que será
   Dm6   Bbm7   Bbm6
O que não tem certeza nem nunca terá
          F/A   Db7/Ab
O que não tem conserto nem nunca terá
Gm7 A7   Dm Em7(5-) A7(5+)
O que não tem tamanho
Dm   Dm7M
O que será, que será
            Dm7
Que vive nas idéias desses amantes
Dm6   Gm7
Que cantam os poetas mais delirantes
Gm/F   Em7(5-)
Que juram os profetas embriagados
A7   Dm7
Que está na romaria dos mutilados
         Am7
Que está na fantasia dos infelizes
Am7(5-) D7(9-)   Gm
Que está no dia-a-dia das meretrizes
Gm7M   Gm7
No plano dos bandidos, dos desvalidos
Gm6 A7(5+)   Dm
Em todos os sentidos
  Dm7M
Será, que será.

O que será (continuação)

  Dm7 **Dm6**   **Bbm7**
O que não tem decência nem nunca terá
Bbm6   **F/A**   **Db7/Ab**
O que não tem censura nem nunca terá
Gm7 **A7**   **Dm** **Em7(5-)** **A7(5+)**
O que não faz sentido
Gm   **Gm7M**
O que será, que será
Gm7   **Dm7**
Que todos os avisos não vão evitar
Fm/Ab **G7**   **Cm**
Porque todos os risos vão desafiar
Cm7   **Am7(5-)**
Porque todos os sinos irão repicar
D7   **Gm** **Gm7M**
Porque todos os hinos irão consagrar
Gm7   **Ab7**   **G7**
E todos os meninos vão desembestar
  Cm **Cm7M**   **Cm7**
E todos os destinos irão se encontrar
      Am7(5-)
E o mesmo Padre Eterno que nunca foi lá
D7(9-)   **Gm** **Gm7M**
Olhando aquele inferno vai abençoar
Gm7   **Ebm7**   **Ebm6**
O que não tem governo nem nunca terá
    Bb/D   **Gb7/Db** **Cm7**
O que não tem vergonha nem nunca terá
  D7   **Gm**
O que não tem juízo.

O trovador

*Jair Amorim
e Ewaldo Gouveia*

Marcha-rancho - Dó menor

Introdução: Fm G7 Cm Ab7M Dm7(5-) G7 Cm Ab G7

Cm   **D7**
Sonhei que eu era um dia um trovador
Dm7(5-)   **G7**   **Cm**
Dos velhos tempos que não voltam mais
Cm   **D7**   **Gm**
Cantava assim a toda hora
               Ab
As mais lindas modinhas
Ab7   **G7**   **Dm7(5-)** **G7**
Do meu tempo de outrora
Cm   **D7**   **G7**
Sinhá mocinha de olhar fugaz
      Cm **Ab**   **G7**   **Cm G7** **C**
Se encantava com meus versos de rapaz
C   **D7**
Qual seresteiro ou menestrel do amor
Dm7   **G7**   **C**
A suspirar sob os balcões em flor
Cm7   **G7**
Na noite antiga do meu Rio,
Em7   **Am**
Pelas ruas do Rio,
D7   **G7**
Eu passava a cantar

Novas trovas
   Dm7
Em provas
 G7   **C**
De amor ao luar
     A7   **D7**   **Fm6**
E via, então, de um lampião de gás
    Cm   **Dm7(5-)**
Na janela a flor mais bela
  G7(9-) **Cm**
Em triste ais!

Na Pavuna

Samba da Auxiliar - Mib Maior

Almirante
e Candóca da Anunciação

    Eb
Na Pavuna

Na Pavuna
      Eb
Tem um samba   **BIS**
F7   **Bb7**   **Eb**   **Bb7** **Eb**
Que só dá gente "reúna"

    Eb   **F7**   **Bb7**   **Eb**
O malandro que só canta com harmonia
         Eb   **F7**   **Bb7 Eb Eb7**
Quando está metido em samba de arrelia
  Ab
Faz batuque assim,
    Eb
No seu tamborim,
Bb7   **Eb**   **F7**   **Bb7 Eb**
Com o seu "time infezando o batedor"
Eb7   **Ab**   **Abm**
E grita a negrada:
    Eb
Vem pra batucada
Bb7   **Eb**   **F7**   **Bb7**   **Eb**
Que de samba na Pavuna tem "doutor".
          F7   **Bb7**   **Eb**
Na Pavuna tem escola para o samba
   Ab   **Eb**   **F7**   **Bb7**   **Eb**
Quem não passa pela escola não é bamba
  Ab   **Abm**
Na Pavuna tem
  Eb
Canjerê também
Bb7   **Eb**   **F7**   **Bb7**   **Eb**
Tem macumba, tem mandinga e candomblé
Eb7   **Ab**   **Abm**
Gente da Pavuna
  Eb
Só nasce turuna
Bb7 **Eb**   **F7**   **Bb7** **Eb**
É por isso que lá não nasce mulher.

Copyright direto com os autores.

Nunca

Samba-canção - Dó Maior **Lupicínio Rodrigues**

Dm7
Nunca
G7
Nem que o mundo
C7M   **Em7**
Caia sobre mim
  A7   **Dm7**
Nem se Deus mandar
       F/G
Nem mesmo assim
 G7   **Em**   **A7(9-)**
As pazes contigo eu farei
Dm7
Nunca
G7   **C7M**   **Em7**
Quando a gente perde a ilusão
 A7   **Dm7**   **F/G**
Deve sepultar o coração
    G7   **C A7**
Como eu sepultei.
   Dm7
Saudade
G7   **C7M**   **Em7**
Diga a esse moço por favor
Am7   **Dm7**   **G7**
Como foi sincero o meu amor
      C7M   **A7**
Quando eu o adorei tempos atrás.
   Dm7
Saudade
G7   **C7M**   **Em7**
Mas não esqueça também de dizer
Am7   **Dm7**   **G7**
Que é você que me faz adormecer
         C6/9
Pra que eu viva em paz.
    C
2ª vez: em paz...

Lata d'água

Samba - Dó menor   *L. Antonio e J. Júnior*

Introdução: G7 Cm D7 Cm G7 Cm G7

     G7(5+)   Cm
Lata d'água na cabeça

Lá vai Maria
        Ab7   G7
Lá vai Mari___a
      G7(5+)   Cm
Sobe o morro, não se cansa,
  Ab7M   Dm7(5-)   G7
Pela mão leva a crian__ça...
     Cm G7 Cm
Lá vai Maria.

         Cm7
2ª vez: Maria...

Dm7(5-)   G7   Dm7(5-) G7(5+) Cm7
Maria lava a roupa lá no al_____to
 Gm7(5-)   C7   Gm7(5-) C7
Lutando pelo pão de cada di___a
 Fm   G7   Dm7(5-) G7 Cm7
Sonhando com a vida do asfal___to
 G7   Cm7 Ab7 G7 Cm
Que acaba onde o morro principi__a.

                        Cm7
2ª vez para terminar: principia...

Marvada pinga

*Ochelsis Laureano
e Raul Torres*

Rasqueado - Dó Maior

Com a marvada da **C**pinga
É que eu me atra**G7**paio
Eu entro na venda
E já dou meu **C**taio
Pego no copo
E dali num **G7**saio
Ali mesmo eu bebo
Ali mesmo eu caio
Só prá carregá
É que dou tra**C**baio, ôi lá!

CVenho da cidade
E já venho can**G7**tando
Trago um garrafão
Que venho chu**C**pando
Venho pros caminho
Venho tropi**G7**cando
Chifrando o barranco
Venho eu cambetiando
E no lugar que eu caio
Já fico ron**C**cando, ôi lá!

O marido me **C**disse

Marvada pinga (continuação)

Ele me falô [G7]

Largue de bebê

Peço por favô [C]

Prosa de hôme

Nunca dê valô [G7]

Bebo com sol quente

Prá esfriar o calô [G7]

E bebo de noite

É prá fazê suadô, ôi lá! [C]

Cada vez que eu caio [C]

Caio deferente [G7]

Me asso prá trás

E caio prá frente [C]

Caio devagá

Caio de repente [G7]

Vou de corropio

Vou deretamente [G7]

Mas seno de pinga

Eu caio contente, ôi lá! [C]

Pego o garrafão [C]

E já balanceio [G7]

Que é prá mode vê

Se está memo cheio [C]

Marvada pinga (continuação)

Num bebo de vez
Porque acho f^{G7}eio
No primeiro gorpe
Chego inté no meio
No segundo trago
É que eu disvas^Ceio

Eu bebo da p^Cinga
Porque gosto d^{G7}ela
Eu bebo da branca
Bebo da amar^Cela
Bebo nos copo
Bebo na tij^{G7}ela
Bebo temperada
Com cravo e canela
Seja qualquer tempo
Vai pingá na g^Cuela, ôi lá!
Ê marvada pinga!

Eu fui numa f^Cesta
No rio Ti^{G7}etê
Eu lá fui chegando
No amanh^Cecê
Já me déro pinga
Prá mim beb^{G7}ê

Marvada pinga (continuação)

Já me déro pinga

Prá mim bebê

Táva sem fervê!
　　　　　C
Eu bebi demais
　　　　G7
E fiquei mamada

Eu caí no chão
　　　　C
E fiquei deitada

Aí, eu fui prá casa
　　　　G7
De braço dado

Ai! de braço dado
　　　　　　C
É com dois sordado!
　　G7　　C
Ai! muito obrigado!

Maringá

Lá menor   *Joubert de Carvalho*

Introdução: Dm   E7   Am   F7   E7   Am   E7

[E7] Foi numa [Am] leva
Que a [A7] cabocla Marin[Dm]gá
Ficou [G7] sendo a retirante
Que mais dava o que fa[C]lá.

E junto [Bm7(5-)] dela
Vejo al[E7]guém que supli[Am]cou
Prá que [Am/G] nunca se esque[F7]cesse
De um ca[E7]boclo que fi[A]cou.

Ma[E7]ringá, Marin[A]gá
Depois que tu par[C#7]tiste
Tudo a[F#m]qui ficou tão [Bm7] triste,
Que eu garrei a imagi[E7]ná:

Maringá, Ma[E7]ringá
Prá havê feli[Bm7]cidade
É pre[E7]ciso que a sau[Bm7]dade
Vá ba[E7]tê noutro lu[A6]gá

Maringá, Ma[F#7(9)]ringá
Volta aqui pro meu ser[Bm7]tão
Prá de novo o co[E7]ração
De um ca[Bm7]bo[E7]clo asso[A]sse[D]gá[A].

Estribilho

Copyright 1932 by Irmãos Vitale S. A. Ind. e Com.

Maringá (continuação)

     Am
Antigamente
  A7   Dm
Uma alegria sem igual
               G7
Dominava aquela gente
             C
Da cidade do Pombal

         Bm7(5-)
Mas veio a seca
       E7   Am
Toda a chuva foi-se embora
  Am/G   F7
Só restando então as águas
     E7   A
Dos meus oio quando chora.

            E7   A
Estribilho: Maringá, Maringá... etc.

Folhas secas

Nelson Cavaquinho e Guilherme de Brito

Samba - Dó Maior

Introdução: Dm G7 C6 Am7 Dm7 G7 C6(9) G7(13)

I

C6/9
Quando eu piso em folhas se___cas
                        Gm/Bb A7

Dm7   Ab7 G7
Caídas de uma manguei_ra

Dm7   G7
Penso na minha escola

C/E   Eb°
E nos poetas

           Dm7   G7(13)
Da minha estação primeira

C6/9   Gm/Bb A7
Não sei quantas ve___zes

Dm7   Ab7 G7
Subi o morro cantan_do

Dm7   G7
Sempre o sol me queimando

C Am7   Dm7 G7 C
E assim vou me a_ca_bando

II

F#m7(5-) B7 Em7
Quando o tempo avisar

Em7(5-) A7(9-)   Dm7
Que eu não posso mais cantar

Dm7(5-) G7(9-)   C7M(9)
Sei   que vou sentir saudade

       D7
Ao lado do meu violão

Fm7   G7   G7(13)
Da minha mocidade

Voltar ao I, e para terminar:

C Am7   Dm7 G7 C6
E assim vou me a_ca__bando...

Linda flor (Yayá)

Luis Peixoto, Marques Porto, H. Vogeller e Candido Costa

Samba-canção - Fá Maior

Introdução: A7 Dm Dm7/G Em7 A7 D7 G7 Gm7 C7(13)

    F7M
Ai, Yoyô
F7M   F7M
Eu nasci prá sofrê
         Am7(9)
Foi oiá pra você
  D7(9-)   Gm   Gm7(5+) Gm6 Am7(5-)
Meus oinho fechou!
D7 Gm7 Gm7(5+) Gm6   Gm7(5+) Gm7 Am7(5-) D7
E,   quando os olho abri
Gm7   Am7 D7
Quis gritá, quis fugi
      Gm7
Mais você
 C7   F7M
Eu não sei porque
    D7   Gm7(9)
Você me chamou
C7(13) F7M Em7(9)
Ai, Yoyô
Dm7(9) C7   F A7(13) Dm7
Tenha pena de mim
          Am7
Meu sinhô do Bonfim
   Cm7 D7   Gm7 Cm7
Pode inté se zangá
F7(13) Bb7M Bbm7   Bbm6   F6
Se   ele um dia soubé
     D7(9-)   Gm7
Que você é que é
  C7   Bbm7 F6
O Yoyô de Yayá

     C7M   F/G   G7 C7M
Chorei toda a noite pensei
      Bm7(5-)   E7(9) A7
Nos beijo de amô que eu te dei
     Dm7   F#°   C/G
Yoyô, meu benzinho do meu coração
 C7M   D7   G7 C7M
Me leva prá casa, me deixa mais não.

BIS

2ª vez para terminar:
C7M   D7   G7   C6
Me leva prá casa, me deixa mais não.

Copyright 50% 1939 by Irmãos Vitale S. A. Ind. e Com., 50% 1939 by Mangione, Filhos e Cia Ltda.

Lua branca

(Da opereta "Forrobodó") - Ré menor **Chiquinha Gonzaga**

Introdução: Dm A7/C# A7 Dm

Oh! lua branca de fulgores e de encanto [Em7(5-) A7 Dm7]
Se é verdade que ao amor tu dás abrigo, [D7(9-) Gm7]
Vem tirar dos olhos meus o pranto [Gm6 G#º Dm7]
Ai! Vem matar esta paixão que anda comigo. [A7 Dm]
Ai! Por quem és, desce do céu! Oh! lua branca [Gm7 C7 F]
Essa amargura do meu peito... Oh! vem, arranca; [Am7(5-) D7 Gm7]
Dá-me o luar da tua compaixão [G#º Dm]
Oh! vem, por Deus, iluminar meu coração. [A7 Dm]
E quantas vezes lá no céu me aprecias [Em7(5-) A7 Dm7]
A brilhar em noite calma e constelada [D7(9-) Gm7]
A sua luz, então, me surpreendia [Gm6 G#º Dm7]
Ajoelhado junto aos pés da minha amada. [A7 Dm]
E ela a chorar, a soluçar cheia de pejo [Gm6 C7 F]
Vinha em seus lábios me ofertar um doce beijo [Am7(5-) D7 Gm7]
Ela partiu, me abandonou assim [Gm G#º Dm7]
Oh! lua branca, por quem és, tem dó de mim. [A7 Dm6]

Inquietação

Samba - Lá menor *Ary Barroso*

Introdução: E7(9-)

Am7   Em7 Am7
Quem se deixou escravizar
  G7   F7M
E no abismo despencar
G7   C7M
De um amor qualquer
Am7   Em7 Am7
Quem no acesso da paixão
  G7 F7M
Entregou o coração
G7   C7M
A uma mulher
G7(13)   G7   C7M
Não soube o mundo compreender
E7   Am7
Nem a arte de viver
 F7   E7
Nem mesmo de leve pôde perceber
Am   G7   F7M
Que o mundo é sonho, fantasia
  Em7 Dm7
Desengano, alegria
E7   Am A7
Sofrimento, ironia

Nas asas brancas da ilusão
  Dm7 Ab7
Nossa imaginação
G7   C7M
Pelo espaço vai...
E7
Vai...
Am
Vai...
Dm G7 C7M
Sem desconfiar
Am   F7
Que mais tarde cai
 E7   Am
Para nunca mais voltar.

Copyright 1935 by Irmãos Vitale S. A. Ind. e Com.

João e Maria

Sivuca
e Chico Buarque de Hollanda

Introdução: G7 E7 Am7 F7 E7

Am7   Dm7
Agora eu era o herói
         E7   Am
E o meu cavalo só falava inglês
         Dm7
A noiva do cowboy
   G7   C7M
Era você além das outras três
                    B7
Eu enfrentava os batalhões
              Em7
Os alemães e seus canhões
G7   C
Guardava o meu bodoque
   C7   F
Ensaiava um rock
          E7
Para as matinês
Am   Dm7
Agora eu era o rei
      E7   Am
Era o bedel e era também juiz
Am   Dm7
E pela minha lei
           G7   C   A7
A gente era obrigado a ser feliz
    Dm   G7
E   vo_cê era a princesa
         C
Que eu fiz coroar
        F7   Bb
E era tão linda de se se admirar
            E7   Am
Que andava nua pelo meu país

Am   E7/G#
Não, não fuja, não
       Gm6   A7   Dm7
Finja que agora eu era o seu brinquedo
G7   C
Eu era o seu pião
F   E7
O seu bicho preferido
Am   E7/G#
Vem, me dê a mão

João e Maria (continuação)

      Gm6   Dm7
A gente agora já não tinha medo
G7   E7   Am   Am/G
No tempo da maldade acho que a gente
F7   E7   Am
Nem tinha nascido
         Dm7
Agora era fatal
        E7   Am
Que o faz-de-conta terminasse assim
Am   Dm7
Pra lá deste quintal
   G7   C A7
Era uma noite que não tem mais fim
     Dm   G7   C
Pois vo_cê sumiu no mundo sem me avisar
  F7   Bb
E agora eu era um louco a perguntar
     E7   Am
O que é que a vida vai fazer de mim.

Homem com "H"

Xote - Mi menor *Antonio Barros*

Introdução: Am7 D7 G C7M F#m7(5-) B7 Em Am D7 G C F#7 B7

Em
Nunca eu vi rastro de cobra
Am
Nem couro de lobisomem
F#m7(5-)
Se correr o bicho pega
B7   **Em**
Se pegar o bicho come

Porque eu sou é homem
F#7
Porque eu sou é homem
B7
Porque eu sou é homem
Em
Porque eu sou é homem
B7
(E como sou)

BIS

D7   **G**
Quando eu estava pra nascer
B7   **Em**
De vez em quando eu ouvia
B7   **Em7**
Eu ouvia mãe dizer
B7   **Em**
Ai! Meu Deus, como eu queria
Am   **B7**   **Em**
Que este cabra fosse homem
B7   **Em**
Cabra macho pra daná
Am   **Em**
Ai! Mamãe aqui estou eu,
F#m7(5-)
Mamãe aqui estou eu
B7   **Em**
Sou homem com "H"
B7
(E como sou)

D7   **G**
Eu sou um homem com "H"
B7   **Em**
E com "H" sou muito homem

Copyright 1974 by Irmãos Vitale S. A. Ind. e Com.

Homem com "H" (continuação)

B7
Se você quer duvidar
        Em7
B7   **Em**
Pode ver pelo meu nome
Am **B7**   **Em**
Já tô quase namorando
B7   **Em**
Namorando pra casar
Am   **Em**
Ah! Maria diz que eu sou,
             F#m7(5-)
Maria diz que eu sou
    B7   **Em**
Sou homem com "H"
      B7
(E como sou)...

Gavião calçudo

Pixinguinha

Samba - Sib Maior

Introdução: Eb Ebm6 Dm7(11) G7 Gm7 Cm7 F7 Bb7M G7 C7
F7 Bb Eb/F Bb Gm7 Cm F7 Bb

     Cm7
Chorei
Eb F7 Bb
Porque
  G7 Cm7
Fiquei
F7   Bb Bb7
Sem meu amor
Eb   Ebm Bb
O gavião marvado
    G7   Cm7
Bateu asa e foi com ela
 F7   Bb6
E me deixou

     Bb   D7   Gm7
Quem tiver mulher bonita
Ab7 G7   Cm7
Espanta dos gavião
  Eb/F Gb7   F7
Eles tem unha comprida
Cm7   F7   Bb
Deixa os marido na mão
        Ab7 G7
Mas viva quem   solteiro
Dm7(5-) G7   Cm7
Não tem amor nem paixão
   Ebm6   Bb/D
Mas vocês que são casados
Gm7 Cm7   F7 Bb
Cuidado com os gavião.

 Bb   D7   Gm7
O culpado disso tudo
Ab7 G7   Cm7
São os maridos d'agora
   Eb/F Gb7 F7
As mulhé anda na rua
Cm7   F7   Bb
Com as canela de fora
    Ab7 G7
O gavião tomô cheiro

Copyright 1929 by Irmãos Vitale S. A. Ind. e Com.

Gavião calçudo (continuação)

Dm7(5-)   G7   Cm7
Vem descendo sem demora
         Ebm6   Bb/D
Garra ela   pelo bico
Gm7   Cm7   F7   Bb6
Bate asa e vão se embora.

Feitio de oração

Vadico e Noel Rosa

Samba-canção - Mib Maior

     Eb   Eb7M   Fm7
Quem acha vive se perdendo
  Ab/Bb   Bb7   Abm6 Bb7(13)
Por isso agora eu vou me defenden__do
 Eb   Aº   Gm7(5-)
Da dor tão cruel desta saudade
  C7(5+) Abm6
Que, por infelicidade,
  Bb7(13) Eb
Meu pobre peito invade.
  C7 Fm7
Por isso agora
  Bb7(13)   Eb7M
Lá na Penha eu vou mandar
  Aº   Fm7
Minha morena pra cantar
Bb7(13)   Eb7M
Com satisfação
D7(9-)   Gm7(9)
E com harmonia
 C7(5+)   Fm7
Esta triste melodia
Ab/Bb   Am7
Que é o meu samba
   D7   Gm Cm7 F7 Bb7
Em feitio de oração
 Eb   Eb7M   Fm7
Batuque é um privilégio
 Ab/Bb   Bb7   Bb7(13) Abm6 Bb7(13)
Ninguém aprende samba no colé__gio
 Eb   Aº   Gm7(5-)
Sambar é chorar de alegria
 C7(5+)   Abm6
É sorrir de nostalgia
 Bb7(13) Eb
Dentro da melodia
Eb   Eb7M   Fm7
O samba na realidade
 Ab/Bb   Bb7   Abm6 Bb7(13)
Não vem do morro nem lá da cida__de
Eb   Aº   Gm7(5-)
E quem suportar uma paixão
 C7(5+)   Abm6
Sentirá que o samba, então
 Bb7(13) Eb6
Nasce no coração.

Eu te amo meu Brasil

Marcha - Mib Maior *Dom*

Eb
As praias do Brasil ensolaradas
                  Bb7
O chão onde o país se elevou
             Eb7M
A mão de Deus abençoou
          F7   Bb7
Mulher que nasce aqui, tem muito mais amor...
Eb
O céu do meu Brasil tem mais estrelas
                    Bb7
O sol do meu país mais esplendor
Ab   Eb
A mão de Deus abençoou
       F7   Bb7
Em terras brasileiras vou plantar amor
Eb   C7   Fm
Eu te amo meu Brasil, eu te amo
       Ab/Bb   Bb7
Meu coração é verde, amarelo, branco, azul anil
Eb   C7   Fm
Eu te amo meu Brasil, eu te amo,
 Bb7   Eb
Ninguém segura a juventude do Brasil.
                        Eb
2ª vez para terminar: Brasil.

Fita amarela

Samba - Sol menor   *Noel Rosa*

Introdução: Gm7 Am7(5-) D7 Gm7 Cm7 Gm7 Eb7 D7

Estribilho:

Quando eu morrer, *(Gm7)*
Não quero choro nem vela, *(D7)*
Quero uma fita amarela *(Am7(5-) ... D7(9-))*
Gravada com o nome dela *(Gm7)*

BIS

Se exite alma *(Gm7)*
Se há outra encarnação *(Cm7)*
Eu queria que a mulata *(Am7(5-))*
Sapateasse no meu caixão *(D7 Gm7)*

Estribilho

Não quero flores *(Gm7)*
Nem coroa com espinho *(Cm7)*
Só quero choro de flauta *(Am7(5-))*
Violão e cavaquinho *(D7 Gm7)*

Estribilho

Estou contente, *(Gm7)*
Consolado por saber *(Cm7)*
Que as morenas tão formosas *(Am7(5-))*
A terra um dia vai comer *(D7 Gm7)*

Estribilho

Não tenho herdeiros *(Gm7)*
Não possuo um só vintém *(Cm7)*

Copyright 1932 by Mangione, Filhos & Cia Ltda.

Fita amarela (continuação)

Eu vivi devendo a todos $^{Am7(5-)}$
Mas não paguei nada a ninguém

D7   Gm7

Estribilho

Meus inimigos

Gm7

Que hoje falam mal de mim

Cm7

Vão dizer que nunca viram

Am7(5-)

Uma pessoa tão boa assim.

D7   Gm7

Estribilho

Falsa baiana

Samba - Fá Maior　　　　　　　　　　*Geraldo Pereira*

Introdução: Bb7M Bbm6 Am7(9) D7(9) Bb7M Gm Bb/C C7(9-)

  F7M　　　　　　　F6
Baiana que entra na roda
　　　G7
Só fica parada

Não canta, não samba,
　　　　　　Gm7
Não bole, nem nada
　　　C7
Não sabe deixar
　　　　　F7M　　F7
A mocidade louca...
　　　Bb7M
Baiana é aquela
　　　　　　Bb°
Que entra no samba
　　Am7
De qualquer maneira
　　　　　D7
Que mexe, remexe,
　D7(9-)　　　G7
Dá nó nas cadeiras
　　　　　C7(9-)
E deixa a moçada
　　　　F　　D7
Com água na boca...

　　　　Gm7
A falsa baiana
　　　　　　C7(9-)
Quando cai no samba
　　　　　F6
Ninguém se incomoda
　　　　　D7
Ninguém bate palma
　　　　　　Gm7
Ninguém abre a roda
　　　　　　C7
Ninguém grita "ôba!
　　　F　　　F7
Salve a Bahia, sinhô!"
　　　　　Bb7M
Mas a gente gosta
　　　　　Bbm6
Quando uma baiana

Falsa baiana (continuação)

Quebra direi ^(F7) tinho
^(Bb7M)De cima em ^(D7/A)baixo
^(D7(9-))Revira os ol^(Gm7)hinhos
E diz "Eu sou fi^(C7)lha
^(C7(9))De São Sal^(F6)vador!"

Esse cara

Ré Maior   *Caetano Veloso*

    D6   C#m7 F#7
Ah! Que esse cara tem
     Bm7
Me consumido
Am7   D7   G7M G6
A mim e a tudo que eu quis   **BIS**
Cm7   F7   Bb7M Bb6
Com seus olhinhos infantis
Bm7   E7   Em7(9) A7(9)
Como os olhos de um bandido

 Am7   D7
Ele está na minha vida
     G7M   G6
Porque quer
    Gm7   C7   F7M F6
Eu estou pro que der e vier
F#m7   B7   Em7
Ele chega ao anoitecer
Eb7   Dm7
Quando vem a madrugada

Ele some
G7(13)   C7M C6 Cm7
Ele é quem quer
F7   Bb7M Bb6
Ele é o homem
Em7   A7(13)   D   D$^6_9$ D7M
Eu sou apenas uma mulher.

Saudade fez um samba

Samba - Fá Maior **Carlos Lyra e Ronaldo Boscoli**

F7M
Deixa que o meu samba
Gm7(9)   **C7(13)**
Sabe tudo sem você
F7M
Não acredito que o meu samba
Gm7   **C7(13)**
Só depende de você
Cm7   **F7(9-)**
A dor é minha e em mim doeu
Bb6   **A7**
A culpa é sua o samba é meu
Dm7   **G#º**
Então não vamos mais brigar
Gm7   **C7**   **F6**
Saudade fez um samba em seu lugar

2ª vez para terminar:
G7   **Bb/C** **C7**   **F6**
Saudade fez um samba em seu lugar.

Samba da benção

Bossa - Sol Maior *Baden Powell e Vinícius de Moraes*

Cantado:

D6/E#   A7   D6/F#
É melhor ser alegre que ser triste

                A7   D6/F#
A alegria é a melhor coisa que existe

            A7   D6/F#   A7
É assim como a luz no coração

D6/F#   A7   D6/F#
Mas pra fazer um samba com beleza

             A7   D6/F#
É preciso um bocado de tristeza

           A7   D6/F#
Senão não se faz um samba não.

Falado: (D6/F# A7)

Senão é como amar uma mulher só linda

E daí? Uma mulher tem que ter

Qualquer coisa além de beleza

Qualquer coisa de triste

Qualquer coisa que chora

Qualquer coisa que sente saudade

Um molejo de amor machucado

Uma beleza que vem da tristeza

De se saber mulher

Feita apenas para amar

Para sofrer pelo seu amor

E pra ser só perdão.

Samba da benção (continuação)

Cantado:

D6/F#   A7   D6/F#
Fazer samba não é contar piada
                 A7   D6/F#
Quem faz samba assim não é de nada
             A7   D6/F#   A7
Um bom samba é uma forma de oração
D6/F#   A7   D6/F#
Porque o samba é a tristeza que balança
         A7   D6/F#
E a tristeza tem sempre uma esperança
 A7   D6/F#
A tristeza tem sempre uma esperança
          A7   D6/F#
De um dia não ser mais triste, não
            A7   D6/F#
Ponha um pouco de amor numa cadência
         A7   D6/F#
E vai ver que ninguém no mundo vence
        A7   D6/F# A7
A beleza que tem o samba, não
D6/F#   A7   D6/F#
Porque o samba nasceu lá na Bahia
       A7   D6/F#
E se hoje ele é branco na poesia
      A7   D6/F#
Ele é negro demais no coração.

Falado: (D6/F# A7)

Eu, por exemplo, o capitão do mato,

Vinícius de Moraes

Poeta e diplomata

O branco mais preto do Brasil

Na linha reta de Xangô, saravá!

A benção, Senhora

A maior ialorixá da Bahia

Terra de Caymmi e João Gilberto

Samba da benção (continuação)

A benção, Pixinguinha
Tu que choraste na flauta
Todas as minhas mágoas de amor
A benção, Cartola; a benção Sinhô
A benção, Ismael Silva
Sua benção, Heitor dos Prazeres
A benção, Nelson Cavaquinho
A benção, Geraldo Pinheiro
A benção, meu bom Cyro Monteiro
Você, sobrinho de Nonô
A benção, Noel; sua benção Ary
A benção, todos os grandes
Sambistas do Brasil
Branco, preto, mulato
Lindo como a pele macia de Oxô
A benção maestro Antônio Carlos Jobim
Parceiro e amigo querido
Que já viajaste tantas canções comigo
E ainda há tantas por viajar
A benção, Carlinhos Lyra
Parceiro cem por cento
Você que une a ação ao sentimento
E ao pensamento
Feito essa gente que anda por aí

Samba da benção (continuação)

Brincando com a vida

Cuidado, companheiro!

A vida é pra valer

E não se engane não, tem uma só

Duas mesmo que é bom,

Ninguém vai me dizer que tem

Sem provar muito bem provado

Com certidão passada em cartório do céu

E assinado em baixo: Deus

E com firma reconhecida!

A vida não é brincadeira, amigo

A vida é arte do encontro

Embora haja tanto desencontro pela vida

Há sempre uma mulher a sua espera

Com os olhos cheios de carinho

Ponha um pouco de amor na sua vida

Como no meu samba

A benção, a benção, Baden Powell

Amigo novo, parceiro novo

Que fizeste este samba comigo

A benção, amigo

A benção, maestro Moacyr Santos,

Não és um só. És tanto como

O meu Brasil de todos os santos

Samba da benção (continuação)

Inclusive meu São Sebastião
Saravá! A benção, que eu vou partir
Eu vou ter que dizer adeus.

Cantado:
D6/F#   A7   D6/F#
Ponha um pouco de amor numa cadência...

Samba do Arnesto

Samba - Fá Maior   ***Adoniran Barbosa e Alocin***

   F
O Arnesto nos convidou
                   C7(5+)
Pra um samba e ele mora no Braz
F   **D7**   **Gm7**
Nóis fumos mas não encontremos ninguém
                 C7   **F**
Nóis vortemos com uma baita d'uma raiva
D7   **G7**
Da outra vez
C7   **F**
Nóis num vai mais.

      C7   **F**
No ôtro dia encontremos com o Arnesto
       C7
Que pediu descurpas
         F
Mais nois num aceitemos
D7   **Gm**
Isso num si faiz, Arnesto
C7   **F**
Nois num si importa
D7   **Gm**
Mais você devia ter ponhado
   C7   **F**
Um recado na porta

BIS

Break-falado:

Assim: óia turma, não dou pra esperá.

Aduvido que isso não faz mar.

Não tem importância – é, mas nois se arretô.

Arrastão

Edu Lobo
e Vinícius de Moraes

Lá menor

Am7   Am6
Eh, tem jangada no mar
Am7   Am6
Eh, hoje tem arrastão
Bm7   Bm6
Eh, todo mundo pescar
Am7   D7(9)   G7M Dm7
Chega de sombra João, j'ouviu
                              G7M
Olha o arrastão entrando no mar sem fim
Dm7   G7M
Eh, meu irmão, me traz Iemanjá pra mim
C7/Bb   F/A
Nhá santa Bárbara
D/C   G/B
Me abençoai
Gm/Bb   F/A   Bb/Ab Gm7
Quero me casar com Janaína
Am7   Am6
Eh, puxa bem devagar
Am7   Am6
Eh, já vem vindo o arrastão
Bm7   Bm6
Eh, é a rainha do mar
Am7   D7(9)   G7M
Vem, vem na rede, João para mim
Dm7   G7M
Valha-me meu Nosso Senhor do Bonfim
Dm7   G7M
Nunca jamais se viu tanto peixe assim
Dm7   G7M
Valha-me meu Nosso Senhor do Bonfim
Dm7   G7M
Nunca jamais se viu tanto peixe assim.

Ternura antiga

Samba-canção - Mi menor   **J. Ribamar e Dolores Duran**

Introdução: C7   F#m7(5-)   B7   Em7   Am7   F#m7(5-)   B7   Em7   Am7(9)   Em7(9)

Am7   B7(5+)   Em7
Ai,   a rua escura, o vento frio
                           C7
Esta saudade, este vazio,
F#m7(5-)   B7(9-)   Em7
Esta vontade de chorar
Am7   D7   G7M
Ai,   tua distância tão amiga,
                          Am7
Esta ternura tão antiga
C7   B7   E7
E o desencanto de esperar
Am   B7   Em7
Sim,   eu não te amo porque quero
Am7   F#m7(5-)   B7   E7
Ai,   se eu pudesse esqueceria
Am7   D7   Em7
Vivo e vivo só, porque te espero
F#m7(5-)   B7(5+)   Em7
Ai, esta amargura, esta agonia

Pra terminar:
       Em7
agonia...

Asa branca

Baião-xote - Fá Maior

*Luiz Gonzaga
e Humberto Teixeira*

      F   Bb
Quando oiei a terra ardendo
   F   C7   F
Quá foguêra de São João
      F7   Bb
Eu perguntei(ei) a Deus do céu, ai | BIS
    C7   F
Pru que tamanha judiação?

    F   Bb
Qui brasero, qui fornaia
   F   C7   F
Nem um pé de prantação
    F7   Bb
Por farta d'água perdi meu gado | BIS
    C7   F
Morreu de sede meu alazão

  F   Bb
Inté mesmo asa branca
 F   C7   F
Bateu asas do sertão
     F7   Bb
Entonce eu disse, adeus Rosinha | BIS
   C7   F
Guarda contigo meu coração

  F   Bb
Hoje longe muitas légua
   F   C7 F
Numa triste solidão
  F7   Bb
Espero a chuva caí de novo | BIS
   C7   F
Pra mim vortá pro meu sertão

    F   Bb
Quando o verde dos teus óios
  F   C7 F
Se espaiá na prantação

Copyright 1947 by Rio Musical Ltda.

Asa branca (continuação)

Eu te asse**F7**guro, num chore **Bb**não, viu,
Que eu vo**C7**rtarei, viu, meu cora**F**ção. | **BIS**

Detalhes

Sol Maior

Roberto Carlos e Erasmo Carlos

Introdução: G G7M G G7M G#º

Am7   D7(9)   G G7M G#º
Não adianta nem tentar me esquecer
Am7   D7(9)   G G7M G#º
Durante muito tempo em sua vida, eu vou viver
Am7   D7
Detalhes tão pequenos de nós dois
G7M   E7
São coisas muito grandes pra esquecer
Am7   D7(9)
E a toda hora vão estar presentes, você vai ver
Am7   D7(9)   G G7M G#º
Se um outro cabeludo aparecer na sua rua
Am7   D7(9)   G G7M G#º
E isto lhe trouxer saudades minhas, a culpa é sua
Am7   D7
O ronco barulhento do seu carro
G7M   E7
A velha calça desbotada, ou coisa assim
Am7   D7(9)
Imediatamente você vai lembrar de mim
Am7   D7(9)   G G7M G#º
Eu sei que um outro deve estar falando ao seu ouvido
Am7   D7(9)   G G7M G#º
Palavras de amor como eu falei, mas eu duvido
Am7   D7
Duvido que ele tenha tanto amor
G7M   E7
E até os erros do meu português tão ruim
Am7   D7
E nessa hora você vai lembrar de mim
Am7   D7(9)   G G7M G#º
A noite envolvida no silêncio do seu quarto
Am7   D7(9)   G G7M G#º
Antes de dormir você procura o meu retrato
Am7   D7
Mas na moldura não sou eu que lhe sorri
G7M   E7
Mas você vê o meu sorriso mesmo assim
Am7   D7(9)
E tudo isso vai fazer você lembrar de mim
Am7   D7(9)   G G7M G#º
Eu sei que estes detalhes vão sumir, na longa estrada
Am7   D7(9)   G G7M G#º
Do tempo que transforma todo amor em quase nada
Am7   D7(9)
Mas quase também é mais um detalhe

Detalhes (continuação)

         G7M   **E7**
Um grande amor não vai morrer assim
   Am7   **D7(9)**
Por isso, de vez em quando, você vai lembrar de mim
Am7   **D7(9)**   **G** **G7M G#º**
Não adianta nem tentar me esquecer
    Am7   **D7(9)**   **G** **G7M G#º**
Durante muito, muito tempo em sua vida, eu vou viver
Am7   **D7(9)**   **G6**
Não, não adianta nem tentar, me esquecer.

Tereza da praia

Samba - Dó Maior

Billy Blanco e Antônio Carlos Jobim

Introdução: Dm7 G7 Em7 Am7 Dm7 G7 Em7(5-) A7 A7(5+)

Dm7
Lucio!
    F/G   G7   C7M
Arranjei novo amor no Leblon
  A7(9-)   Dm7   G7(9-)   Bb/C
Que corpo bonito, que pele morena
  C7   Bb7   A7   Ab7   G7(13)
Que amor de pequena, amar é tão bom!

A7(5+) Dm7
O, Dick!
   F/G   G7   C7M
Ela tem um nariz levantado,
 A7   Dm7   G7   Bb/C
Os olhos verdinhos bastante puxados
 C7   Bm7(5-)   Am7   Gm7 Bb/C
Cabelo castanho e uma pinta do lado.

C7   Fm7   Ab/Bb   Eb7M
É a minha Tereza da praia
     Dm7 G7   C7M
Se ela é tua é minha também
Bb/C Fm7   Ab/Bb   Eb7M
O verão passou todo comigo
Ab7M Dm7   F/G
O inverno pergunta com quem?
A7   Dm7   F/G   G7   Bb7
Então vamos a Tereza na praia deixar,
 A7   Dm7   G7   Bb/C
Aos beijos do sol e abraços do mar
 C7   F/C   G7(13)   Bb7
Tereza é da praia, não é de ninguém,
    A7   F/G
Não pode ser tua...
   G7   C7M
Nem tua também.

O teu cabelo não nega

*Adaptação de **Lamartine Babo** sobre motivo de marcha "Mulata", dos Irmãos Valença*

Marcha - Sol Maior

Introdução: Am7 D7 G E7 Am7 D7 G

    D7   G
O teu cabelo não nega, mulata
  Am7   D7   G
Porque és mulata na cor...
      D7   G
Mas como a cor não pega, mulata   **BIS**
   Am7   D7   G
Mulata, eu quero o teu amor!

 G   E7
Tens um sabor
 A7
Bem do Brasil...
 D7   G
Tens a alma cor de anil
 D7   G7   C
Mulata, mulatinha, meu amor
       A7   D7
Fui nomeado o teu tenente interventor!

 G   E7
Quem te inventou
 A7
Meu pancadão
 D7   G
Teve uma consagração...
 D7   G7   C
A lua te invejando fez careta
        A7   D7
Porque, mulata, tu não és deste planeta!

 G   E7
Quando, meu bem,
 A7
Vieste à terra,
 D7   G
Portugal declarou guerra
 D7   G7   C
A concorrência então foi colossal!
     A7   D7
Vasco da Gama contra o Batalhão Naval!

Matriz ou filial

Samba-canção - Sib Maior *Lucio Cardim*

Introdução: Cm7   Eb/F   F7   Bb   Cm7

G7   **Cm7**
Quem sou eu
            F7
Pra ter direitos exclusivos
         Bb7M
Sobre ela
Eb7M   **Dm7**   **Gm7**
Se eu não posso sustentar
              Cm7
Os sonhos dela
        Eb/F   **F7**
Se nada tenho e cada um vale
         Dm7(5-) G7(9-)
O que tem
              Cm7
Quem sou eu
         F7
Pra sufocar a solidão
            Bb7M
Daquela boca
Eb7M   **Dm7**   **Gm7**
Que hoje diz que sou matriz
             Cm7
E, quando louca,
          Eb/F
Se nós brigamos diz
     F7   **Fm7** **Bb7**
Que sou filial
      Eb7M   **Ab7**
Afinal, se amar demais
                  Bb7M
Passou a ser o meu defeito
Eb7M   **Dm7**   **Gm7**
É bem possível que eu não
             Cm7
Tenha mais direito
        Eb/F
De ser matriz
         F7
Por ter somente amor
         Dm7(5-) G7 Cm7 Fm7 Bb7
Pra dar
       Eb7M   **Ab7**
Afinal, o que ela pensa
                    Bb7M
Conseguir me desprezando

Copyright 1965 by Irmãos Vitale S. A. Ind. e Com.

Matriz ou filial (continuação)

Se sua sina sempre foi
       Gm7
Voltar chorando arrependida
    Cm7   Eb/F
Me pedindo pra ficar.
 F7(9-)   Bb6

Adeus, batucada

Samba - Fá Maior **Synval Silva**

Estribilho:

  F7M   Bb7
Adeus! Adeus!
                  Am7
Meu pandeiro do samba
Gm7   C7   F7M
Tamborim de bamba
  Dm7   Gm7 Am7(5-)
Já é   de madrugada
D7   Gm7 C7(9) Gm7
Vou-me embora chorando
                  C7(9)
Com meu coração sorrindo
       Gm7   C7
E vou deixar todo mundo valorizando

BIS

 Gm7   C7
A batucada
 Fm7
Em criança
           C7(9-)   Fm7
Com samba eu vivia sonhando
Cm7(5-)
Acordava, estava
 F7   Bbm7
Tristonho, chorando
Bbm   C7(9-)
Jóia que se perde no mar
          Fm7
Só se encontra no fundo
Db7M   G7
Sambai, mocidade
C7(9-)   Fm7
Sambando se goza neste mundo

Do amor
          C7(9-) Fm7
Sempre me despedi sambando
    Cm7(5-)
Mas, da batucada
   F7   Bbm7
Agora me despeço chorando

Guardo no lenço esta

Adeus, batucada (continuação)

   C7(9-)   Fm7
Lágrima sentida
 Db7M   G7
Adeus, batucada
 C7(9-)   Fm7
Adeus, batucada querida.

Pra frente, Brasil

Hino - Dó menor   *Miguel Gustavo*

Cm   **G7**   **Cm**
90 milhões em ação

Pra frente, Brasil
Bb7   **Eb**
Do meu coração
Fm   **C7(9-)**   **Fm7**
Todos juntos vamos
  C7   **Fm7**
Pra frente, Brasil
Eb7   **Ab7**
Salve a Seleção
    G7
De repente é aquela
  Cm
Corrente pra frente
Fm   **Bb7**   **Eb**
Parece que todo o Brasil deu a mão
G7   **Cm**
Todos ligados na mesma emoção
Fm7   **G7(5+)**   **Cm**
Tudo é um só coração
G7   **Cm**
Todos juntos vamos
    D7
Pra frente, Brasil, Brasil   **BIS**
Dm7(5-) **G7** **Cm**
Salve a Seleção.

Implorar

Samba - Sol Maior

Kid Pepe, Gaspar e Germano Augusto

[G6]
Implorar só a Deus,
Mesmo assim
      [Em7]   [Am7]
Às vezes não sou atendido
[D7(9)]   [G6]
Eu amei e não venci
   [A7]
Fui um louco,
         [D7]
Hoje estou arrependido
[Am7]   [D7]   [Am7]
Foi-se meu sonho azulado
    [D7]   [G]
Minha ilusão mais querida
            [F#°]
Perdi o meu bem amado
   [B7]   [Em7]
Minha esperança na vida
[E7]   [Am7]
Passei a vida implorando
  [D7]   [G]
Aquela infeliz amizade
[Dm7/F] [E7] [Am7]
Tudo na vida se passa
[D7]   [G]
Loucuras da mocidade.
[Am7] [D7] [Am7]
Hoje, no mundo sozinho
 [D7]   [G]
Relembrando o meu passado
          [F#°]
Não tenho mais um carinho
  [B7] [Em7]
Na vida tudo acabado
  [E7]   [Am7]
Fui um louco, eu bem sei
 [D7]   [G]
Implorar tua beleza
[Dm7] [E7]   [Am7]
Pelo teu amor fiquei
  [D7]   [G]
Contemplando a natureza.

BIS

Copyright 1934 by Mangione, Filhos & Cia. Ltda.

A flor e o espinho

Nelson Cavaquinho, Guilherme Brito e Alcides Caminha

Samba - Ré menor

Introdução: Dm Gm7 C7 F7M Gm7 A7

Dm   Gm7
Tire o seu sorriso do caminho
Em7(5-)   A7   Dm
Que eu quero passar com a minha dor
Am7(5-)   D7   Gm7
Hoje pra você eu sou espinho
Bb/C   C7   F   Am7
Espinho não machuca a flor
Gm7   A7   Dm   Gm7
Eu só errei quando juntei minh'alma à sua
    Em7(5-)   A7   Dm
O sol não pode viver perto da lua
Em7(5-)   A7   Dm
É no espelho que eu vejo a minha mágoa
Am7(5-)   D7   Gm7
A minha dor e os meus olhos rasos d'água
Em7(5-)   A7   Dm7   Gm7
Eu na sua vida já fui uma flor
              Gm7   A7
Hoje sou espinho em seu amor.
                          Dm
Pra terminar: seu amor.

Copyright 1956 by Todamérica Música Ltda.

Abre a janela

Samba - Sol Maior

Arlindo Marques Jr.
e Roberto Roberti

Introdução: G7M G7 C7M A7 D7 G Bb° Am7

Abre a janela [D7] [G]
Formosa mulher [G] [D7]
E vem dizer adeus a quem te adora [G] [E7] [Ab°] [Am]
Apesar de te amar [D7] [G7]
Como sempre amei [Am] [C/D]
Na hora da orgia eu vou embora [G] [D7] [G]

| BIS

Vou partir e tu tens que me dar perdão [Am7] [D7] [Am7]
Porque fica contigo o meu coração [D7] [G6] [C/D] [G] [G7M]
Podes crer que acabando a orgia [D7] [G] [C]
Voltarei para a tua companhia. [Cm7] [Em7] [A7] [D7]

Gosto que me enrosco

Samba - Sib Maior   *J. B. Silva (Sinhô)*

Introdução: Eb E° Bb/F G7 Cm7 F7 Bb

Bb   Cm7   Bb
Não se deve amar sem ser amado
Bb   Gm7   Cm7   G7
É melhor morrer crucificado!
Cm   Am7(5-)   D7   Gm7
Deus nos livre das mulheres de hoje em dia
           C7   Cm7 F7 F7(13)
Desprezam um homem só por causa da orgia!

Bb   Cm7   Bb
Dizem que a mulher é parte fraca...
Bb   Gm7   Cm7 G7
Nisto é que eu não posso acreditar
   Am7(5-)   D7   Gm7
Entre beijos e abraços e carinhos...
       C7   Cm7 F7
O homem não tendo é bem capaz de matar

Cm7   F7   Bb
Gosto que me enrosco de ouvir dizer
Fm7   Bb7   Eb
Que a parte mais fraca é a mulher
    Ebm   Bb
Mas o homem com toda a fortaleza
    G7   Cm7   F7 Bb
Desce da nobreza e faz o que ela quer!

Esses moços

Samba - Mib Maior **Lupicínio Rodrigues**

    Eb7M   **Ab/Bb**
Esses moços
    Eb7M   **Gm7**
Pobres moços
Fm7   **Bb7**   **Eb7M**
Oh! se soubessem o que sei
Eb7M(6) **Gm7**   **Gm5+** **Gm6** **Gm7**
Não amavam, não passavam
  Am7(5-)   **D7**   **Gm7**
Aquilo que já passei
Am7(5-)   **D7(9-)**
Por meus olhos
       Gm7
Por meus sonhos
Cm7   **Fm7**
Por meu sangue
Bb7   **G7(5+)**
Tudo, enfim
C7(9-)   **Fm7**
É que eu peço
Abm6   **Eb7M**
A esses moços
 F7   **Bb7**   **Eb6**
Que acreditem em mim
    Cm7   **G7**
Que eles julgam que há um lindo futuro
      G7(9-)   **Cm7**
Só o amor nesta vida conduz
  G7   **Cm7**   **Am7(5-)** **D7(9-)** **Gm7**
Saibam que deixam o céu por ser escuro
    Am7(5-)   **D7**   **F/G**
E vão ao inferno à procura de luz
G7(5+)   **Cm7**   **G7**
Eu também tive nos meus belos dias
    G7(9-)   **Cm7** **C7(9-)**
Esta mania e muito me custou
 Fm7   **G7**   **Cm7**
Pois só as mágoas que trago hoje em dia
 D7(9-)   **G7**   **Cm7**
E estas rugas que o amor me deixou.

Como vai você

*Antônio Marcos
e Mário Marcos*

Sib Maior

      Bb   Bb/A
Como vai você?
   Gm   Dm
Eu preciso saber da sua vida
  Fm7   Bb7   Eb
Paixão da minha paz tão esquecida
 Ebm7   F7(4)
Não sei se gosto mais de mim
  F7
Ou de você
      Bb   Bb/A
Como vai você?
   Gm   Dm
Que já modificou a minha vida
   Fm7   Bb7   Eb
Peço alguém pra me contar sobre os seus dias
Ebm7   F7(4)
Anoiteceu e eu preciso só saber
F7   Bb
Como vai você?
              Bb/A   Gm
Vem, que a sede de te amar me faz melhor
     Gm/F   Eb
Eu quero amanhecer ao teu redor,
 Cm   F7
Preciso tanto te fazer feliz,
Bb   Bb/A   Gm
Vem que o tempo pode afastar nós dois
    Gm/F   Eb
Não deixe tanta vida pra depois,
 Cm7
Eu só preciso saber
F7   Bb
Como vai você?

Dorinha, meu amor

Samba - Mib Maior *José Francisco de Freitas*

Introdução: Bb7 Eb F7 Bb7 Eb Bb7 Eb Cm/Bb F7/C Bb7 Eb

   Bb7   Eb
Dorinha, meu amor
Gm7   Cm7   Fm7
Por que me fazes chorar
C7(9-) Fm7
Eu sou um pecador
        Bb7   Eb   Bb7
Eu sofro só por te amar
        Eb
2ª vez: amar

BIS

   Dm7(5-)   G7
Não sei qual a razão
            Cm7
Que eu sofro tanto assim
 Dm7(5-)   G7   Cm7
Castigo sim,   castigo sim
 Dm7(5-)
Imploro a Deus
 G7   Cm7
Para vencer o teu amor
 Dm7(5-)   G7   Cm7
Do meu amor,   amor.

Cadeira vazia

*Lupicínio Rodrigues
e Alcides Gonçalves*

Samba-canção - Sol menor

Introdução: Cm Am7(5-) D7 Gm7 Gm/F Em7(5-) A7 D7 Gm7 Cm7 Am7(5-) D7

Gm7   D7   Gm7
Entra, meu amor, fica à vontade
                 G7
E diz com sinceridade
             Cm7
O que desejas de mim
Cm   Cm/Bb   Am7(5-) D7(9-) Gm7
Entra, podes entrar, a casa é tua
         Em7(5-)   A7   D7M
Já que cansaste de viver na rua
     Em7(5-)   A7   Am7(5-) D7(9-)
E teus sonhos chegaram ao fim.

Gm7   D7   Gm7
Eu sofri demais quando partiste

Passei tantas horas tristes
      G7   Cm7
Que nem devo lembrar esse dia
Am7(5-)   D7   Gm7
Mas de uma coisa podes ter certeza
                 Am7(5-)
Que teu lugar aqui na minha mesa
  D7(9-)   G7M Em7(9) Am7
Tua cadeira ainda está vazia.

D7   G7M   E7   Am7
Tu és a filha pródiga que volta
Am/G   F#m7(5-) B7   Em7
Procurando em minha porta
       A7(13)   Am7
O que o mundo não te deu
D7   G7M   A7   D7M
E faz de conta que sou o teu paizinho
      Bm7   B7   Em7
Que tanto tempo aqui fiquei sozinho
   A7   Am7 C/D D7(13)
A esperar por um carinho teu.
G7M   E7   Am7
Voltaste, estás bem, estou contente
Am/G   F#m7(5-) B7   Em7
Só me encontraste muito diferente

Cadeira vazia (continuação)

Em7   **Dm7**   **G7**   **C7M**
Vou te falar de todo o coração
Cm   **Am7(5-) D7** **G7M**
Não te darei carinho nem afeto
         E7   **A7**
Mas pra te abrigar podes ocupar meu teto
      D7(9-)   **G6** **Am7(5-)** **D7(9-)**
Pra te alimentar podes comer meu pão.

                 G6
Pra terminar: meu pão.

A volta do boêmio

Samba-canção - Lá menor   *Adelino Moreira*

Am7
Boemia...
        Dm7
Aqui me tens de regresso
        E7
E, suplicante, te peço
      Am7
A minha nova inscrição
E7   **Am7**   **G7**
Voltei pra rever os amigos que um dia
       F7
Eu deixei a chorar de alegria
            E7
Me acompanha o meu violão
Am7
Boemia...
      Dm7
Sabendo que andei distante
      E7
Sei que essa gente falante
     Am7
Vai agora ironizar:
 E7
– Ele voltou
       Am7
O boêmio voltou novamente
       Dm7
Partiu daqui tão contente
  E7   **Am7**
Por que razão quer voltar?
Am7
Acontece
              Dm7 **G7**
Que a mulher que floriu meu caminho
      F7
De ternura, meiguice e carinho
       E7
Sendo a vida do meu coração
E7   **Am7**
Compreendeu
 F#m7(5-) **B7**   **Em7**
E abraçou-me, dizendo a sorrir:
   G7   **F#m7(5-)**
– Meu amor, você pode partir
 B7   **E7**
Não esqueça o seu violão

Copyright 1956 by Edições Euterpe Ltda.

```
      Am7
Vá rever
                               Dm7  G7
Os seus rios, seus montes, cascatas
                         F7
Vá sonhar em novas serenatas
                         E7  Am7
E abraçar seus amigos leais
     Dm7
Vá embora
          Bm7(5-)              Am7
Pois me resta o consolo e alegria
      Gm6                      F7
Em saber que depois da boemia
    E7                     Am7
É de mim que você gosta mais.
```

A Bahia te espera

Samba - Sol Menor **Herivelto Martins e Chianca de Garcia**

   Gm   A7
Oh! Bahia da magia
D7(9-)   Gm
Dos feitiços e da fé
       Cm7
Bahia que tem tanta igreja
A7   D7
E tem tanto candomblé
  G7M
Para te buscar
               A#°   Am7
Nossos saveiros já partiram para o mar
D7   Am7
Yayá Eufrásia
   D7   G7M
Ladeira do Sobradão
     Em7   A7   D7
Está formando   seu candomblé
F7   Bb   Eb   Bb7M
Velha Damásia da Ladeira do Mamão
      Ebm7 Gb7 Bb
Está preparando o acarajé
G7M
Para te buscar
               A#°   Am7
Nossos saveiros já partiram para o mar
       Bm7(5-)   E7   Am7
Nossas morenas, roupas novas vão botar
  Em7
Se tu vieres, irás
A7   D7   Am7
Provar o meu vatapá
  D7 F7   E7   Eb7
Se tu vieres, viverás nos meus braços
D   A7 C7   D7
A festa de Iemanjá, vem, vem!
G   C7M   G7M
Vem em busca da Bahia
        G   C7M
Cidade da tentação
    C7   F#m7(5-) B7
Onde o meu feitiço impera
E7   Am7
Vê se me trazes o teu coração

Copyright 1950 by Irmãos Vitale S. A. Ind. e Com.

A Bahia te espera (continuação)

#D7   Am7   D7#
Vem
         #G#   #Cm7   F7(9)   G#
A Bahia te espera, Bahia   Bahia
#D7(9)   G7M#
Bahia, Bahia (vem).

Abismo de rosas

Valsa - Lá Maior

João do Sul e Américo Jacomino (Canhoto)

Introdução: E7 F#7 Bm7 E7 A E7

  A   E7   A
Ao amor em vão fugir
D7   Cm7
Procurei,
F#m7 Bm   E7
Pois tu,
Bm   F#7   Bm
Breve me fizeste ouvir
    E7   Am   A
Tua voz, mentira deliciosa!
  A   E7 A7M
E hoje é meu ideal
    Em7(9) A7   D
Um abismo de rosas
Bm7(5-) G#°   A
Onde a sonhar
F#m   Bm7   E7 A
Eu devo, enfim, sofrer e amar!

  Am   F#m7(5-) B7
Mas hoje que importa
Bm   E7   G#° Am
Se tu'alma é fria
F   E7
Meu coração se conforta
Cm   F7(13) Bm7(5-) E7
Na tua própria agonia
Am7 F7(9)   F#m7(5-) B7
Se há no meu rosto
Bm E7   G#° Am
Um rir de ventura
A7   Dm
Que importa o mudo desgosto
E7   Am
De minha dor assim
E7   Am
Sem fim?

  D   A7 D Bm
Se minha esperança,
  F#7   B7
O que não se alcança
Em7   A7
Sonhou buscar,

Abismo de rosas (continuação)

D   F#7
Devo calar
              Bm7
Hoje, o meu sofrer,
 E7   Em7 A7
E jamais dele te dizer
D7M A7   D Bm7
O amor se é puro,
G7 F#7   Bm B7
Suporta obscuro,
 Em7   A7
Quase a sorrir,
D   F#7
A dor de ver
     Bm   E7 A7   D
A mais linda ilusão morrer!

voltar à 1ª parte

A   E7   A
Humilde, bem vês que vou
D7   Cm7 F#m7 Bm
A teus pés levar,
E7   Bm   F#7   Bm
Meu coração que jurou,
    E7   Am A E7
Sempre ser amigo e dedicado.
A   E7   A7M
Tenha, embora, que viver
  Em   A7 D
Neste sonho enganado,
Bm7(5-) G#°   A
Jamais direi,
F#m   Bm7   E7   A
Que assim vivi porque te amei!

Construção

Mi menor   *Chico Buarque de Hollanda*

Em6
Amou daquela vez como se fosse a última

Beijou sua mulher como se fosse a última

E cada filho seu como se fosse o único
     Am   **Am/G**   **F#m7(5-)** **B7**
E atravessou a rua com seu passo tímido
                          Em6
Subiu a construção como se fosse máquina

Ergueu no patamar quatro paredes sólidas

Tijolo com tijolo num desenho mágico
    Am   **Am/G**   **F#m7(5-)** **B7**
Seus olhos embotados de cimento e lágrima
                         Em6
Sentou pra descansar como se fosse sábado

Comeu feijão com arroz como se fosse um príncipe

Bebeu e soluçou como se fosse um náufrago
    Am   **Am/G**   **F#m7(5-)** **B7**
Dançou e gargalhou como se ouvisse música
                    Em6
E tropeçou no céu como se fosse um bêbado

E flutuou no ar como se fosse um pássaro

E se acabou no chão feito um pacote flácido
  Am   **Am/G**   **F#m7(5-)** **B7**
Agonizou no meio do passeio público
                         Em6
Morreu na contramão atrapalhando o tráfego

Amou daquela vez como se fosse o último

Beijou sua mulher como se fosse a única

E cada filho seu como se fosse o pródigo
    Am   **Am/G**   **F#m7(5-)** **B7**
E atravessou a rua com o seu passo bêbado
                        Em6
Subiu a construção como se fosse sólido

Ergueu no patamar quatro paredes mágicas

Copyright 1971 by Cara Nova Editora Musical Ltda.

Construção (continuação)

Tijolo com tijolo num desenho lógico
   Am   Am/G   F#m7(5-)   B7
Seus olhos embotados de cimento e tráfego
                                      Em6
Sentou pra descansar como se fosse um príncipe

Comeu feijão com arroz como se fosse o máximo

Bebeu e soluçou como se fosse máquina
   Am   Am/G   F#m7(5-) B7
Dançou e gargalhou como se fosse o próximo
                                  Em6
E tropeçou no céu como se ouvisse música

E flutuou no ar como se fosse sábado

E se acabou no chão feito um pacote tímido
   Am   Am/G   F#m7(5-) B7
Agonizou no meio do passeio náufrago
                                Em6
Morreu na contramão atrapalhando o público

Amou daquela vez como se fosse máquina

Beijou sua mulher como se fosse lógico

Ergueu no patamar quatro paredes flácidas
                                Em6
Sentou pra descansar como se fosse um pássaro

E flutuou no ar como se fosse um príncipe
   Am   Am/G   F#m7(5-) B7
E se acabou no chão como um pacote bêbado
                             Em6
Morreu na contramão atrapalhando o sábado.

Como nossos pais

Balada - Ré menor   **Belchior**

     Bm7
Não quero lhe falar, meu grande amor
  E7   A
Das coisas que aprendi nos discos

Quero lhe contar como eu vivi
              D
E tudo o que aconteceu comigo
   Bm7
Viver é melhor que sonhar
    E7
Eu sei que o amor é uma coisa boa
         A7
Mas também sei que qualquer canto
            A7(13)   D
É menor do que a vida de qualquer pessoa
 D
Por isso cuidado, meu bem
          G
Há perigo na esquina
A7   D
Eles venceram e o sinal está fechado para nós

Que somos jovens
D   G
Para abraçar meu irmão e beijar minha menina na rua
A7   D
É que se fez o meu lábio, o meu braço e a minha voz
        G   D
Você me pergunta minha paixão
              G   D
Digo que estou encantada com uma nova invenção
            G   D
Vou ficar nesta cidade, não vou voltar pro sertão
              G
Pois vejo vir vindo do vento
            D
O cheiro da nova estação
               G   A7
E eu sei de tudo na ferida viva do meu coração
D   G
Já faz tempo eu vi você na rua
      D   G
Cabelo ao vento, gente jovem reunida
    D   G
Na parede da memória esta lembrança

Como nossos pais (continuação)

       A7
É o quadro que dói mais
D   **G**
Minha dor é perceber que apesar
         D   **G**
De termos feito tudo, tudo o que fizemos
       D   **G**
Ainda somos os mesmos e vivemos
         A7
Como nossos pais.
D   **G**
Nossos ídolos ainda são os mesmos
    D   **G**
E as aparências não enganam, não
     D   **G**   **A7**
Você diz que depois deles não apareceu mais ninguém
     D   **G**
Você pode até dizer que eu estou por fora
    D   **G**
Ou que eu estou inventando
      D   **G**
Mas é você que ama o passado e que não vê
      D   **G**
Mas é você que ama o passado e que não vê
              A7
Que o novo, o novo sempre vem
D
E hoje eu sei que quem me deu
  G   **D**
A idéia de uma nova consciência e juventude
                    G
Está em casa guardado por Deus
            A7
Contando vil metais
     D   **G**
Minha dor é perceber que apesar
      G   **D**
De termos feito tudo, tudo, tudo
G
O que fizemos
     D   **G**
Ainda somos os mesmos e vivemos
     D   **G**
Ainda somos os mesmos e vivemos
     D   **G**
Ainda somos os mesmos e vivemos
         A7 **D**
Como os nossos pais.

Baby

Caetano Veloso

Fá Maior

Introdução: F Bb (8 vezes)

Você   ^F ^Bb precisa saber da piscina^F
Da margarina, da Carolina, da ^Bb gasolina
^F Você   ^Bb precisa saber de ^F mim
^F Baby, ^Dm7 Baby, | BIS
^Gm7 Eu sei que ^C7 é assim. |

Você   ^F ^Bb precisa tomar um sorvete^F
Na lanchonete, andar com a ^Bb gente,
^F Me ver de ^Bb perto,
Ouvir aquela canção do ^F Roberto
^F Baby, ^Dm7 Baby, | BIS
^Gm7 Há quanto ^C7 tempo. |

Você   ^F ^Bb precisa aprender ^F inglês
^Bb Precisa aprender o que eu ^F sei
^Bb E o que eu não sei mais
E o que eu não ^F sei mais

Não sei, comigo vai ^Bb tudo ^F azul
^Bb Contigo vai tudo em ^F paz
^Bb Vivemos na melhor cidade
Da ^F América do Sul
Da ^Bb América do Sul,

Baby (continuação)

Você precisa, você precisa, você precisa.
                                 F

Bb   **F**
Não sei, leia na minha camisa
F   **Dm7**
Baby, Baby,

I love you...

A banda

Marcha-rancho - Fá Maior   **Chico Buarque de Hollanda**

Introdução: F7M F C7 F

F
Estava à toa na vida
              C7
Estava à toa na vida
                 Am7
O meu amor me chamou
   D7   Gm
Pra ver a banda passar
    C7   F
Cantando coisas de amor.
            C7
A minha gente sofrida
         Am7
Despediu-se da dor
   D7   Gm
Pra ver a banda passar
    C7   F
Cantando coisas de amor.
 F   Gm
O homem sério que contava dinheiro parou
 F7   Bb
O faroleiro que contava vantagem parou
 Em7   A7   Dm7
A namorada que contava as estrelas parou
 G7   C7
Para ver, ouvir e dar passagem.
 F   Gm
A moça triste que vivia calada sorriu
 F7   Bb
A rosa triste que vivia fechada se abriu
 Em7   A7
E a meninada toda se assanhou
  D7   Gm
Pra ver a banda passar
    C7   F
Cantando coisas de amor.
        C7
Estava à toa na vida
                Am7
O meu amor me chamou
  D7   Gm
Pra ver a banda passar
    C7   F
Cantando coisas de amor.
           C7
A minha gente sofrida
         Am7
Despediu-se da dor

Copyright 1966 by Editora Brasileira Moderna Ltda.

A banda (continuação)

Pra ver a banda passar [D7] [Gm]
Cantando coisas de amor. [C7] [F]
O velho fraco se esqueceu do cansaço e pensou [F] [Gm]
Que ainda era moço pra sair no terraço e dançou [F7] [Bb]
A moça feia debruçou na janela [Em7] [A7] [Dm]
Pensando que a banda tocava pra ela. [G7] [C7]
A marcha alegre se espalhou na avenida e insistiu [F] [Gm7]
A lua cheia que vivia escondida surgiu [F7] [Bb]
Minha cidade toda se enfeitou [Em7] [A7] [Dm]
Pra ver a banda passar [D7] [G7]
Cantando coisas de amor. [C7] [F]
Mas para meu desencanto [C7]
O que era doce acabou [Am7]
Tudo tomou seu lugar [D7] [Gm]
Depois que a banda passou [C7] [F]
E cada qual no seu canto [C7]
E em cada canto uma dor [Am7]
Depois da banda passar [D7] [Gm]
Cantando coisas de amor. [C7] [F]

A voz do morro

Zé Keti

Samba - Fá Maior

   D7(9-)   G7
Eu sou o samba
Gm7   C7
A voz do morro
    F7M   Bb7
Sou eu mesmo, sim senhor
F6   Dm7   Gm7
Quero mostrar ao mundo

Que tenho valor
C7   F7M
Eu sou o rei dos terreiros
   D7(9-)   G7
Eu sou o samba
Gm7   C7   F7M   Bb7
Sou natural daqui do Rio de Janeiro
F6   Dm7   Gm7
Sou eu quem leva a alegria
Gm6   Bbm6 C7   F7M
Para milhões   de corações brasileiros.

        Bb
Mais um samba
C7   C/Bb Am7
Queremos samba
Ab°   Gm7
Quem está pedindo
   C7   F   Ab° F
É a voz do povo do país
   G7   C7   Am7
Viva o samba, vamos cantando
Dm7   Gm7   C7 F
Esta melodia pro Brasil feliz.

Dezessete e setecentos

Baião - Dó Maior **Luiz Gonzaga e Miguel Lima**

Introdução: F Fm6 C/E D#° Dm G7 C

C
Eu lhe dei 20 mil réis
    C
Pra tirar 3 e 300
       G7
Você tem que me voltar
  C
17 e 700
Am Dm
17 e 700
G7 C
17 e 700

BIS

    C
Sou diplomado
  F   C
Freqüentei Academia
     A7
Conheço Geografia
     Dm7
Sei até multiplicar
 F
Dei 20 mangos
  G7 C
Pra pagar 3 e 300
Am Dm7
17 e 700
  G7   C
Você tem que me voltar
 A7   Dm7
Você tem que me voltar
G7 C
17 e 700
Am Dm7
17 e 700
G7 C
17 e 700.

Três apitos

Noel Rosa

Samba-canção - Ré Maior

Quando o [D7M]apito
[D7]Da fábrica de te[G7M]cidos
Vem fe[Gm7]rir os meus ou[D]vidos
[B7]Eu me [Em7]lembro de [A7]vo[D7M]cê
[A7]Mas você [D7M]anda,
[D7]Sem dúvida, bem zan[G7M]gada
E es[Gm7]tá interes[D]sada
[B7]Em fin[Em7]gir que [A7]não me [D]vê

[A7]Você que atende ao a[F#m7(5-)]pito
De uma cha[B7]miné de [Em7]barro
Por[Gm7]que não atende ao [D]grito
Tão a[B7]flito
[E7]Da bu[A7]zina do [D]meu carro

Você no [D]inverno
[D7]Sem meias vai pro tra[G7M]balho
Não faz [Gm7]fé com aga[D]salho
[B7]Nem no [Em7]frio você [A7]crê [D7M]
[A7]Mas você é [D]mesmo
[D7]Artigo que não se i[G]mita
Quando a [Gm]fábrica a[D]pita
[B7]Faz re[Em7]clame [A7]de vo[D]cê

Três apitos (continuação)

A7   F#m7(5-)
Nos meus olhos você lê
      B7   Em7
Que eu sofro cruelmente
Gm7   D   B7
Com ciúmes do gerente impertinente
   E7   A7   D
Que dá ordens a você

         D7   G
Sou do sereno poeta muito soturno
   Gm   D
Vou virar guarda noturno
B7   Em7 A7(5+)   D
E você sabe porquê
A7   D
Mas você não sabe
D7   G
Que enquanto você faz pano
  Gm   D
Faço junto do piano
B7   Em7   A7   D
Estes versos pra você.

Balanço zona sul

Dó Maior *Tito Madi*

    C7M   **Dm7(9)**
Balança toda para andar,
G7(13) **C7M**   **Dm7**
Balança até para falar,
G7(13) **C7M** **Dm7**   **Em7**   **F7M** **Gm7**
Balança tanto que já balançou meu coração,
C7   **F#m7(5-)**   **F7M**
Balance mesmo que é bom
    C/E   **Am7**
Do Leme até o Leblon
  D7(9)
E vai juntando um punhado de gente
    Dm7 **G7**
Que sofre com seu andar
    C7M   **Dm7**
Mas, ande bem devagar
G7   **C7M**   **Dm7**
Que é pra não se cansar,
G7   **C7M**
Vai caminhando
Dm7   **Em7 F7M**   **Gm7** **C7**
Balance, balançando sem parar
    F7M
Balance os cabelos seus
 F#° **C7M/G**   **A7**
Balance, cai, mas não cai
 D7
E se cair,
  Dm7   **G7**   **C6**
Vai caindo, caindo nos braços meus.

Copyright 1962 by Editora e Importadora Musical Fermata do Brasil Ltda.

Acalanto

Dorival Caymmi

Canção para ninar - Fá Maior

F
É tão tarde
C7   **F**
A manhã já vem
Bb
Todos dormem
F7   **Bb**
A noite também,
C7   **F**
Só eu velo
Em7(5-) A7   Dm   Bbm6
Por você meu bem
F   A7   Dm
Dorme anjo
G7   **Gm7**
O boi pega o neném.
F
Lá no céu
C7   **F**
Deixam de cantar
Bb
Os an_ji_nhos
F7   **Bb**
Foram se deitar,
C7   **F7M**
Mamãezinha
Em7(5-) A7   Dm   Bbm6
Precisa   descansar,
F   A7   Dm
Dorme anjo
G7   **Gm C7**
Papai vai lhe ninar.
F
Boi, boi, boi,
C7
Boi da cara preta

Pegue essa menina
              F
Que tem medo de careta.

Castigo

Samba-canção - Dó Maior **Dolores Duran**

Introdução: Dm F/G C7M Am7(9) G7(9) G7

       Dm7
A gente briga,
   G7   G7(13)   Em7
Diz tanta coisa que não quer dizer
 Am7   Dm7
Briga pensando que não vai sofrer
      G7   C
Que não faz mal se tudo terminar
A7   Dm7
Um belo dia
     Bm7(5-)   E7   Am
A gente entende que ficou sozinho
   F#m7(5-)   B7   Em
Vem a vontade de chorar baixinho
   F7M F7   Em7
Vem o desejo triste de voltar
Em7(5-) A7   Dm
Você se lembra,
   F/G   C7M
Foi isso mesmo que se deu comigo
  Am   Dm
Eu tive orgulho e tenho por castigo
    G7   Gm/G
A vida inteira pra me arrepender
A7   F7M
Se eu soubesse
   Fm6   G/F Em7
Naquele dia o que eu sei agora
  Am   Dm7
Eu não seria esta mulher que chora
 G7   C Em7(9) A7
Eu não teria perdido você
           C$^6_9$

2ª vez para terminar: você...

Álibi

Samba-canção - Ré menor *Djavan*

Introdução: Dm7M Bb7(9)

  Eb7M
Havia...
A7(13)   A7(13)- Dm7M
Mais que um desejo
G7   Em7(5-)
A força do beijo
          A7(5+)
Por mais que vadia
    Dm7(9)
Não sacia mais
  Eb7M A7(13)
Meus olhos
A7(13-)   Dm7M G7(11+)
Lacrimejam teu corpo
F7(4)   Em7(5-)
Exposto à mentira
     A7(5+)
Do calor da ira
    Gm7
Do afã do desejo
     Bb7(13)
Que não contraria
A7(13-) Dm7
No amor
        Bb7(9)
A tortura está por um triz
Am7(5-)
Mas a gente atura
   D7
E até se mostra feliz
Gm7   C7(9) F7M
Quando se tem o álibi
    Am7
De ter nascido ávido
D7   Em7(5-)
E convivido inválido
A7(9-)   Dm
Mesmo sem ter havido
 G7(11+)
Havido...

Palco

Giberto Gil

Ré Maior

D7M   Em7
Subo neste palco
      F#m7   G7M
Minha alma cheira a talco
    F#m7   G   A7
Como bumbum de bebê, de bebê
D   Em7
Minha aura clara,
    F#m7   G7M   A7   G   A7
No que é clarividente pode ver, pode ver,
D7M   Em7
Trago a minha banda
     F#m7   G7M
Só quem sabe onde é Luanda
  F#m7   G   A7
Saberá lhe dar valor, dar valor,
D   Em
Vale quanto pesa
      F#m7   G7M   A7   G   A7
Pra quem presa o louco bumbum do tambor, do tambor

Estribilho:
Bm   F#m7
Fogo eterno para afugentar
G7M   A7
O inferno pra outro lugar
Bm   F#m7
Fogo eterno pra consumir
G7M   A7
O inferno fora daqui.

D7M   Em7
Venho para a festa
     F#m7   G7M
Sei que muitos tem na testa
   F#m7   G   A7
O deus sol como sinal, um sinal
D   Em7
Eu como devoto
     F#m7   G7M   A7 G   A7
Trago um cesto de alegrias de quintal, de quintal,
D7M   Em7
Há também um cântaro

Copyright 1980 by Gege Edições Musicais Ltda.

Palco (continuação)

F#m7   G7M   A7
Quem manda é deusa música
   G   A7
Pedindo pra deixar
D   Em7
Derramar o bálsamo
  F#m7   G7M   A7   G   A7
Fazer o canto cantar e cantar. Lá, lá, iá...

Estribilho

Apesar de você

Samba - Ré menor   *Chico Buarque de Hollanda*

Dm
Hoje você é quem manda
  D7(9-)   **G7**
Falou, tá falado
  C7(9)   **F7M** **A7**
Não tem discussão, não
Dm   **Cm/Eb**   **Am7(5-)**
A minha gente hoje anda
  D7   **Am7(5-)**
Falando de lado
  D7   **Am7(5-)** **D7**
E olhando pro chão, viu
  Gm   **Bbm6**   **F**
Você que inventou esse estado
  Bb7   **Am7**
E inventou de inventar
  Bb7 **Fm6** **Em7** **A7**
Toda a escuridão
Dm
Você que inventou o pecado
  D7(9-)   **G7**
Esqueceu-se de inventar
C7(13) **F** **C7(13)**
O perdão
F **C7(9)** **F**
Apesar de você
    Am7
Amanhã há de ser
D7 **Gm** **D7(9-)**
Outro dia
Gm7   **Em7(5-)**
Eu pergunto a você
  A7   **Em7(5-)**
Onde vai se esconder
  A7 **Em7(5-)** **A7**
Da enorme euforia
Am7(5-) **D7**
Como vai proibir

Quando o galo insistir
  Gm7
Em cantar
Bbm6   **F**
Água nova brotando
  D7   **G7**
E a gente se amando

Apesar de você (continuação)

C7(13)   F   C7(9)
Sem parar
Dm
Quando chegar o momento
   D7(9-)   G7
Esse meu sofrimento
  C7   F   A7
Vou cobrar com juros, juro
  Dm   Cm/Eb   Am7(5-)
Todo esse amor reprimido
  D7   Am7(5-)
Esse grito contido
  D7   Am7(5-) D7
Este samba no escu__ro
  Gm7   Bbm6   F
Você que inventou a tristeza
  Bb7   Am7
Ora, tenha a fineza
  Bb7M Fm7(9) Em7 A7
De desin__ventar
Dm
Você vai pagar e é dobrado
  D7(9-)   G7
Cada lágrima rolada
  C7 F   Gm C7
Nesse meu penar
F   C7(9)   F
Apesar de você
      A7
Amanhã há de ser
D7 Gm D7(9-)
Outro dia
Gm7   Em7(5-)
Inda pago pra ver
  A7   Em7(5-)
O jardim florescer
  A7   Em7(5-) A7
Qual você não queri__a
Am7(5-) D7
Você vai se amargar

Vendo o dia raiar
    Gm7
Sem lhe pedir licença
Bbm6   F
E eu vou morrer de rir
  D7   G7
Que esse dia há de vir
    C7(13) F
Antes do que você pensa

Apesar de você (continuação)

(Apesar de você)
  F   C7(9)   F
Apesar de você
              Am7
Amanhã há de ser
 D7   Gm   D7(9-)
Outro dia
Gm7   Em7(5-)
Você vai ter que ver
      A7   Em7(5-)
A manhã renascer
     A7 Em7(5-) A7
E esbanjar poesi__a
    D7
Como vai se explicar

Vendo o céu clarear
      Gm7
De repente, impunemente
Bbm6   F
Como vai abafar
    D7   G7
Nosso coro a cantar
  C7(13)
Na sua frente

(Apesar de você)
  C7(9)   F
Apesar de você
          A7
Amanhã há de ser
D7   Gm D7(9-)
Outro dia
Gm7   Em7(5-)
Você vai se dar mal
 A7   Em7(5-)
Etc... e tal
  A7
Lá lá lá, etc.

Bloco do prazer

Moraes Moreira e Fausto Nilo

Frevo - Dó menor

Introdução: Fm7 Cm7 D7 G7 C7 Fm Cm D7 G7 Cm G7

[Cm] Pra libertar meu cora[Ab7M]ção
[G7] Eu quero [Dm7(5-)] muito mais que [G7] o som da marcha [G7(5+)] len[Cm]ta
[Gm7] Eu quero um novo [C7(9-)] balancê
[Gm7] E o Bloco [C7(9-)] do Prazer [Gm7] que a multidão [C7(9-)] comen[Fm]ta
Não [Bb7] quero oito nem [Eb] oitenta
Eu [D7] quero o Bloco do [G7] Prazer

E quem não vai querer?

[Cm] Mamãe, mamãe eu quero [Ab7M] sim
[G7] Quero ser [Dm7(5-)] mandarim chei[G7]rando a gasoli[G7(5+)]na [Cm]
[Gm7] Na fina flor do [C7(9-)] meu jardim
[Gm7] Assim como [C7(9-)] o carmim [Gm7] da boca das me[C7(9-)]ni[Fm]nas
Que a [Bb7] vida arrasa e con[Eb]tamina
O [D7] gás que embala o ba[G7]lancê

[C] Vem, meu amor feito louca
Que a vi[A7]da tá pouca e eu quero mui[Dm]to ma[G7]is
[Dm7] Mais que essa flor que arrebenta
A pai[G7]xão violenta
Oi[D7]tenta carna[G7]vais
[Dm7] 2ª vez: oitenta carna[G7(13-)]vais... [Cm]

BIS

Aos pés da cruz

Samba - Sib Maior   *Marino Pinto e Zé da Silva*

Introdução: Gm7 C7 F7M Dm7 Cm7 F7 Bb Dm7 Cm7 F

Aos pés da Santa Cruz
    Bb

Você se ajoelhou

E em nome de Jesus
            G7   Cm7
Um grande amor você jurou
              Am7(5-)
Jurou mas não cumpriu
  D7(9-)   Gm
Fingiu e me enganou
  C7(13)   C7(13-)
Pra mim você mentiu,
  Cm7   F7
Pra Deus você pecou
Cm7   F7(13)
O coração tem razões
         Bb   Db°
Que a própria razão desconhece
Cm7   F7
Faz promessas e juras
  Bb   G7(9)
Depois esquece
  Cm7   F7
Seguindo esse princípio
  Bb7M   G7
Você também prometeu
  Gm7   C7   Cm7
Chegou até a jurar um grande amor
F7(13)   Bb6
Mas depois esqueceu.

Pra terminar:
F7(13)   Bb6
Mas depois esqueceu...

Súplica cearense

Samba - Dó menor   *Gordurinha e Nelinho*

Introdução: Fm7 Bb7 Fm7 Gm7 Ab7 G7 Cm Ab7 G7

[Cm] Oh! Deus, perdoe este pobre [Ab7] coitado,
Que de [G7] joelhos rezou um [Ab7] bocado,
Pedindo [Fm6/C] pra chuva [G7] cair sem [Cm] parar. [Dm7(5-)] [G7]
Oh! [Cm] Deus, será que o senhor se [Fm] zangou,
E só [G7] por isso o sol [Ab7] retirou,
Fazendo [Fm6/G] cair toda a [G7] chuva que [Cm] há. [Fm7] [Cm7]
[Gm7(5-)] Senhor eu pedi para o [C7] sol
Se esconder um ti[Gm7(5-)]quinho,
Pedi pra [C7] chover, mas chover de man[Gm7(5-)]sinho,
Pra ver se [C7] nascia uma planta no [Fm] chão.
Oh! [Ab/Bb] Deus, se eu não rezei [Bb7] direito
O senhor [Fm7] me perdoe.
[Bb7] Eu acho que a [Fm7] culpa foi
Desse pobre [G7] que nem sabe fazer ora[Cm7]ção. [Dm7(5-)]
[G7] Meu Deus, per[Gm7(5-)]doe eu encher
Os meus [C7] olhos de água.
E ter [Gm7(5-)] pedido cheinho de má[Gm7(5-)]goa
Pro sol in[C7]clemente se "arre[Fm]tirar" [Db7]
[C7] Des[Fm]culpe, eu pedi a toda [G7] hora
Pra chegar o in[Cm7]verno.
Desculpe, eu [Ab7] pedi pra acabar com o in[Db]ferno
Que sempre [Dm7(5-)] queim[G7]ou o meu Cea[Cm]rá.

Alô, alô, marciano

Mi menor   *Rita Lee e Roberto de Carvalho*

  Em7   A7   Bm7
Alô, alô, marciano
  Em7   A7   F#m7 Bm7
Aqui quem fala é da Terra
  Em7   A7   Bm7
Pra variar estamos em guerra
  Em7   A7   F#m7
Você não imagina a loucura
  B7   C7   F#m7 Bm7
O ser humano tá na maior fissura
  Em7   A7(9) Bb7
Porque tá cada vez mais,

Estribilho:
  Am7   D7   G7M   C7
Down down down the high society
  F#m7   Bm7   Em7   A7
Down down down the high society
  C7M   Bm7   E7
Down down down the high society
  Am   B7(9-)
Down down down

  Em7   A7   Bm7
Alô, alô, marciano
  Em7   A7   F#m7 Bm7
A crise tá virando zona
  Em7   A7
Cada um por si
  Bm7
Todo mundo na lona
  Em7 A7   F#m7 Bm7
E lá se foi a mordomia
  B7   C7   Bm7
Tem muito rei aí pedindo alforria
  Em7   A7 Bb7
Porque está cada vez mais...

Repete estribilho

Alô, alô marciano (continuação)

Em7   **A7**   **Bm7**
Alô, alô, marciano
Em7   **A7**   **F#m7** **Bm7**
A coisa tá ficando russa
Em7   **A7**
Muita patrulha
Bm7
Muita bagunça
Em7   **A7**   **F#m**   **B7**
O muro começar a "pichar"
B7   **C7**
Tem sempre um aiatolá
F#m7 **Bm7**
Pra atolá, Allah
Em7   **A7**   **Bb7**
Está cada vez mais...

Tigresa

Caetano Veloso

Mi menor

  Em   Am7
Uma tigresa de unhas negras
  Em   C
E íris cor de mel
  Em   Am7 D7
Uma mulher, uma beleza
G7(9)   A7
Que me aconteceu
        Em   Em/D   C7M
Esfregando a pele de ouro marrom
      Em   Bm7
Do seu corpo contra o meu
  C7M   D
Me falou que o mau é bom
       Em
E o bem cruel
                 Am7
Enquanto os pêlos dessa deusa
Em   C
Tremem ao vento ateu
Em   Am7 D7
Ela me conta sem certeza
G7   A7
Tudo o que viveu
   Em   C
Que gostava de política
  Em   Bm
Em mil novecentos e sessenta e seis
          C   D   Em
E hoje dança no Frenetic Dancing Days
           Am7
Ela me conta que era atriz
       C
E trabalhou no Hair
  Em   Am7 D7
Com alguns homens foi feliz
G7   A7
Com outros foi mulher
   Em   C7M
Que tem muito ódio no coração
  Em   Bm7
Que tem dado muito amor
 C7M   D   Em
E espalhado muito prazer e muita dor
 Em   Am7
Mas ela ao mesmo tempo diz

Tigresa (continuação)

[Em]Que tudo vai mu[C]dar
[Em]Pois ela vai ser [Am7]o que [D7]quis
[G]Inventando um [A7]lugar
[Em]Onde a gente e a natu[C7M]reza feliz
[Em]Vivam sempre em comu[Bm7]nhão
[Em]E a tigresa possa [D]mais do que o [Em]leão
[Em]As garras da fe[Am7]lina
[Em]Me marcaram o co[C]ração
[Em]Mas as besteiras [Am7]de me[D7]nina
[G]Que ela   disse [A7]não
[Em]E eu corri pro vio[C7M]lão num lamento
[Em]E a manhã nasceu [Bm7]azul
[Em]Como é bom poder to[D]car um instru[Em]mento.

Xica da Silva

Jorge Ben

Samba - Lá menor

Introdução: Am

Am7
Xica da, Xica da, Xica da,

Xica da Silva   BIS
Em7
A negra

Am7   **Em7**
Xica da Silva, a negra, a negra
Am7   **Em7**
De escrava amante mulher mulher
Am7   **Em7**   **Am7**   **Em7**
Do fidalgo tratador João Fernandes   ai ai ai

Am7
Xica da, Xica da, Xica da,

Xica da Silva   BIS
Em7
A negra

Am7   **Em7**
A imperatriz do Tijuco
Am7   **Em7**
A dona de Diamantina
Am7   **Em7**   **Am7**   **Em7**
Morava com a sua corte cercada de belas mucamas
Am7   **Em7**
Num castelo na Chácara da Palha
Am7   **Em7**
De arquitetura sólida e requintada
Am7   **Em7(4)/B**
Onde tinha até um lago artificial
Am7   **Em7**
E uma luxuosa galera
Am7   **Em7**
Que o seu amor João Fernandes, o tratador
Am7   **Em7**
Mandou fazer só para ela   ai ai ai

Copyright 1976 by Musisom Editora Musical Ltda.

Xica da Silva (continuação)

Am7
Xica da, Xica da, Xica da,

Xica da Silva **BIS**
Em7
A negra

Am7   **Em7**
Muito rica e invejada
Am7   **Em7**
Temida e odiada
Am7   **Em7**   **Am7**   **Em7**
Pois com suas perucas cada uma de uma cor
Am   **Em7**   **Em7**
Jóias, roupas exóticas
Am7   **Em7**
Das Índias, Lisboa e Paris
Am7   **Em7**   **Am7**
A negra era obrigada a ser recebida
                Em7
Como uma grande senhora
Am7 **Em7**   **Am7**
Da corte do Rei Luiz
Am7 **Em7**   **Am7**
Da corte do Rei Luiz

Am7
Xica da, Xica da, Xica da,

Xica da Silva **BIS**
Em7
A negra.

Ó pé de anjo

Samba - Dó Maior **Sinhô**

C   A7   Dm7
Ó pé de anjo, ó pé de anjo,
      G7   C7M
És rezador, és rezador...
A7
Tens um pé tão grande
    Dm7   G7(13)
Que é capaz de pisar
      C6
Nosso Senhor
  G7   C   Dm7 G7(13)
Nosso Senhor
C7M   A7   Dm7
A mulher e a galinha
G7(9)   G7   C7M
Um e outro é interesseiro
Dm7   G7
A galinha pelo milho
 Am7   D7   Dm G7
E a mulher pelo dinheiro.

Copyright 1952 by Todamérica Música Ltda.

Urubu malandro

Choro - Dó Maior

**Louro
e João de Barro**

Uru**C**bu veio de cima
Com fama **A7** de "dança**Dm7**dor",
Uru**G7**bu chegou na sa**Dm7**la
Tirou **G7** dama e não "dan**C**çou"

Estribilho:

Ora, dança uru**G7**bu,
Eu não **C** "senhor"
Tira a dama, uru**G7**bu,
Eu sou **C** "doutor"

Uru**C**bu chegou de fraque
Cartola **A7** e calça lis**Dm7**trada
Uru**G7**bu deixa de **Dm7** prosa,
Vem ca**G7**ir na batuca**C**da

Uru**C**bu perdeu a fama,
E se **A7** desmorali**Dm7**zou
Apanhou **G7** a melhor **Dm7** dama
Foi dan**G7**çar, encabu**C**lou

Copyright 1943 by Mangione, Filhos e Cia. Ltda.

Vide, vida marvada

Baião - Sol Maior   *Rolando Boldrin*

         D7
Corre um boato aqui onde eu moro

Que as mágoa que eu choro
      D
São mal ponteadas
    D7
Que no capim mascado do meu boi
                      D7
A baba sempre foi santa e purificada
D7
Diz que eu rumino desde menininho
                  D7
Fraco e mirradinho a ração da estrada

Vou mastigando o mundo e ruminando
                        D
E assim vou tocando esta vida marvada.

D   **G**   **D7**
É que a viola fala alto no meu peito, humano
    D7/F#   **D7**   **G**
E que toda moda é um remédio pros meus desenganos
      G   **D7**
É que a viola fala alto no meu peito, mano,
   D7/F#   **D7**   **G**
E toda mágoa é um mistério fora deste plano
      G   **G7**   **C**
Pra todo aquele que só fala que eu não sei viver

Chega lá em casa pra uma visitinha
                             G
Que no verso e no reverso da vida inteirinha
  D7   **G**
Hai de encontrar-me num cateretê,
  D7   **G**
Hai de encontrar-me num cateretê.

      D7
Tem um ditado tido como certo,

Que cavalo esperto não espanta a boiada,

E quem refuga o mundo resmungando

Vide, vida marvada (continuação)

Passará berrando essa vida marvada
D7
Cumpadi meu que inveieceu cantando,
                             D
Diz que ruminando dá pra ser infeliz
C   **D**
Por isso eu vagueio ponteando, e assim,
Procurando a minha flor-de-lis.

Suas mãos

Samba-canção - Dó Maior

Pernambuco e
Antonio Maria

Introdução: Fm Bb7 Eb7M G7(13) C7M G7(13)

C7M　　　Em7
As suas mãos
　　　Gm/Bb
Onde estão?
　　　A7　　　D7
Onde está o seu carinho?
　　　G7　　C　　Ab/Bb Eb7M Db7M
Onde está você?
C7M　　　Em7　　　Gm/Bb
Se eu pudesse buscar
　　　A7　　　　D7
Se eu soubesse onde está
　　　G7(13)
Seu amor,
　C7M　Gm7
Você.
C7　　Fm7
Um dia há de chegar
Bb7　　　　　C　Gm7
Quando ainda não sei.
C7　Fm7　　　　Bb7
Você vai procurar
　　　　Eb7M
Onde eu estiver
　　Ab7M
Sem amor
　　Dm7　G7(13)
Sem você
C7M　　　Em7
As suas mãos
　　　Gm/Bb
Onde estão?
　　　A7　　　D7
Onde está o seu carinho?
　　　G7　　C　C7M(9) Fm7 C G7(9-)
Onde está você?

Pra terminar:
　　　　　G7　　C6　Dm7(9) Db7(9+) C7M(9)
Onde está você?

O show já terminou

Sol menor   *Roberto Carlos e Erasmo Carlos*

Introdução: Cm7 D7 Gm

    Cm7
O show já terminou
  F7
Vamos voltar à realidade
Bb7M
Não precisamos mais
G7
Usar aquela maquiagem
Cm
Que escondeu de nós
D7   **Gm**
Uma verdade que insistimos em não ver
   Cm7
Não adianta mais
  F7
Chorar o amor que já tivemos!
Bb7M
Existe em nosso olhar
  G7   **Cm**
Alguma coisa que não vemos, e nas palavras
 D7   **Gm** **G7**
Existe sempre alguma coisa sem dizer
Cm   **D7**
E é bem melhor que seja assim
     Gm
Você sabe tanto quanto eu:
   Cm   **F7**   **Bb**   **Gm**
No nosso caso, felicidade começa num adeus
  Cm
Me abrace sem chorar,
  F7
Sem lenço branco na partida
   Bb7M
Eu também vou tentar
 G7
Sorrir em nossa despedida
 Cm
Não fale agora
  D7   **Gm**
Não há mais nada, o nosso show já terminou...

Copyright 1973 by EMI Songs do Brasil Edições Musicais Ltda.

Saudade de Pádua

Valsa - Sol menor **Edmundo Guimarães**

Introdução: Gm Cm Am7(5-) D7 Gm7 D7 Gm7

Gm7
Eu ainda era rapaz

Deixei minha cidade

Tive de partir

            D7
Com os meus queridos pais
Am7(5-)   **D7**
Ah! Infância tão distante

Que eu feliz passei

E hoje na velhice
      Gm7
Choro de saudade
        D7
Ao lembrar-me os dias
        Gm7
Que por lá brinquei

Domingo na matriz
        G7(9-)
De manhã bem cedinho

O sino a tocar
     Cm
Chamando pra missa rezar

Quando a tardinha chegava
Am7(5-)   **D7**   **Gm7**
Lá na praça então se ouvia
       D7
A bandinha que tocava
   Gm7
Trazendo alegria.

D7   **G**
Minha querida aldeia
D7   **G**
Ainda bem me lembro

O som dos bandolins

Os boêmios cantores

Saudade de Pádua (continuação)

      Am7   **D7**
E as serenatas ao luar
Am7   **D7**
Os tradicionais festejos
        Am7
Alegres reuniões
          D7
E as jovens nos balcões
      G
A receber gracejos
D7   **G**
De tudo o que restou
D7   **G**
Somente esta lembrança

De um tempo tão feliz
     G7
Que alegre vivi
    C7M
Quando criança
Am7   **Cm6** **G**
Ah! Como é bom reviver
Em7   **Am7**
Minha querida Pádua
D7   **G**
Que me viu nascer.

Risque

Samba - Ré menor *Ary Barroso*

Introdução: Gm7 C7 F7M Dm7 Gm7 A7 Dm7 A7(5+)

Dm
Risque
C7   **F7M**
Meu nome do seu caderno
A7   **Dm7**
Pois não suporto o inferno
Em7(5-)   **A7**   **Dm7   Em7(5-) A7(5+)**
Do nosso amor fracassado.
Dm
Deixe
C7   **F7M**
Que eu siga novos caminhos
A7   **Dm**
Em busca de outros carinhos
Em7(5-)   **A7**   **Dm**
Matemos nosso passado.
D7   **Cm**   **D7**
Mas se algum dia talvez
            Cm   **Gm7 D7**
A saudade apertar
Gm   **D7(9-)**
Não se perturbe
       Gm7   **C7**   **F7M**   **A7**
Afogue a saudade nos copos de um bar
Dm
Creia
       C7   **F7M**
Toda a quimera se esfuma
A7   **Dm**
Como a brancura da espuma
Em7(5-)   **A7**   **Dm**
Que se desmancha na areia.

Corcovado

Bossa-nova - Dó Maior *Antônio Carlos Jobim*

Introdução: Am7 G#º Gm7 C7(9) F7M D7/F# G#º

Am6
Um cantinho, um violão
G#º
Este amor, uma canção
Gm7   C7(9)   Fº   F7M
Pra fazer feliz a quem se a_ma
Fm7   Bb7
Muita calma pra pensar
Em7   A7
E ter tempo pra sonhar
Am6   Dm7
Da janela vê-se o Corcovado
                G#º
O Redentor que lindo
Am6
Quero a vida sempre assim
G#º   Gm7
Com você perto de mim até
    C7(9)   Fº   F7M
O apagar da velha chama
Fm7   Fº   F7M
E eu que era triste
      Em7   Am7
Descrente deste mundo
Dm7   G7
Ao encontrar você
      Em7 A7   Dm7
Eu conheci o que é
     G7(9-)   C6
Felicidade, meu amor.

Que bate fundo é esse?

Samba - Sol Maior *Bide e Marçal*

Introdução: Dm/F E7 Am C/D Cm6 G7M E7 Am D7 G

Coro:
     E7   Am7
Que bate fundo é esse?
    D7
(Escute aqui)
Am7   D7   G
Que você vive a fazer

(Mas isso assim não pode ser)
     Em7   Am7
Vejo-lhe sempre zangada
 D7   Am7
E mal-humorada
    D7   G
Maldizendo o viver
               Bm7(5-)
Chego em casa cansado
       E7
E não posso dormir
     Am7
Com o falatório seu
C/D   Cm6   G
Todo o dia um iê iê iê
    Em7   Am
E não me explica porquê
       D7   G
Que bate fundo, meu Deus
        C
(Que bate fundo é esse?)

G   F#m7(5-)   B7
Eu não posso mais suportar esta vida
      Em
Isso não é viver
   Bm7(5-)   E7
Procurei o céu e foi no inferno
       Am
Que fui me meter
D7   Am7
Você se lamenta
      D7
E vem todo o dia
    Em
Com a sua manha

Que bate fundo é esse? (continuação)

Diz que não tem sorte ^{F#m7(5-)}
E que a desgraça ^{B7}
É que lhe acompanha. ^{Em}

Sina

Lá Maior   **Djavan**

Introdução: A D/A A D/A

[A]Pai e [D/A]mãe
[A]Ouro de mina
[E7/G#]Coração
[F#m7]Desejo e sina
[C#m7]Tudo o mais
[D7M]Pura rotina: jazz
[D#°]Tocarei seu nome
[A]Pra poder falar [D/A]de amor
[A]Minha princesa
[E7/G#]Art nouveau
[F#m7]Da natureza
[C#m7]Tudo o mais
[D7M]Pura beleza: [D#°]jazz
[E7/4(9)]A luz de um grande prazer
[D7(9)]É irremediável: [G7(+11)]néon
[E7/4(9)]Quando o grito do prazer
[D7(9)]Açoitar o ar: ré[E7/4(9)]veil[E7(9)]lon
[A]O luar
[D/A]Estrela do mar
[A]O sol e o dom
Quiçá
[E7/G#]Um dia a fúria
[F#m7]Desse front

Copyright 1982 by Luanda Edições Musicais Ltda.

Sina (continuação)

Virá lapidar o sonho C#m7
Até gerar o som D7M

Como querer
Caetanear o que há de bom. E7/4(9)   A

Coração de estudante

Dó Maior   *Milton Nascimento e Wagner Tiso*

Introdução: G$^7_4$(9)

              C
Quero falar de uma coisa
             Dm7
Adivinha onde ela anda
            F
Deve estar dentro do peito
   E7   Am
Ou caminha pelo ar
F/G   G7   C
Pode estar aqui do lado
       Fm   C   Em7/B
Bem mais perto do que pensamos
Am7   Dm7
A folha da juventude
               F   G$^7_4$(9)
É o nome certo desse amor.

G7   C
Já podaram seus momentos
           Dm7
Desviaram seu destino
         F
Seu sorriso de menino
   E7   Am
Quantas vezes se escondeu
C7   C
Mas renova-se a esperança
     Fm   C Em7/B
Nova aurora a cada dia
Am   G7
E há de se cuidar do broto
Do broto pra que a vida
     Am G7   C
Nos dê flor, flor e fruto.
G$^7_4$(9)   C
Quero falar de uma coisa etc.
G$^7_4$(9)   C
Coração de estudante
              Dm7
Há de se cuidar da vida
             F
Há de se cuidar do mundo
  E7   Am
Tomar conta da amizade

Copyright 1983 by Trem Mineiro Edições Musicais Ltda./ Nascimento Edições Musicais Ltda.

Coração de estudante (continuação)

C7   C
Alegria e muito sonho
C7   Fm   C
Espalhados no caminho
Am   G7
Verdes, planta e sentimento
   Gm4   Am   G7   C
Folhas, coração, juventude e fé.

Lua e estrela

Baião - Dó Maior **Vinícius Cantuária**

    Fm6   **C**
Menina do anel de lua e estrela
Fm6   **C**
Raios de sol no céu da cidade
Gm   **A7**
Brilho da lua ô ô ô ô noite é bem tarde
Dm   **G/B**
Penso em você, fico com saudade
Fm6   **C**
Manhã chegando, luzes morrendo
Fm6   **C**
Nesse espelho que é nossa cidade
Gm   **A7**
Quem é você ô ô ô ô qual o seu nome
Dm7   **G/B**
Conta pra mim, diz como eu te encontro
    Fm6   **C**
Mas deixa ao destino, deixa ao acaso
    Fm6   **C**
Quem sabe eu te encontro de noite no Baixo
Gm   **C7**   **A7**
Brilho da lua ô ô ô ô noite é bem tarde
Dm7   **G/B**
Penso em você, fico com saudade.

Você e eu

Samba-bossa - Fá Maior

*Carlos Lyra
e Vinícius de Moraes*

F9⁶
Podem me chamar   E7(9+)
e me pedir
           F6(9)
E me rogar e podem mesmo falar mal,
    Am7(5-)   D7(9-)
Ficar de mal, que não faz mal,
Gm7   Bbm6
Podem preparar milhões de festas ao luar
          F6/A   Ab°
Que eu não vou ir, melhor nem pedir
       Gm7   C7(13)
Que eu não vou ir, não quero ir,
   F9⁶
E também podem me entregar
  E7(9+)
E até sorrir e até chorar
   F9⁶
E podem mesmo imaginar
     Am7(5-)   D7(9-)
O que melhor lhe parecer
Gm7
Podem espalhar
         Bbm6
Que estou cansado de viver
         F6/A
E que é uma pena
  D7(9-)   G7(9)   Ab°
Para quem me conhecer
Am7(5-)   D7(9-)   G7(9)   C7(13)   F9⁶
Eu sou mais você   e   eu.

Serenata suburbana

Guarânia - Ré menor　　　　　　　　　　　　　　　　　**Capiba**

Introdução: Dm Gm A7 Dm

Dm
Leva a vida em serenata
A7　　　　　　　　Dm　　Bb7(9) Em7(5-)　A7
Somente a cantar
Dm　　　　　　　　　　　　　Am
Quem não me conhece tem impressão
E7　　　　　　　Em7(5-)
De que sou tão feliz
A7　　　　　　　　Dm　Bb7(9) Em7(5-)　A7
Mas não é isso, não,
Dm
Se eu canto em serenata
A7　　　　　　　D7M Em7　F#m7　Em7
É para não chorar

D7M
Ninguém sabe a dor que sinto
　　　　　　　A7
Dentro de mim
Em7　　　　　　　　　A7
Ninguém sabe por que vivo
　　　　　　D
Tão triste assim
D
Se eu fosse realmente
D7　　　　　G
Muito feliz
A7　　　　　　　　D
Não chorava quando canto
　　　　　　　Em　　　A7　　　　D
Nem cantava para abafar meu pranto.
　　　　　　　　　D　　 Gm　 D9/6
2ª vez para terminar: pranto...

Odara

Afro - Fá Maior   **Caetano Veloso**

Introdução: **Gm7 F7M Dm7 Gm7 Bb/C**

<pre>
Gm7   C7   Gm7   C7   F7M
Deixe eu dançar pro meu corpo ficar Odara
Gm7   C7   Gm7   C7   F7M
Minha cara, minha cuca ficar Odara
Gm7   C7   Gm7   C7(13)   G7   Bm7
Deixe eu cantar que é pro mundo ficar Odara
Bb6   Am7
Pra ficar tudo jóia rara
D7   Gm   C7
Qualquer coisa que se sonhara
Gm7   C7(13)   F6
Canto e danço que dara.
</pre>

Copyright 1977 by Gapa Ltda.

Quem há de dizer

Samba-canção - Fá Maior   **Lupicínio Rodrigues e**
                                    Alcides Gonçalves

Introdução: Bb7M   Bb9(6)   Bbm6   F/A   Db7   C7(13)

C7(13)   F7M
Quem há de dizer
  F/A   Gm
Que quem você está vendo
  Bb   Bbm6   C7
Naquela mesa bebendo
               F6
É o meu querido amor
                      G7(13)
Repare bem que toda vez que ela fa_la
  Dm7   G7
Ilumina mais a sala
F7   Bb7
Do que a luz do refletor
F7M   Ab°
O cabaret se inflama
       Gm7
Quando ela dança
 Bb   Bbm6   C7
E com a mesma esperança
           F7M
Todos lhe põem o olhar
 F7   Bb7M
E eu, o dono,
Bbm   F7M   Am7
Aqui no meu abandono
D7   G7(13)
Espero, louco de sono,
C7   F7M A7
O cabaret terminar
 D7   Am7(5-)   D7   G7
Rapaz! Leve esta mulher contigo
C7   F6
Disse uma vez um amigo
Bb7   Em7(5-)   A7 Em7(5-)
Quando nos viu conversar
 A7   Bb
Vocês se amam
             F6
E o amor deve ser sagrado
Dm7   G7
O resto deixa de lado
C7   F7M A7
Vá construir o seu lar
   Am7(5-) D7   Gm
Palavra! Quase aceitei o conselho

Quem há de dizer (continuação)

O mundo, este grande ^{C7} espelho^{F6}
Que^{Bb} me fez pensar assim^{F7M}
Ela nasceu^{Bb7} com o destino da lua^{F7M}
Pra^{G#°} todos que andam na rua^{G7(13)}
Não vai viver^{C7(13)} só pra mim.^{F6}

Disritmia

Sol menor   *Martinho da Vila*

Introdução: Gm Gm5+ Gm6 Gm7

Gm7
Eu quero
   C7   **Gm7**
Me esconder de baixo
 C7 **Gm7**
Dessa sua saia
C7   **Gm7**
Pra fugir do mundo
Dm7(5-)
Pretendo
       G7   **Dm7(5-)**
Também me embrenhar
 G7   **Dm7(5-)**
No emaranhado
   G7   **Cm7**
Desses seus cabelos
      Cm/Bb   **D7/A**
Preciso transfundir teu sangue
 Gm7   **D7/F#**   **D7**   **Gm7**
Pro meu coração que é tão vagabundo
 Cm7   **F7**   **Bb7M**
Me deixe te trazer num dengo
     Eb7M
Pra num cafuné
 Am7   **D7(9)**   **Dm7(5-) G7 (1ª vez)** | BIS
Fazer os meus apelos
          Gm7 (2ª vez)
    apelos
Gm7   **C7** **Gm7**
Eu quero ser exorcizado
  C7   **Gm7**
Pela água benta
   C7   **Gm7**
Desse olhar infindo
Dm7(5-)   **G7**   **Dm7(5-)**
Que bom é ser fotografado
  G7   **Dm7(5-)**
Mas pelas retinas
   G7   **Cm7**
Desses olhos lindos
  Cm/Bb   **D7/A**
Me deixe hipnotizado
    Gm7   **D7/F#**
Pra acabar de vez
   D7   **Gm7**
Com esta disritmia

Disritmia (continuação)

    Cm7   **F7**   **Bb7M**
Vem logo, vem curar seu nego
   Eb7M   **Am7**
Que chegou de porre | **2 vezes**
D7(9)   **Dm7(5-)** **G7 (1ª vez)**
Lá da boemia.
       Gm7 (2ª vez)
   boemia...

Argumento

Dó Maior *Paulinho da Viola*

Introdução: F7M Em7 A7 Dm7 G7 C G7(13)

   G7(13)
Tá legal! **(Breque)**
 C   G7(13)   C
Tá legal, eu aceito o argumento
              A7   Dm7
Mas não me altere o samba tanto assim
G7   Em7   A7
Olha que a rapaziada está sentindo a falta
    Dm7   G7   C
De um cavaco, de um pandeiro ou de um tamborim
   G7(13)   C
Tá legal **(breque)**
    Dm7   G7   C
Sem preconceito ou mania de passado
         Gm7   C7   F C7 Gm/C
Sem querer ficar do lado de quem não quer navegar
F7M   B7   Em7
Faça como um velho marinheiro
    Am7   Dm7   G7(13)   C6
Que durante o nevoeiro leva o barco devagar.

Gostava tanto de você

Samba - Sol Maior *Edson Trindade*

G7M **Am7**
Não sei por que você se foi
Bm7
Quantas saudades eu senti
Am7
E de tristezas vou viver
G7M
E aquele adeus, não pude dar
Am7
Você marcou em minha vida
Bm7
Viveu, morreu na minha história
Am7
Chego a ter medo do futuro
G7M **C/D**
E da solidão que em minha porta bate
G7M **Am7** **Bm7** **Am7**
E eu, gostava tanto de você,
G7M
Gostava tanto de você.

G7M **Am7**
Eu corro, fujo desta sombra
Bm7
Em sonho, vejo este passado
Am7
e na parede do meu quarto
G7M
Ainda está o teu retrato
Am7
Não quero ver pra não lembrar
Bm7
Pensei até em me mudar
Am7
Lugar qualquer que não exista
G7M **C/D**
O pensamento em você
G7M **Am7** **Bm7** **Am7**
E eu, gostava tanto de você
G7M
gostava tanto de você.

Arrasta a sandália

Samba - Sol Maior **Oswaldo Vasquez e Aurélio Gomes**

Introdução: C7M G E7 Am7 D7 G Em C/D D7

   G   E7
Arrasta a sandália aí
  Am7 D7
Morena
  Am7   D7
Arrasta a sandália aí
  G7M   6
         G9
Morena

BIS

D7   G   E7
Vou te dar uma sandália
  Am7 Eb7(9)
Bonita
  Am7   D7
De veludo enfeitada de
Bm7
Fita
  Em7(9)   D7
(Arrasta a sandália, arrasta)

Coro: Arrasta a sandália aí... etc.

   G   E7
Arrasta a sandália aí no
  Am7 Eb7(9)
Terreiro
  Am7   D7
Estraga que custou o meu
   Bm7
Dinheiro.
  Em7(9)   D7
(Arrasta a sandália, arrasta)

Coro:

   G   E7
Arrasta a sandália minha
  Am7 Eb7(9)
Morena,

Copyright 1932 by Mangione, Filhos & Cia Ltda.

Arrasta a sandália (continuação)

   Am7   D7
Estraga mesmo e não tenha
Bm7
Pena.
    Em7(9)   D7
(Arrasta a sandália, arrasta)

Coro:

     G   E7
Arrasta a sandália aí todo
Am7 Eb7(9)
Dia,
       Am7   D7
Que eu mando vir outra lá da
Bm7
Bahia.
    Em7(9)   D7
(Arrasta a sandália, arrasta).

Coro:

Desacato

Samba - Dó Maior   *Antonio Carlos e Jocafi*

Introdução: C6/9   G7(13)   C6/9   G7(13)   C6/9   G7(13)   C6/9

    C7M
Inofensivo aquele amor
         G7   C   A7
Que nem sequer se acomodou
Dm7   A7
Já morreu
Dm7   G7   Dm7
Quem destratou a ilusão
                 G7   G7(13) Dm7
Que freqüentou meu coração
G7   C7M
Não fui eu.

            C7M
Não adianta me envolver
    G7   C   A7
Nas artimanhas que você
Dm7   A7
Preparou
Dm7   G7   Dm7
E vá tratando de esquecer
         Dm7   G7 Dm7
Leve os "brequetes" com você
G7 C7M
Me zangou

Estribilho:
     G7(5+)   F7M   Em7
Por isso agora deixa estar
A7   Dm7   G7   C7M
Deixa estar que eu vou entregar você
                  Ab7M Fm7(9) C7M(9)
(Pra terminar) você.

Beijinho doce

Valsa - Dó Maior **Nhô Pai**

     G7   C
Que beijinho doce
C7   F
Que ela tem...
                G7
Depois que beijei ela
                 C
Nunca mais amei ninguém...

Estribilho:

Que beijinho doce
Foi ela quem trouxe
          G7
De longe pra mim
              F
Se me abraça apertado,
      G7
Suspira dobrado,
           C
Que amor sem fim.

C
Coração que manda,
G7   C
Quando a gente ama
   A7   Dm
Se estou junto dela
  D7   G7
Sem dar um beijinho
       C
Coração reclama...

Estribilho:

C
Que beijinho doce etc.

Copyright 1952 by Bandeirante Editora Musical Ltda.

Dó-ré-mi

Samba-canção - Fá Maior   **Fernando Cesar**

Introdução: Am7(5-) D7 Gm7 Bbm6 F7M G7(13) Bb/C F

Eu sou feliz
        ^Gm7
Tendo você
    ^C7
Sempre a meu lado
        ^F7M
E sonho sempre
      ^Gm7
Com você
  ^C7(9)
Mesmo acordado
   ^F7M
Saiba também
   ^Am7(5-)
Que só você
  ^D7(9-)
Mora em meu coração
^Gm7   ^D7(9-)   ^Gm7
E é de você
   ^Dm7
E pra você
  ^G7
Esta canção
  ^Gm7
É de você
^C7 ^Gm7
Que vem a minha
      ^Bb/C
Inspiração
^C7(9-) ^F7M
Você é corpo e alma
    ^Gm7
Em forma de canção
^Bb/C ^C7   ^F7M
Você é muito mais do que
  ^Am7(5-)   ^D7
Em sonho eu já vi
 ^Gm7   ^Bbm7
Você é dó, é ré - mi - fá
^Eb7 ^F7M ^Dm7   ^Gm7
É sol - lá - si.
 ^C7   ^F6/9

Copacabana

Samba - Sib Maior   **Alberto Ribeiro e João de Barro**

Introdução: Eb7M Em7(5-) A7 Dm7 Gm7 Cm7 F7(13) Bb7M Cm7 F7(13)

<code>
   Bb   Eb   Ab7M   Bb7M Cm7
</code>
Existem praias tão lindas, cheias de luz,
<code>
F7(13) Bb   Eb   Ab7M   Am7   D7(9)
</code>
Nenhuma tem o encanto que tu possuis
<code>
Gm Cm7   F7   Bb
</code>
Tuas areias, teu céu tão lindo,
<code>
  Gm   C7   Cm7   F7
</code>
Tuas sereias sempre sorrindo
<code>
Bb   Am7(5-)   D7
</code>
Copacabana, princezinha do mar
<code>
  Gm   Eb7(9)   D7   Am7
</code>
Pelas manhãs tu és a vida a cantar
<code>
D7 Gm7   Em7(5-)   A7   Dm7
</code>
E a tardinha ao sol poente
<code>
          Gm7   C7   Cm7   F7
</code>
Deixas sempre uma saudade na gente
<code>
Bb   Am7(5-)   D7
</code>
Copacabana o mar eterno cantor
<code>
 Gm   Eb7(9)   D7   Am7
</code>
Ao te beijar ficou perdido de amor
<code>
D7 Gm7   Em7(5-) A7   Dm7
</code>
E hoje vive a murmurar
<code>
        Gm   C7 F7(9-)   Bb   Cm7 F7(13) Bb7M(9)
</code>
Só a ti Copacabana eu hei de amar!

Copyright 1943 Direto com os autores.

A voz do violão

*Francisco Alves
e Horácio Campos*

Samba-canção - Fá Maior

Introdução: F G7 Gm7 C7 F

  F   Gm7   C7   F
Não queiras, meu amor,   saber da mágoa
  Am7(5-)   D7(9-)   Gm7
Que sinto quando a relembrar-te estou
                 G#°   Am7
Atestam-te os meus olhos rasos d'água
D7(9-) G7   C7   F   Gm7
A dor que a tua ausência me causou.
C7   F   Gm7 C7   F
Saudades infinitas me devoram,
F7M   Am7(5-)   D7(9-)   Gm7
Lembranças do teu vulto que... nem sei!
               G#°   Am7
Meus olhos incessantemente choram
D7(9-) Gm7   C7   F Gm7 C7 F
As horas de prazer que já gozei

Estribilho
  Em7(5-)   A7   Dm7
Porém neste abandono interminável
  G7(13)   C7   F7M
No espinho de tão negra solidão
  Am7(5-)   D7   G7
Eu tenho um companheiro inseparável
  Gm7   C7   Am F7M Gm7 C7
Na voz do meu plangente violão

  F   Gm7 C7   F
Deixaste-me sozinho e lá distante,
  Am7(5-)   D7(9-)   Gm7
Alheia à imensidão   de minha dor,
             G#°   Am7
Esqueces que ainda existe um peito amante
D7(9-) G7   C7   F   Gm7
Que chora o teu carinho sedutor
C7   F   Gm C7   F
No azul sem fim do espaço iluminado,
  Am7(5-)   D7(9-)   Gm7
Ao léu do vento frio se desfaz
          G#°   Am7
A queixa deste amor desesperado
D7(9-) Gm7   C7   F6
Que o peito em mil pedaços me desfaz.

Baião de dois

Luiz Gonzaga e Humberto Teixeira

Baião - Dó Maior

Introdução: G7 C Dm7 G7 C

   C   F   C
Abdon, qui moda é essa?
   A7   Dm7
Deixa a trempe e a cuié
   G7   Dm7
Home num vai na cuzinha
   G7   C
Qui é lugá só de muié   **BIS**

 G7 C
Ai, ai, ai,
   A7   Dm7
Ai baião, que bom tu "sois"...
   G7   Dm7
Se um baião é bom sozinho,
   G7   C
Qui dirá baião de dois   **BIS**

   C   F   C
Vou juntá feijão de corda
   A7   Dm7
Numa panela de arroz...
   G7   Dm7
Abdon, vai já pra sala
   G7   C
Qui hoje tem "baião de dois"!   **BIS**

Pra terminar:

(Orquestra ou voz)
Am   Dm7 G7   C
Baião,   baião de dois
          G7   C
Baião,   baião de dois
          G7   C
Baião,   baião de dois.

Como dizia o poeta

Samba - Dó menor   **Toquinho e Vinícius de Moraes**

Introdução: Fm6 G7 Cm7 Dm7(5-) G7

       Cm7
Quem já passou
      C7   Fm7
Por esta vida   e não viveu
     Bb7   Eb7M
Pode ser mais, mas sabe menos do que eu
G7   Cm7
Porque a vida só se dá
          F7
Pra quem se deu
F7(13)   G7
Pra quem amou, pra quem chorou
          Cm7 C7
Pra quem sofreu, ai

Fm   Fm6
Quem nunca curtiu uma paixão | **BIS**
Dm7(5-)   G7   C7
Nunca vai ter nada, não

Fm7   C7
Não há mal pior
        Fm7
Do que a descrença
      F7   Bbm7
Mesmo o amor que não compensa,
 G7   C7
É melhor que a solidão
          Fm7   F7   Bbm7
Abre os teus braços, meu irmão, deixa cair
     Eb7   Ab7M
Pra que somar se a gente pode dividir?
C7   Fm7   Bbm7
Eu francamente já não quero nem saber
         C7   Fm7
De quem não vai porque tem medo de sofrer

Bbm   Bbm7   Bbm6
Ai, de quem não rasga o coração | **BIS**
       C7   Cm7 F7
Essa não vai ter perdão

Como dizia o poeta (continuação)

Voltar ao princípio e para terminar:

Bbm   Bbm7   Bbm6
Ai, de quem não rasga o coração
    C7 Cm7 F7
Esse não vai ter perdão
Bbm   Bbm7   Bbm6
Quem nunca curtiu uma paixão
    C7 Cm7 F7
Nunca vai ter nada não...

(Repetir morrendo)

Pede passagem

Samba - Ré Maior   **Sidney Miller**

      D   G   A7   D
Chegou a hora da escola de samba sair
                   A7
Deixar morrendo no asfalto
           D7M
Uma dor que não quis
Am7   D7(9-)   G
Quem não soube o que é ter

Alegria na vida
    E7   Em7 A7
Tem toda a avenida para ser feliz.
Am7   D7(9-)   Gm
Ah! arrasta a felicidade pela rua
Em7(5-) Eb7   D
Esquece a quarta-feira
       Gm Gm/F   Em7   A7
E continua,   vivendo, chegando,
D7   Am7(5-)
Traz unido o povo
  D7(9-)   Gm   Em7(5-)
Cantando com vontade
 Eb7   D7(9-)
Levando em teu estandarte
     Gm Cm Fm7   Bb7(13) A7(13)
Uma verdade, teu cora___ção,
D7 Am7   D7   G Em7
Vai,   balança a bandeira colorida
        A7   A7(13) D7
Pede passagem pra viver a vida.

O trem azul

Sol Maior

*Lô Borges
e Ronaldo Bastos*

G7M   **Eb7M**   **Bb7M**   **C7M**
Coisas que a gente se esquece de dizer
G7M   **Eb7M**   **Bb7M**   **A7**
Frases que o vento vem às vezes me lembrar
G7M   **Eb7M**   **Bb7M**   **C7M**
Coisas que ficaram muito tempo por dizer

G7M   **Eb7M**   **Bb7M**   **A7**
Na canção do vento não se cansam de voar.
Ab7M   **C/D**   **G7M**
Ah! ... Você

Pega o trem azul
C7M
O sol na cabeça
G7M   **C7M**
O sol pega o trem azul
     Em7
Você na cabeça
Eb7M   **Am7(11)**   **D7(13)**   **G7M**
O sol na cabeça.

O que é que a baiana tem

Samba - Sol Maior **Dorival Caymmi**

Introdução: D7 G6 D7 G6 D7 G6

   D7   G7M
O que é que a baiana tem?
   D7   G6
O que é que a baiana tem?
   D7   G6
Tem torso de seda, tem,
   D7   G6
Tem brinco de ouro, tem,
   D7   G6
Corrente de ouro, tem,
   D7   G6
Tem pano-da-costa, tem,
   D7   G6
Tem bata rendada, tem, ah!
   D7   G6
Pulseira de ouro, tem,
   D7   G6
Sandália enfeitada, tem,
   D7   G6
Tem graça como ninguém,
   D7   G6
Como ela requebra bem!...
G6   Em7   Am7
Quando você se requebrar,
   D7   G6
Caia por cima de mim,
   Em7   Am7
Caia por cima de mim,
   D7   G6   D7 G6
Caia por cima de mim.

   D7   G6
O que é que a baiana tem?
   D7   G6
O que é que a baiana tem?
   D7   G6
Tem torso de seda, tem,
   D7   G6
Tem brinco de ouro, tem,
   D7   G6
Corrente de ouro, tem,

Copyright 1939 by Mangione, Filhos e Cia. Ltda.

O que é que a baiana tem (continuação)

   D7   G6
Tem pano-da-costa, tem,
   D7   G6
Tem bata rendada, tem, ah!
   D7   G6
Pulseira de ouro, tem,
   D7   G6
Tem saia engomada, tem,
   D7   G6
Sandália enfeitada, tem,
   D7   G6
Só vai ao Bonfim quem tem,
   D7   G6
Só vai ao Bonfim quem tem,
G6   Em7   Am7
Um rosário de ouro,
   D7   G6
Uma bolota assim,
     Em7   Am7
Quem não tem balangandãs
  D7   G6
Não vai ao Bonfim
     Em7   Am7
Quem não tem balangandãs
  D7   G
Não vai ao Bonfim
      Em7   Am7
Oi, não vai ao Bonfim,
      D7   G6
Oi, não vai ao Bonfim,
      Em7   Am7
Oi, não vai ao Bonfim,
      D7   G6
Oi, não vai ao Bonfim.

Peguei um "Ita" no norte

Toada - Dó Maior **Dorival Caymmi**

Introdução: G7 C G C G7 C

Peguei um "Ita" no norte (C ... G7 ... C)
Pra vim pro Rio morá (G7)
Adeus meu pai, minha mãe, (Dm7 ... G7)
Adeus Belém do Pará (Dm7 G7 C)

Ai, ai, ai, ai, (Dm7 G7 C)
Adeus Belém do Pará (G7 ... C)
Ai, ai, ai, ai, (Dm G7 C)
Adeus Belém do Pará (G7 ... C)

Refrão

Vendi meus troços que eu tinha (C ... G7 ... C)
O resto eu dei pra guardá (G7)
Talvez eu volte pro ano, (Dm7 ... G7)
Talvez eu fique por lá (Dm7 G7 C)

Refrão

Mamãe me deu um conselho (C ... G7 ... C)
Na hora de embarcá (G7)
Meu filho ande direito (Dm7 ... G7)
Que é pra Deus lhe ajudá (Dm7 G7 C)

Refrão

"Tou" a bem tempo no Rio (C ... G7 ... C)

Copyright 1945 by Mangione, Filhos & Cia. Ltda.

Peguei um "Ita" no norte (continuação)

Nunca mais voltei pra lá ^{G7}
^{Dm7} Pro mês intera dez anos ^{G7}
^{Dm7} Adeus Belém ^{G7} do Pará! ^C

Refrão

Leva meu samba
(Mensageiro)

Samba - Sib Maior   **Ataulpho Alves**

Introdução: Bb7 Ebm Cm7 F7 Bb F7(13)

Bb7M Eb7   Bb   Ab7
Le__va meu samba
Dm7   G7   C7
Meu mensageiro
Am7(5-) D7   Gm7
Es__te recado
C7   Cm7   F7(13) Bb
Para o meu amor primeiro
Fm   Bb7   Eb
Vá dizer que ela é
Cm7   Fm7
A razão dos meus ais!
F7   Bb7M   F7(9-)
Não, não posso mais!
                Bb7M
2ª vez: não posso mais

Bb6/9   Am7(5-)
Eu que pensava
      D7   Gm7
Que podia lhe esquecer
Eb7M   Am7(5-)
Mas, qual o quê
     D7   Gm7
Aumentou o meu sofrer
           Fm7
Falou mais alto
         Bb7   Eb7M
No meu peito, uma saudade
         Cm7   F7   Bb
E para o caso não há força de vontade
Bb7   Eb
Aquele samba
       Eb/F   Bb
Foi pra ver se comovia
        G7
O seu coração...
        C7
Onde eu dizia:
              Bb6
Vim buscar o meu perdão!

Copyright 1942 by Irmãos Vitale S. A. Ind. e Com.

Poema das mãos

Canção - Dó menor *Luiz Antonio*

Introdução: Gm7(5-) Ab7M Db7(9) G7

 Cm7   G7   Gm7(5-)
Nas tuas mãos deixei meus so__nhos
           C7   Fm
Nas tuas mãos deixei bondade
Fm6   Cm
Alegre sonho
         Fm
Ficou tristonho
               G7
Nas tuas mãos virou saudade.
Cm7   G7   Gm7(5-)
Nas minhas mãos o teu perfu_me
        C7   Fm
Nas minhas mãos o teu cabelo
Fm6   Cm
O meu ciúme
          Ab7
O meu queixume
        G7   Cm7
Nas minhas mãos um triste apelo.
C7
As tuas mãos estão mais frias
      C7   Fm7
Estão vazias de meus beijos
D7   Am7(5-)
As minhas mãos, talvez não sintas
   D7   G7
Estão famintas de dese__jos
Cm   Cm7   Fm7
Nas minhas mãos a despedi_da
Ab7   G7   Cm
Nas tuas mãos a minha vida.

Moro onde não mora ninguém

Sib Maior *Agepê e Canário*

Bb
Moro   onde não mora ninguém

Onde não passa ninguém
Cm7
Onde não vive ninguém
F7
É lá onde moro
Bb
Que eu me sinto bem

F7(13)   **Bb7M**
Não tem bloco na rua
G7
Não tem carnaval
Cm7
Mas não saio de lá
F7
Meu passarinho me canta
Cm7   **F7**   **Bb7M**
A mais linda cantiga que há

Cm7
Coisas lindas
F7   **Bb7M**
Tem do lado de lá

Cm   **F7**
Uma casinha branca
Bb **Bb7M**
No alto da serra
Cm7
Um coqueiro ao lado
F7   **Bb** **F7**
Um cachorro magro amarrado
Bb9/6   **Cm**
Um fogão de lenha
F7   **Bb**
Todo enfumaçado.

Moro onde não mora ninguém (continuação)

        Cm7
É lá onde moro
 F7   **Bb**
Aonde não passa ninguém | **BIS**
    Cm7
É lá que eu vivo sem guerra
 F7   **Bb**
É lá que eu me sinto bem.

Rotina

Balada - Dó Maior

*Roberto Carlos
e Erasmo Carlos*

Introdução: C C7M (4 compassos)

C
O sol ainda não chegou
          G4 G7 G4 G7
E o relógio a pouco despertou
Dm
Da porta do quarto
 G7
Ainda na penumbra
     C
Eu olho outra vez
                  C7
Seu corpo adormecido e mal coberto
 F
Quase não me deixa ir
C
Fecho os olhos, viro as costas
            G4 G7 G4 G7
Num esforço eu tenho que sair
C
A mesma condução, a mesma hora,
             Dm G7 Dm G7
Os mesmos pensamentos chegam
Dm7
Meu corpo está comigo
     G7
Mas meu pensamento
        C
Ainda está com ela
C7
Agora eu imagino suas mãos
                    F
Buscando em vão a minha presença
   C
Em nossa cama
   Dm   G7   C
Eu gostaria de saber o que ela pensa.

C
Estou chegando para mais um dia
    G4 G7 G4 G7
De trabalho que começa
Dm   G7
Enquanto lá em casa ela desperta
    C
Pra rotina do seu dia

Rotina (continuação)

[C]Eu quase posso ver a água [C7]morna
[F]A deslisar no corpo dela
[C]Em gotas coloridas pela luz
Que vem do vidro da [G4] [G7]jane[G4]la[G7]
[C]Um jeito nos cabelos
Colocando seu [Dm]perfume [G7]prefe[Dm]rido[G7]
[Dm7]Diante do espelho
[G7]Aquilo tudo ela esconde num ves[C]tido
[C7]Depois de um café, um olhar distante
[F]Ela se perde pensativa
Acende um [C]cigarro
[Dm7]Olhando a fumaça, pára,
E pensa em [G7]mim.

2 compassos de G#7

[C#]O dia vai passando, a tarde vem
E pela [D#m]noite eu [G#7]espe[D#m]ro[G#7]
[D#m]Vou contando as horas que me sepa[G#7]ram
De tudo aquilo que mais [C#]quero
[C#7]Meu rosto se ilumina num sorriso
No momento de ir em[F#]bora
[C#]Não posso controlar minha vontade
De sair [D#m]correndo [G#7]agora
[C#]O trânsito me faz perder a calma

Rotina (continuação)

                D#m   G#7 D#m G#7
E o pensamento continua
D#m   G#7
Pensando em minha volta, muitas vezes
              C#
Ela vem olhar a rua
   C#7
A porta se abre de repente
                        F#
E eu me envolvo inteiro nos seus braços
   C#
E o nosso amor começa
         D#m
E só termina quando nasce
    G#7
Mais um dia,
G#7   C#   D#m
Um dia de rotina,
   G#7   C#   D#m
Um dia de rotina
G#7   C#   D#m
O sol ainda não chegou
   G#7   C#
Um dia de rotina.

Sorris da minha dor

Valsa - Lá menor *Paulo Medeiros*

Introdução: Am B7 E7 Bm7(5-) E7

Am
Sorris da minha dor,
           F#m7(5-) B7
Mas eu te quero ainda,
E7/G#   E7   Dm7 E7
Sentindo-me feliz, sonhando-te mais linda
   Am   E7   C7
Escravo eterno teu farei o que quizeres
B7   E7(9-)
Tens, para mim, a alma eterna das mulheres
   Am   F#m7(5-) B7
No meu jardim viceja a flor da esperança
E7/G#   E7   Bb7 A7
Meu pranto é meu amigo e a minha fé não cansa,
Dm   E7   Am7
Na rima dos meus versos   cheios de saudade,
         B7   E7   Am7
És a flor, que se abriu para o meu amor
A   F#7   B7
Aos teus braços, querida, ainda um dia,
D/E   E7(9-)   A
Terei o teu amor e os teus carinhos...
     C#m7   F#7   Bm7
E os dois aureolados de alegria,
E7   Aº A
Seremos um casal de passarinhos...
     F#7   B7
Tranqüilos e felizes, sonharemos
E7(4)   E7(9-)   A
Uma porção de sonhos venturosos...
D   Dm   A
E aos beijos de eterna felicidade
 F#7   Bm7
Há de ser a nossa vida
 E7   A6
Um rosal de ansiedades.

Copyright 1938 by Magione, Filhos & Cia. Ltda.

Cotidiano nº 2

Samba-choro - Dó Maior

*Vinícius de Moraes
e Toquinho*

Introdução: C C7 F#º Fm6 Em7 Am7 D7 G7 C

   C   D7
Há dias que eu não sei o que me passa
 Dm7   G7   C7M
Eu abro o meu Neruda e apago o meu sol
  C7M   Am7   D7
Misturo poesia com cachaça
 Dm7   G7   C
E acabo discutindo futebol

 C7   F#º Fm6 Em7
Mas não tem nada, não | BIS
Am7   Dm7 G7 C
Tenho o meu vi_o_lão!

 C   D7
Acordo de manhã, pão com manteiga,
 Dm7   G7   C7M
E muito, muito sangue no jornal
C7M   Am7   D7
Aí, a criançada toda chega
 Dm7   G7   C
E eu chego a achar Herodes natural

 C7   F#º Fm6 Em7
Mas não tem nada, não
Am7   Dm7 G7 C
Tenho o meu vi_o_lão!

 C   D7
Depois faço a loteca com a patroa
 Dm7   G7   C7M
Quem sabe o nosso dia vai chegar
 C7M   Am7   D7
E rio porque rico ri à toa
 Dm7   G7   C
Também não custa nada imaginar

 C7   F#º Fm6 Em7
Mas não tem nada, não | BIS
Am7   Dm7 G7 C
Tenho o meu vi_o_lão!

Copyright 1976 by Tonga Editora Musical Ltda.

Cotidiano nº 2 (continuação)

    C   D7
Aos sábados em casa tomo um porre
  Dm7   G7   C7M
E sonho soluções fenomenais
  C7M   Am7   D7
Mas quando o sono vem e a noite morre
 Dm7   G7   C
O dia conta história sempre igual

C7   F#° Fm6 Em7
Mas não tem nada, não | BIS
Am7   Dm7 G7 C
Tenho o meu vi_o_lão!

   C   D7
Às vezes quero ver mas não consigo
 Dm7   G7   C7M
É tudo uma total insensatez
 C7M   Am7   D7
Aí pergunto a Deus: escute amigo,
 Dm7   G7   C
Se foi pra desfazer por que é que fez?

C7   F#° Fm6 Em7
Mas não tem nada, não | BIS
Am7   Dm7 G7 C
Tenho o meu vi_o_lão!

As curvas da estrada de Santos

Roberto Carlos e Erasmo Carlos

Fá Maior

Introdução: Gm7 C7 F

  F
Se você pretende
       D7
Saber quem eu sou
          Gm
Eu posso lhe dizer
C7   F
Entre no meu carro
          Dm
Na estrada de Santos
        Cm7 F7(13)
E você vai me conhecer
Bb   Bbm7
Você vai pensar que eu
         Bbm6   F
Não gosto nem mesmo de mim
Dm7   Bb7M
E que na minha idade
      G7
Só a velocidade
        Gm7
Anda junto a mim
C7   F
Só ando sozinho
      D7
E no meu caminho
        Gm7
O tempo é cada vez menor
C7   F
Preciso de ajuda
      Dm7
Por favor me acuda
    Cm7 F7(13)
Eu vivo muito só
Bb   Bbm6
Se acaso numa curva
         F
Eu me lembro do meu mundo
Dm7 Gm7
Eu piso mais fundo

As curvas da estrada de Santos (continuação)

Corrijo um se**Dm**gundo
G7 **Gm7**
Não posso parar

C7 **F**
Eu prefiro as curvas
D7
Da estrada de Santos
Gm
Onde eu tento esquecer
Bbm6 **F**
Um amor que eu tive
Dm7
E vi pelo espelho
Cm7 **F7**
Na distância se perder
Bb **Bbm6**
Mas se o amor que eu perdi
C7 **F**
Eu novamente encontrar
D7 **G7**
As curvas se acabam
Gm
E na estrada de Santos
C7 **F**
Não vou mais passar
C7 **F**
Não, não vou mais passar...

Kalú

Humberto Teixeira

Baião - Ré Maior

Introdução: G A/G F#m7 B7 Em7 A7 D A7

    D
Kalú! Kalú!
    F#m7   Bm7   Em F#m7(5-) B7
Tire o verde desses óio de riba d'eu!
  Em7   A7
Kalú! Kalú!
       Em7   A7   F#m7 Bm7 Em7
Não me tente se você me esqueceu...
A7   D Em7 A7   D
Kalú!   Kalú!
    Am7   D7   G   C/D
Esse olá depois do que assucedeu!
D7   G   A/G   F#m7
Cum franqueza, só num tendo coração,
   B7   Em7
Fazer tal judiação.
   A7   D
Você tá "mangando" d'eu!...
    B7   Em7   A7   D
2ª vez: Você tá mangando d'eu!

Ocultei

Ary Barroso

Samba-canção - Fá Maior

Introdução: **Bb7M   Am7   D7   Gm7   C7   F   C7(9-)   F   Gm7   C7   F7M**

Gm7
Ocultei
C7   **Am7**
Um sofrimento de morte
Am7(5-)   **D7(9-)**   **Gm7**
Temendo   a morte
C7   **Am7**
Do grande amor que te dei
D7(9-) Gm7
Procurei
Gm7   **C7**   **F7M**
Não perturbar nossa vida
Am7   **D7(9-)**   **D7**   **Gm7**
Que era   florida
              C7   **F**   **F7M   Bbm6   Bb7**
Como a princípio sonhei
F   **Fm7**   **F°**   **F7M   Bb7M   F7M**
Hoje, porém, abri as portas do destino
G#°   **Am7**
Mandei andar o amor
       Dm7   **Am7   D7(9-)**
Um mero clandesti__no
        Gm7 C7   **Am7**
Encerrei   um episódio funesto
        Am7(5-) D7 Gm7
Agora   detesto
C7   **F7M**
Aquele a quem tanto amei
F7(13)   **Bb**   **Ab°**
O meu mais ardente desejo
          Am7   **Eb7(9)**   **D7(9-)**
Que Deus me perdoe o pecado
              Gm7   **C7**
É que outra mulher ao teu lado
       F7M   **Bb7**   **F6**
Te mate na hora de um beijo.

Ponto de interrogação

Canção - Fá Maior   *Gonzaga Júnior*

Introdução: Gm7   Bb/C   C7(9-)   F   Db/Eb   Dm7(11)

Em7(5-)   A7
Por acaso, algum dia, você se importou
Dm7   Dm7(9)
Em saber se ela tinha vontade ou não?
Gm7   C7
E se tinha e transou, você tem a certeza
F7M
De que foi uma coisa maior para dois?
Bm7
Você leu em seu rosto
E7(9-)   Am7   Am7(9)
O gosto, o fogo, o gozo da festa?
D7(9+)   Gm7
E deixou que ela visse em você
Gm/F   Em7(5-)   A7
Toda a dor do infinito prazer?
Em7(5-)   A7(9-)
E se ela deseja e você não deseja
Dm7
Você nega, alega cansaço ou vira de lado?
Csus4   C7(9-)
Ou se deixa levar na rotina
F7M
Tal qual um menino
Dm7   Dm7(9)
Tão-só num antigo banheiro
Bm7(5-)   E7(9-)
Folheando revistas, comendo as figuras
Am7   D7(9-)
As cores das fotos te dando a completa emoção
Gm7   Gm/F
São perguntas tão tolas de uma pessoa
Em7(5-)   A7
Não ligue, não ouça, são pontos de interrogação
Em7(5-)   A7
E depois desses anos, no escuro do quarto
Dm7
Quem te diz que não é só o vício da obrigação
Csus4   C7(9)
Pois com a outra você faz tudo
F7M
Lembrando daquela tão santa
D7(9-)
Que é dona do teu coração

Ponto de interrogação (continuação)

    Gm7   Bbm7
Eu preciso é ter consciência
    Bbm6   F7M
Do que eu represento
           Am7
Nesse exato momento
  D7(9-)   Gm7
No exato instante
               Bb/C
Na cama, na lama, na grama
     C7(9-)   F7M
Em que eu tenho uma vida inteira
 Ab7(13) Db7M Gb7(13) F7M
Nas mãos.

Mágoas de caboclo

Canção - Lá menor   *J. Cascata e Leonel Azevedo*

Introdução: Dm   Dm6   Am7   Am/G   Bb   E7   Am   E7

Am
Cabocla, seu olhar está dizendo
F7
Que você está me querendo
Gm/Bb   **A7**
Que você gosta de mim
Dm7   **Am7**
Cabocla, não lhe dou meu coração
B7
Você hoje me quer muito
E7   **Am7**
Amanhã não me quer mais, não
B7   **E7**   **Am**
Não creio mais em amor nem amizade
F7   **Bm7(5-)**
Vivo só para a saudade
E7   **Gm/Bb**   **A7**
Que o passado me deixou
Dm7   **Dm6**   **Am7**
A vida para mim não vale nada
                      Bb
Desde o dia em que a malvada
E7   **Am**
O coração me estraçalhou
Am7
Às vezes pela estrada enluarada
          F7
Julgo ouvir uma toada
             Gm/Bb   **A7**
Que ela para mim cantava
Dm7   **Am7**
Quando eu era feliz e não pensava
             B7
Que a desgraça em minha porta
E7   **Am7**
Passo a passo me rondava
B7   **E7**   **Am7**
Depois que ela partiu eu fiquei triste
F7   **Bm7(5-)**
Nada mais no mundo existe
E7   **Gm/Bb**   **A7**
Vivo no mundo a penar
Dm   **Dm6**   **Am**
E quando penso nela oh! grande Deus

Mágoas de caboclo (continuação)

Eu sinto dos olhos meus
             Bb
     E7   **Am**
Triste lágrima a rolar.

Meiga presença

Samba-canção - Fá Maior

Paulo Valdez
e Otávio de Moraes

Introdução: Bb7M Bbm6 F/A Ab° Gm7 Bbm6 C7 F Dm7 C7(13)

F
Quem, ao meu lado
     Db7/Ab   F
Estes passos caminhou?
                 Db7/Ab
Estes beijos em meu rosto
C7(9-)   Cm7   F7(13)
Quem beijou?
Bb7M   Bb6   Bm6
A mão que afaga a minha mão
F/A   Ab°   Gm7
Este sorriso que eu não vejo de onde vem
G7   Bb/C C7(9-)
Quem foi que me voltou?
F7M   Db7/Ab
Vem, de outro tempo bem longe
C7(9-)   F
Que esqueci...
F7M   Db7/Ab
A ternura que nunca...
C7(9-)   Cm   F7
Mereci
Bb7M   Bb6
Quem foste tu,
Bb/C   Bbm6
Presença e pranto
F/A   Ab°
Eu nunca fui amado tanto
Gm7   Db7(9)
Estás aqui
Bb/C
Momento antigo
Am7(5-)   D7(9-)
Estás comigo,
Bb7M   Bbm6
Se não te importa ser amada
Gm   C7
Amor amigo
Bbm6   C7
Fique ao meu lado
F7M Bb7M Bb/C Ebm7(9) F7M
Sempre...

Mulata assanhada

Samba - Sib Maior   *Ataulpho Alves*

Introdução: Bb Cm7 F7 Bb

     Cm7
Ô mulata assanhada
    F7
Que passa com graça
   Bb
Fazendo pirraça
   G7
Fingindo inocente
Cm7   F7   Bb
Tirando o sossego da gente

BIS

   Gm7   Cm7
Ó mulata se eu pudesse
 F7   Bb
E se o meu dinheiro desse
   Gm7   Cm7
Eu te dava sem pensar
    F7   Bb
Este céu, esta terra, este mar
   Gm7   C7
Ela finge que não sabe
  Cm7 F7   Bb
Que tem feitiço no olhar

    Gm7   Cm7
Ai, meu Deus, que bom seria
  F7   Bb
Se voltasse a escravidão
   Gm7   Cm7
Eu comprava essa mulata
  F7   Bb
E prendia no meu coração
   Gm7 C7
E depois a pretoria
 Cm7 F7   Bb
É quem resolvia a questão.

Repetir ad libitum:

Nick Bar

Samba-canção - Dó Maior

Garoto e
José Vasconcellos

Introdução: Dm7 Bb7 C7M A7 Dm7 G7 Fm7(9)

C7M
Foi nesse bar pequeni__no
       Am7   Em7(9) A7(9-)
Onde encontrei meu amor
Dm7   E7   Am7
Noites e noites sozinho
D7   Dm7
Vivo curtindo uma dor
G7 C7M
Todas as juras sentidas
     Dm7   Em7 C7
Que o coração já guardou
F7M   Bb7   Em7(5-) A7
Hoje são coisas perdidas
   Dm7   G7   C
Que o eco ouviu e guardou

     Fm7 G7(5+) C7M
Você partiu e me deixou
    Fm7   G7   C7M
Não sei viver sem seu amor
   Bm7(5-) E7   Am7
O que ficou só me lembrou
    D7   Dm7 G7 C
Nossos encontros no Nick Bar.

Homenagem ao malandro

Samba - Fá Maior **Chico Buarque de Hollanda**

Introdução: Bb7M Bbm7 Am7 D7 Gm7 C7(9-) F

C7(13)　　　F7M　　Eb7(9) D7　　　G7
Eu fui fazer um samba em homenagem
　　　　　　　Gm7
À nata da malandragem
C7　　　　　　F　　　　　　　C7(13)
Que conheço de outros carnavais
　　　F7M　　Eb7(9) D7　　　G7
Eu fui à Lapa e perdi a viagem
　　　　　　　　Gm7
Que aquela tal malandragem
C7　　　　　F6
Não existe mais

　F7M　　　D7
Agora já não é normal
　G7　　　　　　　　　C7　　　　Gm7
O que dá de malandro regular, profissional
C7　　F　　　　　　　　　　D7
Malandro com aparato de malandro oficial
　G7　　　　　　Gm7　　　　C7(13)
Malandro candidato a malandro federal
　F　　　　　　　　　Cm7　　　F7
Malandro com retrato na coluna social
　Bb6　　Bb7M　　　　　　Dm7　　G7　　　Dm7
Malandro com contrato com gravata e capital
G7(13)　　Gm7　　　　C7(13)
Que nunca se dá mal
　　　　　　F7M　　　　Eb7(9) D7
Mas o malandro pra valer
　　　　　G7
_ Não espalha
　　　　　　Gm7
Aposentou a navalha
C7　　　　　F　　　　　　C7(13)
Tem mulher e filho e coisa e tal
　　　　　　　F7M　　　Eb7(9) D7　　G7
Dizem as más línguas que ele até trabalha
　　　　　　　　Gm7
Mora lá longe e chacoalha
C7　　　　　　　F6
Num trem da Central.

Jarro da saudade

Samba - Fá Maior
Daniel Barbosa, Mirabeau e Geraldo Blota

Introdução: Gm7 C7 F7M D7 G7 C7 F F6 C7(13)

Ele:
   F   D7   Gm7 C7
Iaiá cadê o jarro?
  Gm7   C7(13)   F7M
O jarro que eu plantei a flor?

Ela:
   Gm7   C7(13)   F
Eu vou lhe contar um caso:
F7M   D7   Gm7   C7   F D7
Eu quebrei o jarro e matei a flor (1ª vez) **BIS**

Ele:
        F   Gm C7
Que maldade!... Que maldade!...
         F7M
Você bem sabia

Ela: **BIS**
   Dm7   Gm7
No jarro de barro
     C7   F
Eu plantei a saudade!...

Copyright 1956 by Irmãos Vitale S. A. Ind. e Com.

Meu Cariri

Dó Maior

*Dilú Mello e
Rosil Cavalcanti*

Introdução: Dm G7 C G7 C

C
No meu Cariri
              G7
Quando a chuva não vem
          Dm
Não fica lá ninguém
G7   C
Somente Deus ajuda
A7   Dm
Se não vier do céu
G7   C
Chuva que nos acuda

     F
Macambira morre
           G7
Chique-chique seca
     C
Juriti se muda
     F
Macambira morre
           G7
Chique-chique seca
     C
Juriti se muda

F   C
Se Deus me der um jeito
F   C
De chover todo o ano
   Am   Dm
Se acaba desengano
G7   C
O meu viver lá é certo
A7   Dm
O meu Cariri
G7   C
Pode-se ver de perto
           F
Quanta boniteza
        G7
Pois a natureza
             C
É um paraíso aberto.

BIS

Borandá

Edu Lobo

Samba - Lá menor

Coro:

    Dm7   E7   Am7
Deve ser que eu rezo baixo
Am7   Em7   Am7
(Pois meu Deus não houve, não)
    D7   F7M
É melhor partir lembrando
   Em7   Am7
(Que ver tudo piorar)

Voz:

   D7
Borandá, que a terra
 Am7   Bm7
Já secou, borandá
E7(9-) Am7   D7
É borandá, que a chuva
   F7M   Em Am E7
Não chegou, borandá

| BIS

Am7   E7(9+)   Am7
Já fiz mais de mil promessas
E7(9+)   Am7
Rezei tanta oração
Am7   E7(9-)   Am7
Deve ser que eu rezo baixo
    D7   Am7
Pois meu Deus não ouve, não
   Dm7   E7   Am7
Deve ser que eu rezo baixo
Am7   Em7   Am7
Pois meu Deus não houve, não

Coro:

   D7
Borandá, que a terra
  Am
Já secou, borandá
E7(9-)   D7
É borandá, que a chuva
   F7M   Em7 Am7
Não chegou, borandá
Am7   Am/G Dm   F7
Vou embora   vou chorando

Copyright 1967 by Warner Chappell Edições Musicais Ltda

Borandá (continuação)

Eb7M   Dm7(5-) Bm7(5-)
Vou me lembrando
      E7(9-)
Do meu lugar

(Volta ao coro)

      G   Am
Quanto mais eu vou pra longe
     G   G7   Am
Mais eu penso sem parar
Am7   E7(9-)   Am7
Que é melhor partir chorando | BIS
    D7   Am
Que ver tudo piorar
Am7 D7 Am7   D7
Borandá,   borandá

Vem borandá.

Foi um rio que passou em minha vida

Samba-enredo - Sib Maior *Paulinho da Viola*

Introdução: Bb Eb7M Dm7 Gm7 Cm7 F7 Bb Gm7 Cm7 F7

Bb   Eb   Bb   Cm7   F7
Se   um dia
Dm7   Db°   Cm7
Meu coração for consultado
      G7   Cm7
Para saber se andou errado
F7   Cm7   F7 Bb   Gm7   F7
Será difícil negar
Bb7M   Eb7M   Dm7   Cm7
Meu coração tem mania de amor
F7   Bb   Bb7M   G7   Eb7M   Dm7   Cm7
Amor não é fácil de achar.
                       Eb7M
A marca dos meus desenganos
   Bb7M   Dm7   G7
Ficou,   ficou
Cm   F7   Fm/Ab   G7
Só um amor pode apagar.

(Pra terminar Bb)

   Bb   Eb7M   Bb
Porém, ah! Porém
     F7   Bb
Há um caso diferente
Bb6   A°   Gm/Bb   Gm7
Que marcou num breve tempo
       C7   Cm7
Meu coração para sempre
F7   Bb   Eb7M
Era dia de carnaval
Bb   Eb7M   Bb Dm7   Cm7 Bb7M
Eu carregava uma triste_za
      Cm7   Bb
Não pensava em novo amor
         Bb/C   G7   Cm7
Quando alguém que não me lembro

Anunciou
G7(5+)   Cm7
Portela! Portela!

Foi um rio que passou em minha vida (cont.)

   Cm7   F7
O samba trazendo alvorada
Cm7   F7   Bb7 Eb7M
Meu coração conquistou
Bb   G7 Cm7
Ah! Minha Portela
       F7   Bb   Eb7M
Quando vi você passar
Bb6/9   Bb7M Gm7 Cm7
Senti meu coração apressado
Cm7   F7
Todo meu corpo tomado
              Dm7 Cm7
Minha alegria voltar
F7   Bb Bb7M Eb7   Bb7M
Não posso definir aquele azul
Eb7   Dm7   Cm7 G7 Eb7M
Não era do céu, nem era do mar.
Ab7M   Bb   G7
Foi um rio que passou em minha vida
Cm   F7   Bb Bb7M(6) Fm7 Bb7 Eb7M
E meu coração se deixou levar.
Ab7   Bb   G7
Foi um rio que passou em minha vida
Cm   F7   Bb7   Eb6
E meu coração se deixou levar.

(Pra terminar Bb)

Velho realejo

Custódio Mesquita e Sadi Cabral

Valsa - Sol menor

Introdução: Gm Am7(5-) D7 Gm Am7(5-) D7

```
  Gm                    Em7(5-)  A7
Naquele bairro afasta____do
  Cm/Eb         D7      Gm
Onde em criança vivi__as
  Dm7(5-)  G7      C
A remoer melodias
       Cm7       F7         Bb7M    D7(9-)
De uma ternura sem-par,
     Gm   Gm/F   Em7(5-)  A7
Passava todas as tar__des
  Cm/Eb    D7   Gm  Gm/Bb
Um realejo risonho...
        Dm7(5-)  G7      Cm/Eb  D7
Passava  como num sonho
  Gm7   D7      Gm7
O realejo a cantar...
  D7    G   C7       G
Depois     tu partiste
  C7         G
Ficou triste
       Em7      Am7    D7
A rua deserta;
              Am7       D7
Na tarde   fria e calma
Am7      D7                    Am7   D7
Ouço ainda o realejo a tocar.
      Dm7   G7       C
Ficou    a saudade
      Cm         G
Comigo a morar...
C7M      G7M      Em7        Bm7
Tu cantas alegre e o realejo
      Am7      G7M
Parece que chora
        D7       G   D7  G
Com pena de ti.
```

Brasil pandeiro

Samba - Mib Maior **Assis Valente**

Introdução: Eb6 Fm7 Bb7 Eb6 Bb7

Eb   Cm7   Fm7
Chegou a hora dessa gente bronzeada
                 Eb7M
mostrar seu valor-ô-ô
         Bbm7   Eb7(9)   Eb7   Ab
Eu fui à Penha e pedi à padroeira para me ajudar-á-á
Ab7M   Bb7   Fm7(9)   Bb7
Salve o Morro do Vintém, Pindurasaia, que eu quero ver
  Fm7   Bb7   Eb7M F7 Bb7
O tio Sam tocar pandeiro para o mundo sambar.
      Eb6   Cm7   Fm7   Bb7   Eb7M
O tio Sam está querendo conhecer a batucada
         Bbm7   Eb7(9)   Eb7   Ab
Anda dizendo que o molho da baiana melhorou seu prato
Ab7M   Bb7   Fm7(9)   Bb7
Vai entrar no cuscuz, acarajé e abará-á-á
        Fm7   Bb7   Eb7M
Na "Casa Branca" já dançou a batucada com lôiô e Iáiá...
Eb7M
Brasil
       Fm   Bb7   Eb7M
Brasil, esquentai vossos pandeiros
   C7   Fm7
Iluminai os terreiros
  Bb7   Bb7(5-)   Eb6   Eb7M
Está na hora de sambar-á-á
Bb7   Fm7   Eb7M(9)
Há quem sambe diferente
        C7   Fm
Noutras terras, outra gente
     Bb7   Eb7M
Num barulho de matar... oi!
   Fm   Bb7   Eb7M
Batucada reuni vossos valores
     C7   Fm7
Pastorinhas e cantores
     Bb7   Eb7M
Expressões que não tem par
           Gm7
Oh! meu Brasil
    Fm7   Bb7   Gm7
Brasil, esquentai vossos pandeiros
     C7(13)   Fm7(9)
Iluminai os terreiros
          Bb7   Eb
Que nós queremos sambar-á-á.

Dora

Dorival Caymmi

Samba - Mib Maior

Introdução: Eb Cm7 Fm Bb7 Eb C7 Fm Bb7 Eb Bb7 Eb

Eb   Ab7M   A°
Dora, rainha do frevo
   Bb   F7(13)
E do maracatu,
Bb7   Fm
Dora, rainha cafuza
       Bb7   Eb7M Bb7(9-)
De um maracatu.
         Eb7M
Te conheci no Recife,
 F#m7   Fm7 Bb7
Dos rios cortados de pontes,
                      Eb7M C7
Dos bairros, das fontes coloniais,
Fm7 Bb7   Eb
Dora,   chamei,
  Ab/Bb Bb7(13) Eb7M Fm7   Bb7
Ó Dora!...   Ó Dora!
  Eb   Fm7
Eu vim à cidade
    Gm7 C7(9-) Fm7 Eb7M
Pra ver você passar,
  Cm   F7(13)
Ó Dora...
Bb7   F7(13)   Bb7
Agora   no meu pensamento
                Eb   Eb7M
Eu te vejo requebrando,
   Ab7M Eb7M Fm7   Bb7   Eb7
Pra cá,   ora pra lá
Ab7M   Gm7 Fm7 Bb7
_ Meu bem!...
Eb7M Db/Eb   Bbm7 Eb7
Os clarins da banda militar,
Bbm   Eb7   Ab5+ Ab6 Db7M
Tocam para anunciar,
Ab7M   Abm6
_ Sua Dora, agora vai passar.
Db7   Abm7   Gb7M Gb6 Fm7
Venham ver o que é bom,
   Ab/Bb   Bb7
Ó Dora, rainha do frevo
            Eb7M Cm7
E do maracatu,

Copyright 1945 by Mangione, Filhos e Cia. Ltda.

Dora (continuação)

Ó... ninguém re[Fm/Ab]quebra, nem dan[Abm6]ça,
Melhor do que [Eb]tu!

Dia de graça

Samba - Sol Maior   *Candeia*

Introdução: C   Am7   D7   G$^6_9$ Am7   D7

G7M   D7   G
Hoje é manhã de carnaval
           G7   C7M
Há o esplendor
      Dm7   G7   C7M
As escolas vão desfilar garbosamente
Cm   Cm/Bb   Am7(5-)
Aquela gente de cor
Ab7M   Am7(11)
Com a imponência de um rei
      D7   G
Vai pisar na passarela
Em7   Am7   D7
Salve! A Portela
G7M   G$^6_9$ D7/A   D7   G
Vamos esquecer os desenganos
          G7
Que passamos
Dm7   G7   C7M
Viver alegria que sonhamos

Durante o ano
Cm   Cm/Bb   Am7(5-)
Damos o nosso cora_ção
Ab7M   Am7(11)
Alegria e amor
     C/D   D7   G7M   C7(9)   C$^6_9$
A todos sem distinção de cor
                  Am7   D7
Mas depois da ilusão | **BIS**
   G   Em7   Am7
Coitado   nego volta
   D7   D7   G   Em7
Ao humilde barracão

2ª vez:
       D7   G   Em7   C/D
Ao humilde barracão
Gm   Cm7   Gm7   Am7(5-)
Nego acorda já é hora de acordar
          D7
Não negue a raça
              Gm
Tome toda manhã
     Gm
Dia de graça

Copyright 1969 by Irmãos Vitale S. A. Ind. e Com.

Dia de graça (continuação)

Cm7   F7
Nego não humilhe
          Bb7M
Nem se humilhe a ninguém
        Em7(5-)
Todas as raças
  A7   D7
Já foram escravas também
Eb   Eb7M Cm7   Gm7
Deixe de ser rei só de folia
G7   Cm7
Faça da tua Maria
      D7   G7(5+) Bb7
Uma rainha todos os dias
Eb   Cm7   Gm7
Cante um samba na universidade
   Am7(5-)   D7
E verá que teu filho será
           Gm   Dsus4 D7
Príncipe de verdade
G7M E7 Am7
Aí   então
 D7
Jamais tu voltarás
  G
Ao barracão
      D7
Breque: Aí então...

Chuá! Chuá!

Pedro de Sá Pereira e Ary Pavão

Canção - Sol Maior

Introdução: G A7 D7 G Cm/Eb G/D C D7 G

       G   E7   Am
Deixa a cidade formosa, morena
   D7
Linda pequena
      G
E volta ao sertão
 Bm7   Em   Am
Beber água da fonte que canta
    D7
Que se levanta
     G
No meio do chão
        E7(9-)   Am
Se tu nasceste cabrocha cheirosa
    D7
Cheirando a rosa
   G   G7
Do peito da terra
 C   Cm   G
Volta pra vida serena da roça
E7(9-)   Am7
Daquela palhoça
 D7 G
Do alto da serra.

   G   E7   Am7
A lua branca de luz prateada
  D7
Faz a jornada
    G
No alto dos céus
   Bm7   Em   Am
Como se fosse uma sombra altaneira
   D7
Da cachoeira
    G
Fazendo escarcéus
              E7(9-) Am
Quando esta luz lá na altura distante
  D7
Loira ofegante
   G   G7
No poente a cair
    C   Cm   G
Dá-me essa trova que o pinho descerra

Copyright 1944 by Editora Viúva Guerreiro Ltda.

Chuá! Chuá! (continuação)

    E7(9-)   Am7
Que eu volto pra serra
    D7   G
Que eu quero partir.

Estribilho:
          D7
E a fonte a cantá

Chuá, chuá
         G
E as água a corrê
   G7
Chuê, chuê
          C
Parece que alguém
  Cm   G
Que cheio de mágoa
  Em   Am
Deixasse que há de
 D7   G
Dizer a saudade
        D7
No meio das água
      G
Rolando também.

BIS

Eu agora sou feliz

Samba - Dó Maior   *Mestre Gato e José Bispo*

Introdução: F C7M Am Dm7 G7(5+) C

   Am7   Em7
Eu agora sou feliz
F7M   C7M A7
Eu agora vivo em paz
Dm7   G7   C7M
Me abandona por favor
        Am7   Dm7
Porque eu tenho um novo amor
  G7   C
E eu não lhe quero mais
          G7   C
Breque: (Eu agora sou feliz)

                    G7   C
2ª vez para terminar: E eu não lhe quero mais
G7   C
Esquece que você já me pertenceu
Am7   Dm7
Que já foi você...
D7   G7
Meu querido amor...
Dm   G7   C   C7M
Aquela velha amizade nossa já morreu
D7   G7   C
E agora quem não quer você sou eu
G7   C
Eu agora sou feliz...
          G7   C
Breque: (Eu agora sou feliz)

Volta por cima

Samba - Lá menor *Paulo Vanzolini*

Introdução: F7 E7 Am7 Bm7(5-) E7

Am7 Bm7(5-)
Chorei
       E7   Am7
Não procurei esconder

Todos viram
    Em7(5-) A7
Fingi___ram
Em7(5-)   A7   Dm7
Pena de mim não precisava
  G7
Ali onde eu chorei
          C   F7M
Qualquer um chorava
  Bm7(5-)   E7
Dar a volta por cima que eu dei
              Am7
Quero ver quem dava
  Bm7(5-)   E7 E7(9-)
Um homem de moral
Am7
Não fica no chão
   Em7(5-)   A7
Nem quer que mulher
  Dm7   Dm/C
Lhe venha dar a mão
         Bm7(5-)
Reconhece a queda
  E7 Am7
E não desanima

            E7
Levanta, sacode a poeira
         Am E7 Am
E dá volta por cima.

Expresso 2222

Sib Maior   *Gilberto Gil*

Introdução: Bb Fm7 Eb Fsus4

  Bb   Ab   Fm7   Eb   Bb
Começou a circular o expresso 2222
                           F7   Eb   Bb
Que parte direto de Bonsucesso pra depois
                         F7   Eb   Bb
Começou a circular o expresso 2222
            Gm7
Da Central do Brasil
              Ab   Fm7
Que parte direto de Bonsucesso
Eb   Bb
Pra depois do ano 2000
            F
Dizem que tem muita gente de agora
Cm/F   Bb
Se adiantando, partindo pra lá
   F   Cm
Pra 2001 e 2 e tempo afora
 F Bb   Gm7   Cm7
Até onde a estrada do tempo vai dar
F7   Bb Dm7 Gm7   Cm7
Do tempo vai dar, do tempo vai dar
 F7   Bb
Menina, do tempo vai
        F   F7
Segundo quem já andou no expresso
Cm7/F   F7   Bb
Lá pelo ano 2000 fica a tal
    F   Cm7
Estação final do percurso-subida
 F7   Bb   Gm7 Cm7
Na terra mãe concebida de dentro, de fogo
F7   Bb   Gm7   Cm7
De água e sal, de água e sal,
              F7
Menina, de água e sal
   Bb   F
Dizem que parece com o bonde
                Bb
Do morro do Corcovado daqui
Bb   F   Cm7
Só que não se pega e entra e senta e anda
            Gm7   Cm7
O trilho é feito um brilho
F7   Cm7
Que não tem fim

Expresso 2222 (continuação)

   F7   **Bb**
Menina, que não tem fim,
  Gm7   **Bb**   **Gm7**   **Cm7**
Que não tem fim, que não tem fim
Bb   **F**
Nunca se chega no Cristo concreto
Cm7   **F**   **F7**
De matéria ou qualquer coisa real
Bb   **F7**   **Cm7**
Depois de 2001 e 2 e tempo afora
 F7   **Bb**   **Gm7**
O Cristo é como foi visto
        Cm7
Subindo ao céu
F7   **Bb**
Subindo ao céu
  Gm7   **Cm7**   **F7**
Num véu de nuvem brilhante
      Bb
Subindo ao céu.

Flor de lis

Samba - Dó Maior *Djavan*

Introdução: C7M Fm7 Fm6 C7M(9) G7(9,13)

C7M
Valei-me Deus
      Bm7(11)   E7(9-)
É o fim do nosso amor
   Am7
Perdoa por favor
D7(9)   Gm7   C7(9)
Eu sei que o erro aconteceu
     F#m7(5-)   B7
Mas não sei   o que fez
   Gm/Bb
Tudo mudar de vez
A7   F#m7
Onde foi que eu errei
B7   Em7
Eu só sei que amei,
   A7(13)   Dm7   G7(13)
Que amei, que amei, que amei,
G7(13-) C7M   Bm7(11)
Será talvez que a minha ilusão
E7(9-)   Am7
Foi dar meu coração
D7(9)   Gm7
Com toda força
    C7   F#m7(5-)
Pra essa moça me fazer feliz
B7   Gm
E o destino não quis
A7   F#m7(5-)
Me ver como raiz
B7   C/E
De uma flor de lis
Am7   D/F#
E assim que eu vi
Fm   C7M(9) E7(5+)
Nosso amor na poeira, poeira
Am   Ab°   Gm7
Morto na beleza fria de Maria
  C7   F7M Fm6
E o meu jardim da vida ressecou
  Em7 Am7   D7(9)
Morreu do pé que brotou Maria
  G7(13)   Gm7 (1ª vez)
Nem margarida nasceu.
        C6 (2ª vez)
   nasceu.

BIS

Nos bailes da vida

Fá Maior   *Milton Nascimento e Fernando Brant*

Introdução: F F4 F F4 F

F   F7M
Foi nos bailes da vida ou num bar em troca de pão
Cm7   Eb
Que muita gente boa pôs o pé na profissão,
Gm   C7
De tocar um instrumento e de cantar
C7(4)   C7   F
Não importando se quem pagou quis ouvir,
           F4 F
Foi assim.

F   F7M
Cantar é buscar o caminho que vai dar no sol
Cm7   Eb
Tenho comigo as lembranças do que eu era.
Gm   C7   Gm
Para cantar nada era longe, tudo tão bom,
C7(4)   C7   F
Té a estrada de terra na boléia de caminhão.
         F4 F
Era assim.

F   F7M
Com roupa encharcada, a alma repleta de chão,
Cm7   Eb
Todo artista tem de ir aonde o povo está,
Gm   C7
Se foi assim, assim será,
C7(4)   C7   F
Cantando me desfaço e não me canso de viver,
             F4 F
Nem de cantar.

Insensatez

Antônio Carlos Jobim e Vinícius de Moraes

Bossa - Si menor

Bm7   F#/A#   Am6
Ah, insensatez que você fez
                     E7/G#
Coração mais sem cuidado
G6   C7M   C#m7(5-)
Fez   chorar de dor o seu amor
 F#7   Bm7
Um amor tão delicado
Bm7/A   G#º   G7M
Ah, por que você   foi fraco assim
Em7   Bm7
Assim tão desalmado
Bm7/A   C#7/G#   Em6/G
Ah,   meu coração,   quem nunca amou
      F#7   Bm7
Não merece ser amado
Bm7   F#/A#   Am6
Vai,   meu coração, ouve a razão
            E7/G#
Usa só sinceridade
G6   C7M   C#m7(5-)
Quem   semeia vento, diz a razão,
    F#7   Bm7
Colhe sempre tempestade
Bm/A   G#º   G7M
Vai, meu coração,   pede perdão
    Em   Bm7
Perdão apaixo_nado
Bm7/A   C#7/G#   Em6/G
Vai,   porque quem não   pede perdão
     F#7   Bm7
Não é nunca perdoa__do.

Samba de uma nota só

Dó Maior   *Antônio Carlos Jobim e Newton Mendonça*

     Em7   Eb7
Eis aqui este sambinha
   Dm7(11)   Db7(11+)
Feito numa nota só
     Em7   Eb7
Outras notas vão entrar
   Dm7(11)   Db7(11+)
Mas a base é uma só
    Gm7   Gb7
Esta outra é conseqüência
   F7M(9)   Bb7(13)
Do que acabo de dizer
    Em7   Eb7   Dm7(11)
Como eu sou a conseqüência
   Db7(11+) C6
Inevitável de você
Fm7   Bb7
Quanta gente existe por aí
              Eb7M
Que fala, fala e não diz nada
   Eb6
Ou quase nada
Ebm7   Ab7(13)
Já me utilizei de toda escala
          Db7M
E no final não deu em nada
    Dm7(5-) Db7(11+)
Não sobrou nada
  Em7   Eb7
E voltei pra minha nota
   Dm7(11)   Db7(11+)
Como eu volto pra você
    Em7   Eb7
Vou contar pra minha nota
   Dm7(11)+ Db7(11+)
Como eu gosto de você
   Gm7   Gb7(9)
E quem quer todas as notas
  F7M   Bb7(13)
Ré Mi Fá Sol Lá Si Dó
  Eb6   D7
Fica sempre sem nenhuma
  Db7(9)   C6(9)
Fica numa nota só.

Andança

Samba lento - Sol Maior

*Danilo Caymmi,
Edmundo Souto e Tapajós*

(Homem)
Vim, tanta areia andei [G7M   Eb7M]
A lua cheia eu sei [Ab7M]
Uma saudade imen_sa [Am7(5-) D7]

(Mulher)
Vagando em verso eu vim [G7M   Eb7M]
Vestido de cetim [Ab7M]
Na mão direita ro____sas [Am7(5-) D7]
Vou levar. [Gm7   C/D]

(Homem)
Olha a lua mansa a se derramar [G]
Ao luar descansa meu caminhar [A/G]
Seu olhar em festa se fez feliz [D7/F#]
Lembrando a seresta que um dia eu fiz [D7]

Já me fiz a guerra por não saber [G]
Que esta terra encerra meu bem-querer [A/G]
E jamais termina meu caminhar [D7/F#]
Só o amor me ensina onde vou chegar [D7]

(Mulher)
Me leva amor
Amor
Me leva, amor
Por onde for
quero ser seu par

Me leva, amor
Amor
Me leva, amor
Por onde for,
quero ser seu par. [G]

Copyright 1968 by ADDAF - Associação Defensora de Direitos Autorais Fonográficos.

Andança (continuação)

(Homem)
Rodei de roda andei [G7M] [Eb7M]
Dança da moda eu sei [Ab7M]
Cansei de ser sozi__nho [Am7(5-)] [D7]

(Mulher)
Verso encantado usei [G7M] [Eb7M]
Meu namorado é rei [Ab7M]
Nas lendas do caminho [Am7(5-)] [D7]
Onde andei. [Gm7] [C/D]

(Homem) [G]
No passo da estrada só faço andar
Tenho a minha amada a me acompanhar [A/G]
Vim de longe léguas cantando eu vim [D7/F#]
Vou, não faço tréguas, sou mesmo assim [D7]

Já me fiz a guerra por não saber [G]
Que esta terra encerra meu bem-querer [A/G]
E jamais termina meu caminhar [D7/F#]
Só o amor me ensina onde vou chegar [D7] [G6]

(Mulher)
Me leva, amor
Amor
Me leva, amor
Por onde for
quero ser seu par
Me leva, amor
Amor
Me leva, amor
Por onde for,
quero ser seu par. [G6]

Encontros e despedidas

Lá menor   **Milton Nascimento e Fernando Brant**

  Am   Dm7
Mande notícias do lado de lá
F/G   C7M F7M   Bm7
De quem fica   me dê um abraço
              E7(9-)
Venha me apertar,
     Am   Dm7
Tô chegando   coisa que gosto
      F/G
É poder partir,
     G7   C7M F7M   Bm7
Sem ter plano   melhor ainda
         E7(9-)   Am
É poder voltar, quando quero
       Dm7
Todos os dias é um vai-e-vem
          Em7
A vida se repete na estação
        Fm7
Tem gente que chega pra ficar
        Ebm7   Dm7
Tem gente que   vai pra nunca mais
        Dm7
Tem gente que vem e quer voltar
        Em7
Tem gente que vai e quer ficar
        Fm7
Tem gente que veio só olhar
       Ebm7   Dm7
Tem gente a sorrir e a chorar
     Am7
E é assim, chegar e partir,
Dm7   F/G
São só dois lados
       C7M
Da mesma   viagem
F7M   Bm7
O trem que chega
      E7(9-)   Am
É o mesmo trem da partida
   Dm7
A hora do encontro,
  F/G   C7M
É também despedida
F7M Dm   Bm   E7(9-)
A plataforma dessa estação,

Encontros e despedidas (continuação)

    Am   C7
É a vida desse meu lugar
    F7M(9)   E7(9-)
É a vida desse meu lugar
    Am
É a vida

solo:

Iê, iê, iê, iê

Dm F/G C7M F7M Bm7 E7(9-) Am
       Dm7
A hora do encontro etc.

Noites cariocas

Choro - Ré Maior
Jacob do Bandolim e
Hermínio Bello de Carvalho

Introdução: D G#° D/A C# C B7 E7 A7 D

A7
Sei que ao meu coração
             D7M
             F°
Só lhe resta escolher
D   A7   D
Os caminhos que a dor
  Em7   F#m7
Sutilmente traçou
    B7   Em
Para me aprisionar,
B7   Em
Nem me cabe sonhar
A7   Em
Com o que definhou,
A7   Em
Vou me repreender
              A7
Pra não mais me envolver
            D
Nessas tramas de amor...
A7   D7M
Eu bem sei que nós dois
         F°
Somos bem desiguais:
D   D/F#
Para que martelar
   B7
Insistir, repisar
         Em
Tanto faz, tanto fez...
        Em/G
Eu por mim desisti
       F°
Me cansei e fugi
        D
Eu por mim decretei
       F#7(5-)
Que fali - e daí
B7/F#   E7
Eu jurei pra mim
        A7
Não botar nunca mais
        D
Minhas mãos pelos pés...
Am7   D7   Am7
Mas que tanta mentira

Noites cariocas (continuação)

    D7   Am7
Eu ando pregando
    D7   G7M
Supondo talvez me enganar
Bm7   E7   Bm7
Mas que tanta crueza
   E7   Bm7
Se em mim a certeza
  E7   Am
É maior que tudo que há:
Am7   G7   C
Todas vezes que eu sonho
     C#°   G   C7
É você quem me rouba a justeza do sono:
Bm7 Em7   B
É você quem invade
   G#m7   C#m7
Bem sonso e covarde
F#7   B   B6   Em7
As noites que eu tento dormir meio em paz.
   D7   Am7
Sei que mais cedo ou mais tarde
   D7   Am7
Eu vou ter que expulsar
  D7   G7
Todo mal que você me rogou,
Bm7   E7   Bm7
Custe o que me custar
  E7   Am7   A7
Vou desanuviar toda dor que você me causou.
Am7   Am7   A#°   G   F6 E7
Eu vou me redimir e existir mas sem ter que ouvir
Am7   D7
As mentiras mais loucas
     G   E7   A7
Que alguém já pregou nesse mundo pra mim...
A7   D7   G
Sei que mais cedo ou mais tarde
    F°   D
Vai ter um covarde pedindo perdão
   F#7 B7/F#   E7
Mas sei também que o meu coração
   A7   D
Não vai querer se curvar só de humilhação.

Deslizes

Dó Maior

*Michael Sullivan
e Paulo Massadas*

Introdução: C G/B Am Am/G F Dm G7

      C   G/B   Am Am/G
Não sei por que insisto tanto em te querer
    Gm7   C7   F
Se você sempre faz de mim o que bem quer
    Dm7   A7(5+)   Dm7
Se ao teu lado sei tão pouco de você
  F   G7   C
É pelos outros que eu sei quem você é

G7
   C   G/B   Am Am/G
Eu sei de tudo, com quem andas, aonde vais
    Gm7   C7   F
Mas eu disfarço meu ciúme mesmo assim
  Dm7   A7(5+)   Dm7
Pois aprendi que o meu silêncio vale mais
 F   G7   C
E desse jeito eu vou trazer você pra mim.

C7   F   G7   Am
E como prêmio eu recebo teu abraço
C7   F   G7   Am
Subornando meu desejo tão antigo
C7   F   G7   Am Am/G
E fecho os olhos para todos os teus passos
  F   G7   C
Me enganando, só assim somos amigos.

Orquestra: C G/B Am Am/G F Dm G7

   C   G/B   Am Am/G
Por quantas vezes me dá raiva de querer
   Gm7   C7   F
Em concordar com tudo que você me faz
 Dm7   A7(5+)   Dm7
Já fiz de tudo pra tentar te esquecer
 F   G7   C G7
Falta coragem pra dizer que nunca mais

     C
Nós somos cúmplices
  G/B   Am   Am/G
Nós dois somos culpados

Deslizes (continuação)

             Gm7   C7   F
No mesmo instante em que teu corpo toca o meu
     Dm7   A7(5+)   Dm7
Já não existe nem o certo nem errado
  F   G7   C C7
Só o amor que por encanto aconteceu.

     F
E é só assim
    G7   Am
Que eu perdôo teus deslizes
C7   F   G7   Am
E é assim o nosso jeito de viver
C7   F   G7   Am Am/G
Em outros braços tu resolves tuas crises
        F   G7   C
Em outras bocas não consigo te esquecer.

Orquestra: C G/B Am Am/G F Dm G7

Rapaz de bem

Samba - Fá Maior   *Johnny Alf*

```
   F         F7M            Bb7
   Você bem sabe, eu sou rapaz de bem,
   F         F7M        Am7(5-)  D7(9-)
   E a minha onda é do vai-e-vem,
Gm7         A7         D7M        Bm7
   Pois c'oas pessoas que eu bem tratar
                E7          A7        Gm7
   Eu qualquer dia posso me arrumar!
C7
   (Vê se mora!)


   F         F7M       Bb7
   No meu preparo intelectual
   F         F7M    Am7(5-)  D7(9-)
   É o trabalho a pior moral
Gm7        A7         D7M      Bm7
   Não sendo a minha apresentação
                E7         A7
   O meu dinheiro, só de arrumação,


             Gm   C7         Fm7
   Eu tenho casa, tenho comida,
Bb7(9-)   Ebm7   Ab7         Db7M
   Não passo fome, graças a Deus!
   Dm7        G7         C7M
   E no esporte eu sou de morte;
Dm7      G7               Gm7          C7
   Tendo isso tudo eu não preciso de mais nada, é claro.


F7M          F6          Bb7
   Se a luz do sol vem me trazer calor
F7M          F6        Am7(5-)  D7
   E a luz da lua vem me trazer amor
Gm7       A7         D7(9-)
   Tudo de graça a natureza dá
Gm7            C7(9-)       Bb7M  F7M
   Pra que que eu quero trabalhar?
```

Izaura

Samba - Dó Maior **Herivelto Martins e Roberto Roberti**

  E   Fº   F#m7 B7
Ai, ai, ai, Izaura
  E   Gº   F#m7 B7
Hoje eu não posso ficar
  E7   A6
Se eu cair em seus braços
  A#m7(5-) D#7   G#m7
Não há despertador
  C#7   F#7 B7   E
Que me faça acordar

Breque:
          B7(9)
Eu vou trabalhar

  E   F#m7
O trabalho é um dever
  B7   E
Todos devem respeitar
           E7
Ó, Izaura, me perdoe
             A6
No domingo eu vou voltar
           Am6
Seu carinho é muito bom
            G#m7
Ninguém pode contestar
  C#m7   F#7
Se você quiser eu fico
  B7   E
Mas vai me prejudicar

Breque:
          B7(9)
Eu vou trabalhar.

Copyright 1945 by Irmãos S. A. Vitale Ind. e Com.

Balada do louco

Dó Maior   *Arnaldo Baptista e Rita Lee*

Introdução: G#°

```
G#°              C    Dm     G7   C
    Dizem que eu sou louco, por pensar assim
G#°              C    Dm  G7      Am
    Se eu sou muito louco, por eu ser feliz
         Am/G   F#m7(5-)  F7M       C  F/G     C
    Mais louco é quem me diz, que não é feliz, não é feliz.
G#°             C    Dm       G7   C
    Se eles são bonitos, sou Alan Delon
G#°             C    Dm     G7   Am
    Se eles são famosos, sou Napoleão,
         Am/G   F#m7(5-)  F7M       C  F/G     C
    Mais louco é quem me diz, que não é feliz, não é feliz.


Bb           F        C7          F
    Eu juro que é melhor, não ser normal,       | Estribilho
C7              D/F#              G
    Se eu posso pensar que Deus sou eu,


G#°                 C   Dm   G7      C
    Se eles tem três carros,  eu posso voar,
G#°              C    Dm   G7     Am
    Se eles rezam muito, eu já estou no céu
         Am/G   F#m7(5-)  F7M       C  F/G     C
    Mais louco é quem me diz, que não é feliz, não é feliz.
G#°              C   Dm        G7    C
    Sim, sou muito louco,    não vou me curar
G#°           C     Dm                 Am
    Já não sou o único que encontrou a paz,
         Am/G   F#m7(5-)  F7M       C  F/G  G   C°  C
    Mais louco é quem me diz, que não é feliz, eu sou feliz.

    Estribilho
```

Fica comigo esta noite

Samba-canção - Ré menor

*Adelino Moreira
e Nelson Gonçalves*

Introdução: Gm7 Em7 A7 Dm/F a7(5+,9-) Dm7

       A7
Fica comigo esta noite
              Dm   Em7(5-)
E não te arrependerás
Dm   Dm7   A7
Lá fora o frio é um açoite
         Dm/F Dm7
Calor aqui tu terás
D7   Gm/Bb
Terás meus beijos de amor
C7   C9   Bm7(5-)
Minhas carícias terás
Bb7M   A7   Em7(5-)
Fica comigo esta noite
A7   Bb7M Gm
E não te arrependerás
D7   D7(9-)   Gm7
Quero em teus braços querida
C7   C9   F7M
Adormecer e sonhar
Bb7M   Em7(5-)
Esquecer que nos deixamos
A7   Dm
Sem nos querermos deixar
D7   D7(9-)/F# Gm
Tu ouvirás o que eu digo
C7   C9   F7M
Eu ouvirei o que dizes
Dm   A7 Bb7M
Fica comigo esta noite
A7   Dm Bb7M Gm Dm
E então seremos felizes.

Coração aprendiz

Ré menor   *Erick Bulling e Ronaldo Bastos*

Introdução: Dm7   Em7   Dm7   G4   F/G   G7

    C7M
Não precisa explicar
  F/C   Fm6   F7M
Se eu já sei só de olhar pra você
  Em7   Am7
Foi você quem quis
  Dm7   G4 G7   C7M(9)
Agora vem dizer que não teve a intenção
  F/C   Ab/Bb   Eb7M Cm Cm7   G4/7 G
Não seria bem melhor confessar   a secreta paixão?

Estribilho:
E/G# Am   Dm   Cm7
Você tem que compreender, o amor aconteceu
     Eb   Bm7 E7 Am7
Não adianta me virar o nariz
  Am   Dm   Cm7   Bb
O princípio do prazer é tão simples de entender
  Eb   F   G
Para quem tem coração de aprendiz

  C7M(9)
Eu podia não ligar
        F   Fm6   F7M   Em7 Am7
Mas não gosto de ajudar ninguém a mentir
  Em7   Am   Dm   G4/7 G7
Por que não cortou o mal pela raiz
  C7M(9)
Se o ciúme já passou
  F/C   Ab/Bb   Eb7M
Admito que também sou assim,
Cm   Cm7   G4 G   E/G#
Não resisto a paixão

Repete refrão

   Cm   Am7
Você pode reparar
  Ebm7   Db   Gb
Essa idéia de traição não combina com nós

Copyright 1985 by Erick Bulling Edições Musicais Ltda. / Três Pontas Edições Musicais Ltda.

Coração aprendiz (continuação)

Dm7(5-) G Cm Ab/Bb G7(4)
Dois
    Cm   Fm7   Ebm7   Db
O amor, se quiser chegar, nunca deixa pra depois
    Am   Dm7
Você tem que compreender,
  Cm7   F7   Bb
O amor aconteceu
     Eb   Bm   E7   Am7
Não adianta me virar o nariz
  Am7   Dm7
O princípio do prazer
  Cm7   F7   Bb
É tão simples de entender
  Eb   F   G
Para quem tem coração de aprendiz.

Xamêgo

*Luiz Gonzaga
e Miguel Lima*

Samba - Dó Maior

Introdução: **G7 C G7 C**

       G7
O xamêgo dá prazer
       C
O xamêgo faz sofrer
              G7
O xamêgo às vezes dói
C
E às vezes não!
  Am7   **Dm7**   **G7** **C**
O xamêgo às vezes rói o coração
  Am7   **Dm7**   **G7** **C**
Todo mundo quer saber o que é xamêgo
              G7
Ninguém sabe se ele é branco,
   C
Se é mulato ou negro

               G7
Quem não sabe o que é xamêgo
  C
Pede pra vovó
           G7
Que já tem setenta anos
         C
E ainda quer xodó
          G7
E reclama noite e dia
       C
Por viver tão só | **BIS**

Ai, que xodó
    G7   **C**
que xamêgo, que chorinho bom
            G7   **C**
Toca mais um bocadinho sem sair do tom
            G7
Meu compadre chega aqui
        C
Ai, que xamêgo bom
    Am7   **Dm7**
Ai, que xamêgo bom
        C
Ai, que xamêgo bom
    G7 **C**
Ai, que xamêgo bom

Xamêgo (continuação)

Ai, que xamêgo bom
Ai, que xamêgo bom.

Am7 Dm7
G7 C

Muito estranho

Sol Maior

Dalto e
Claudio Rabello

Introdução: G Am G D7 G Am G D7

```
   G                    Em7                  Am
   Hum! Mas se um dia eu chegar muito estranho
D7 Am7              C/D                 G       C/D D7
   Deixa essa água no corpo lembrar nosso banho
   G                    Em7                  Am
   Hum! Mas se um dia eu chegar muito louco
D7 Am              C/D              G        G7
   Deixa essa noite saber que um dia foi pouco
              C   Am      D7         Bm7  Am    D7
   Cuida bem de mim e então misture tudo dentro de nós
   Am7          C/D          Am7     G   C/D D7
   Porque ninguém vai dormir nosso sonho
   G           Em7               Am7   D7
   Hum! Minha cara, pra que tantos planos?
   Am7         C/D                G       C/D D7
   Se quero te amar e te amar muitos anos
   G             Em7               Am7   D7
   Hum! Tantas vezes eu quis ficar solto
   Am7          C/D                    G
   Como se fosse a lua a brincar no teu rosto
G7            C   Am7    D7         Bm7  Am7     D7
   Cuida bem de mim e então misture tudo dentro de nós
   Am7          C/D           G     Em7 C/D D7
   Porque ninguém vai dormir nosso sonho.
```

Azul

Ré menor   *Djavan*

[Gm7] Eu não sei se [C#°] vem de [Dm] Deus, [Bb7]
[Gm7] Do céu fi[A7]car a[Dm]zul [Ab7(11+)]
[Gm7] Ou virá [C#°] dos olhos [Dm] teus [Bb7]
[Gm7] Essa cor que a[Em7(5-)]zuleja o [A7] dia
[Gm7] Se a[C#°]caso a[Dm]conte[Bb7]cer
[Gm7] Do céu [A7] perder o [Dm7] azul
[Ab7(11+)] [Gm7] Entre o [C#°] mar e o en[Dm]tarde[Bb7]cer
[Gm7] Alga marinha, [Em7(5-)] vá na [A7(5+)] maresi__[Ab7(11+)]a [Gm7]
[Dm] Buscar [Cm7] ali um [A7(5+)] cheiro de [Dm] azul [Ab7(11)]
[Gm] Essa cor [C#°] não sai de [Dm7] mim, [Bb7]
[Gm7] Bate e finca pé a [Bb/C] sangue rei
[Gm7] Até o sol nascer ama[C#°]relinho
[Dm] Queimando man[Bb7]sinho
[Gm7] Cedinho, ce[A7]dinho, ce[Dm]dinho,
[Ab7(11+)] Corre e vai [Gm7] dizer pro meu ben[C#°]zinho
[Dm] Hum, dizer as[Bb7]sim
O a[Gm7]mor é a[A7]zulzi[Dm]nho.

Azul da cor do mar

Balada - Dó Maior　　　　　　　　　　　　　　　　　　*Tim Maia*

C7M Dm7　　　　　　　　　　　**Em7**
Ah!   Se o mundo inteiro me pudesse ouvir
　　　　Dm7　　　**G7/4(9)**　　　**C7M G7/4(9)**
Tenho muito pra contar, dizer que aprendi
C7M Dm7　　　　　　　　　**Em7**
Que na vida a gente tem que entender
　　　　Dm7　　　**G7/4(9)**　　　　**C7M G7/4(9)**
Que um nasce pra sofrer enquanto o outro ri

C7M Dm7　　　　　　　　　**Em7**
Mas quem sofre tem que procurar
　　　Dm7　　　**G7/4(9)**　　**C7M G7/4(9)**
Pelo menos vir achar razão para viver
C7M Dm7　　　　　　　　**Em7**
Ver   na vida algum motivo pra sonhar
　　　Dm7　　　**G7/4(9)**　　　**C7M**
Ter um sonho todo azul, azul da cor do mar.

Só em teus braços

Bossa-nova - Dó Maior   **Antônio Carlos Jobim**

  C7M   Dm7   Em7   C7(5+)
Sim, promessas fiz, fiz projetos, pensei tanta coisa,
  F7M   Fm6   Em7   Am7
E vem o coração e diz que só em teus braços, amor,
       Dm7   G7(13)
Eu posso ser feliz.
  C6   A7(5+)   D7(13)
Eu tenho esse amor para dar o que é que eu vou fazer
G7(9-)   C7M   Dm7   Em7   C7(5+)
Eu tentei esquecer e prometi apagar da minha vida,
 F7M   Fm6   C7M
Este sonho e agora o coração me diz,
   Am7   Dm7
Que só em teus braços, amor, eu ia ser feliz,
G7   C7M   Fm6   C6/9
Que só em teus braços, amor, eu posso ser feliz.

Copyright 1959 by Jobim Music Ltda.

Telefone

Samba - Dó Maior

*Roberto Menescal
e Ronaldo Boscoli*

     Dm7   **G7**   **Dm7**   **G7**
Tuém, tuém, ocupado pela décima vez
     Dm7   **G7**   **Dm7**   **G7**
Tuém, tuém, telefone não consigo falar,
     Gm7   **C7**   **Gm7**   **C7**
Tuém, tuém, estou ouvindo há muito mais de um mês
     Gm7   **C7**   **Gm7**   **C7**
Tuém, tuém, já começa quando eu penso em deixar,
F7   **E7**   **Am**
Eu já estou desconfiado,
D7   **Dm7**   **G7**
Que ela deu meu telefone pra mim...
     Dm7   **G7**   **Dm7**   **G7**
Tuém, tuém, e dizer que a vida inteira esperei,
     Dm7   **G7**   **Dm7**   **G7**
Tuém, tuém, que dei duro e me matei pra encontrar
     Gm7   **C7**   **Gm7** **C7**
Tuém, tuém, toda a lista quase eu decorei
     Gm7   **C7**   **Gm7**   **C7**
Tuém, tuém, dia e noite não parei de discar...
F7   **E7**   **Am7**   **B7**   **Em**
Só vendo com que jeito pedia pra ligar,
     F#m7   **B7**   **Em7**   **F#m7**
Tuém, tuém, não entendo mais nada
B7   **Em7** **A7**
Pra que eu fui topar,
     Dm7   **G7**   **Em7**   **A7**
Tuém, tuém, não me diga que agora atendeu,
Fm7   **Bb7**   **A7**
Será que eu consegui,
Db7   **Ab7**   **Dm7**   **G7**   **C6**
Agora encontrar, a moça atendeu: alô!

Triste madrugada

Samba - Fá Maior   *Jorge Costa*

Introdução: Gm7   C7   F   D7   Gm   C7   F   Gm7   C7

   F7M   D7   Gm7
Triste madrugada foi aquela
C7   F7M   F6
Que eu perdi meu violão   BIS
        D7(9-)   Gm7
Não fiz serenata pra ela
      C7   Am7 Dm7 Gm7 C7
E nem cantei uma linda canção

        G7(13) C7   F7M
Uma canção para quem se ama
D7   Gm7   C7   F7M
Que sai do coração dizendo assim
D7   Gm7
Abre a janela, amor   BIS
C7   F7M
Abre a janela
D7   Gm7   C7   F
Dê um sorriso e joga uma flor para mim

Cantando assim

Lá, lá, lá...

As praias desertas

Samba-canção - Dó Maior **Antônio Carlos Jobim**

     Cm7
As praias desertas
   Dm7(5-)   G7(5+)   C7M(9)
Continuam esperando por nós dois
F7M   Fm6   G7 C7M Am7
A este encontro eu não devo faltar
 Em   Em6   F7
O mar que brinca na areia
                  Em7
Está sempre a chamar
F6   Fm6   C
Agora eu sei que não posso faltar
 Em7   F#m7(5-)
O vento que volta lá fora
F#m6 Em   F7M
O mato onde não vai ninguém
C7M(9)   F7M   Fm6   C7M Gb7
Tudo me diz   não podes mais fingir
  Ab6   Abm6
Porque tudo na vida
  C7M(9)
Há de ser sempre assim
  G°9   Gm A7
Se eu gosto de você
   D7M   D/E F/G C7M Dm7 G7(5+)
E você gosta de mim,
  Cm7
As praias desertas
   Dm7(5-)   G7(5+)   C7M
Continuam esperando por nós dois.

Copyright 1958 by Editora Musical Arapuã Ltda.

Andorinha preta

Toada - Dó Maior   *Breno Ferreira*

Introdução: C F C F Bm7 E7 Am F G7 C C7 F7M G7 C

Eu tinha um'andorinha que me fugiu da gaiola (G7)
Eu tinha um'andorinha que me fugiu da gaiola (C / F / C)
Eu tinha um'andorinha que me fugiu da gaiola (C7)
Eu tinha um'andorinha que me fugiu da gaiola (F / G7 / C)
Eu tinha um'andorinha que me fugiu da gaiola (Am / Dm / G7)
Eu tinha um'andorinha que me fugiu da gaiola (C / F / C)

(Dm7 G7) Oi, andorinha preta (C)
(Dm7 G7) De asa arrepiada (C)
(Gm C7) Vai, vai dormir teu sono (F)
Andorinha (Dm) oi! (C)
(Dm7 G7) Que é de madrugada (C)

Oi, quanta coisa (G7)
Não se devia fazê (C)
Quanta vez a gente chora (G7)
Por perder seu bem querê! (C)
Minha cabôcla (G7)
Foi simbora do sertão (C)
Fez que nem as andorinhas (G7)
Foi buscar outro verão! (C)

Eu tinha uma andorinha etc.

Copyright 1956 by Irmãos Vitale S. A. Ind. e Com.

De coração pra coração

Sol Maior

*Isolda, Mauro Motta,
Robson Jorge e Lincoln Olivetti*

       C/D   G7M
Vem mais pra cá chega pra mim
G6   C/D   Dm7
Quero sentir esse som de amor
D7   G   C7   D7
E ficar assim na sintonia da emoção
     G   Bm7 C
De coração pra coração.
     C/D D7   G7M
Eu sou assim um sonhador
G6   C/D
Que encontrou nessa vida
   Dm7   D7   G
O caminho do seu amor,
     C7M   D7
Deixa o seu beijo me mostrar
      G   Bm7 C
O que você não diz, vem cá.

  D7   G
Por essa madrugada afora
  D7   G
Seu beijo no amanhecer
  C   G/B   Am
Nós somos só nós dois agora
  D7   G
E tanta coisa pra dizer.
  D7   G
E tudo isso faz sentido
  D7   G
Você me faz compreender
  C   G/B   Am
Que tudo é muito mais bonito
    D7   G
O tempo todo com você.

    C/D
Você e eu
D7   G7M
E nada mais
G6   C/D
E os nossos beijos

Copyright 1988 by Irmãos Vitale S. A. Ind. e Com. (25%) / Sony Music Edições Musicais Ltda. (25%) / continua...

De coração pra coração (continuação)

         Dm7
Têm sempre o sabor
D7   **G**
De te quero mais
      C7M
Então não deixe
  D7
Pra depois
     G
Tudo é bonito
Bm7 **C**
Entre nós dois.
    C/D **D7**   **G7M**
Somos assim,   somos iguais
G6   **C/D**   **Dm7**
A vida cheia de coisas tão lindas
D7   **G**
Que a gente faz
  C7M   **D7**
Na sintonia da emoção
  G   **Bm7** **C**
De coração pra coração.

Pra terminar:
  D7   **G**
Por essa madrugada afora etc.

... / Copyright 1988 by EMI Songs do Brasil Edições Musicais Ltda. (50%)

Os meninos da Mangueira

Dó Maior **Rildo Hora e Sergio Cabral**

     F7M   C7M
Um menino da Mangueira
   F7M   C7M
Recebeu pelo Natal
   A7   Dm7 A7(5+) Dm7
Um pandeiro e uma cuíca
   G7   Dm7
Que lhe deu Papai Noel
   G7   Dm7
Um mulato sarará
   G7   C7M
Primo irmão de dona Zica
   F7M   C
E o menino da Mangueira
   F7M   C7M
Foi correndo organizar
   C7   F7M Bb/C F7M
Uma linda bateria
              Em7   Am7
Carnaval já vem chegando
   Fm   C
E tem gente batucando
   G7   C
São os meninos da Mangueira
Am7   Dm7 G7(13)   C7M Am7
Carlos Cachaça, o menestrel
     Dm7 G7(13)   C7M
Mestre Cartola, o bacharel
   F7M   Am7
Seu Delegado, um dançarino
   D7
Faz coisas que aprendeu
   G7   C7
Com Marcelino

     F7M
E a velha guarda se une
        Em7
Aos meninos lá na passarela
  A7   Dm7
Abram alas que vem ela
  G7   C C6/9 Bb/C C7
A Mangueira toda bela

BIS

Os meninos da Mangueira (continuação)

O pandeirinho, cadê Xangô   [F7M]
O preto rico, chama o sinhô   [Em7]
E dona Neuma maravilhosa   [Dm7]
É a primeira mulher   [G7] [G7(13)]
Da verde-rosa   [C]

E onde é que se juntam   [F7M]
O passado, o futuro e o presente   [Em7]
Onde o samba é permanente   [A7] [Dm7]
Na Mangueira, minha gente.   [G7] [G7(13)] [C]

Sorte

Ré Maior   *Celso Fonseca e Ronaldo Bastos*

Introdução: G7M Gm6 D G7M Gm6 D

```
D         D7M       C#m7(5-)    F#7
Tudo de bom que você     me fizer
Bm                     Em7      A7
Faz minha rima ficar     mais rara
D         D7M       C#m7(5-)    F#7
O que você faz me ajuda a cantar
Bm7                    Em7      A7
Põe um sorriso na minha    ca_ra
    D                G7M  Gm6
Meu amor, você    me dá sorte
    D                G7M  Gm6
Meu amor, você    me dá sorte
    D              G7M  Gm6    D
Meu amor, você me dá sorte na vida.


D             D7M       C#m7(5-)  F#7
Quando eu te vejo não saio do tom
Bm7                  Em7    A7
Mas meu desejo já se   repara
D           D7M        C#m7(5-)  F#7
Me dá um beijo com tudo de bom
Bm7                  Em7     A7
E acende a noite na Gua__nabara
    D                G7M  Gm6
Meu amor, você me dá sorte
    D                G7M  Gm6
Meu amor, você me dá sorte
    D              G7M  Gm6    D
Meu amor, você me dá sorte de cara.
```

Saudades de Matão

Valsa sertaneja - Dó Maior

**Raul Torres, Jorge Galati
e Antenógenes Silva**

Neste mundo eu choro a dor   [C   C°   G7]
Por uma paixão sem fim   [Dm7   G7   C]
Ninguém conhece a razão   [G7]
Porque eu choro assim, assim.   [C°   G7   C]
Quando lá no céu surgir   [C°   G7]
Uma peregri_na flor   [Dm7   G7   C]
Pois todos devem saber-er   [F   Fm]
Que a corte me tirou   [C   G7]
Foi uma grande dor.   [C]
Lá no céu junto a Deus   [G7   C]
Em silêncio minh'alma descansa   [G7   F   C]
E na terra todos cantam   [G7   C]
Eu lamento minha desventura   [G7]
Desta pobre dor.   [C]

Ninguém me diz   [F   Gm   F]
Que sofreu tanto assim   [C7   F   C7]
Esta dor que me consome   [Gm   C7   F]
Não posso viver   [C7   F]
Quero morrer   [Gm   F]
Vou partir pra bem longe daqui   [F   F   F7   Bb]
Já que a sorte não quis,   [Bb   Bbm   F]
Me fazer feliz.   [G7   C7   F]

Copyright 1938 by Irmãos Vitale S. A. Ind. e Com.

Namoradinha de um amigo meu

Sol menor *Roberto Carlos*

Introdução: Bm Em F#7 Bm

[Bm]
Estou amando loucamente
      [F#m]   [Bm]
A namoradinha de um amigo meu
[Bm]
Sei que estou errado
         [F#m]   [Bm]
Mas nem mesmo sei como isto aconteceu
[Em]   [A7]
Um dia sem querer
[Em]   [A7]
Olhei em seu olhar
[Em]   [F#7]   [Bm]   [E7]
E disfarcei até pra ninguém notar

[F#7]   [Bm]
Não sei mas o que faço
             [F#m]
Pra ninguém saber
                  [Bm]
Que estou gamado assim
Se os dois souberem
            [F#m]
Nem eu mesmo sei
                    [Bm]
O que eles vão pensar de mim
[Em]   [A7]
Eu sei que vou sofrer
[Em]   [A7]
Mas tenho que esquecer
[Em]   [F#7]
O que é dos outros
           [Bm]
Não se deve ter

       [E7]   [Bm]
Vou procurar alguém
       [E7]   [Bm]
Que não tenha ninguém

Namoradinha de um amigo meu (continuação)

Pois comigo a[Bm]conteceu
Gostar da na[F#m]morada de um amigo [Bm]meu
Co[Bm]migo aconteceu
Gostar da na[F#m]morada de um amigo [Bm]meu.

Marcha da quarta-feira de cinzas

Marcha-rancho - Lá menor

*Carlos Lyra e
Vinícius de Moraes*

   Am7   Dm7
Acabou o nosso carnaval
     Am7   Dm7
Ninguém ouve cantar canções
              C#m7
Ninguém passa mais
         F#7
Brincando feliz
     B7
E nos corações
        Bm7(5-)
Saudades e cinzas
 E7(9-)   Am7 Dm7
Foi o que restou...
E7 Am7   Dm7
Pelas ruas que se vê
  Am7   Dm7
É uma gente que nem se vê
         C#m7
Que nem se sorri
        F#7
Se beija e se abraça
     B7
E sai caminhando
         Bm7(5-)
Dançando e cantando
 E7   Am7 Em7 A#º
Cantigas de amor
D7M   Dm6
E no entanto é preciso cantar
A/C#   F#m7
Mais que nunca é preciso cantar
B7(13)   B7
É preciso cantar
       Bm7(5-) E7
E alegrar a cida__de

   Am7   Dm7
A tristeza que a gente tem
  Am7   Dm7
Qualquer dia vai acabar

Marcha da quarta-feira de cinzas (continuação)

Todos vão sorrir
        C#m7

Voltou a esperança
    F#7

É o povo que dança
       B7

Contente da vida
   Bm7(5-)

Feliz a cantar.
E7   **Am7 Em7 A#°**

Porque são tantas coisas azuis
D7M   **Dm6**   **A/C#**

Há tão grandes promessas de luz
             F#m7   **B7(13)**

Tanto amor para amar
B7(13-)   **B7**

De que a gente nem sabe
         Bm7(5-) **E7**

Quem me dera viver pra ver
   Am7   **Dm7**

E brincar outros carnavais
  Am7   **Dm7**

Com a beleza

Dos velhos carnavais
  C#m7   **F#7**

Que marchas tão lindas
     B7

E o povo cantando
   Bm7(5-)

Seu canto de paz.
E7   **Am7** **Bm7(5-)**

Seu canto de paz.
E7   **Am7**

Eu daria a minha vida

Balada - Sol menor *Martinha*

Introdução: **Gm Cm D7 Gm**

Gm   **Cm7**
Eu daria a minha vida
  D7   **Gm**
Para te esquecer
Cm   **D7**
Eu daria a minha vida
         Gm
Pra não mais te ver.

| BIS

Cm7   **F7**
Já não tenho nada
  Bb   **Gm**
A não ser você comigo
Cm7   **F7**
Sei que é preciso
  Bb   **D7**
Esquecer mas não consigo

Gm   **Cm**
Eu daria a minha vida
  D7   **Gm**
Para te esquecer
Cm7   **D7**
Eu daria a minha vida
        Gm
Pra não mais te ver.

G   **Bm7**
Digo a todo mundo
  Am7   **D7**
Nunca mais verei
G   **Bm7**
Aqueles olhos tristes
  Am7   **D7**
Que eu tanto amei.

G   **Cm**
Mas existe em mim
  G   **Em**
Um coração apaixonado
 Am **Eb**   **D7**
Que diz só pra mim.

Eu daria a minha vida (continuação)

    Gm   **Cm7**
Que eu daria a minha vida
D7   **Gm**
Pra você voltar
    Cm
Que eu daria a minha vida
  D7   **Gm**
Pra você ficar.

Roque Santeiro

Sá e Guarabyra

Xamêgo nordestino - Lá Maior

Introdução: A G D/F#   3 vezes

A   A/G   D/F#
Dizem que Roque Santeiro
      F#m7   C6(11+)
Um homem debaixo de um santo
    B7   E/G#
Ficou defendendo o seu canto e morreu
A   A/G   D/F#
Mas sei que ainda é vivente
      F#m7   C6(11+)
Na lama do rio corrente
  B7   G   A D G/D A/D
Na terra onde ele nasceu.

         A   G   A
E no A B C do Santeiro (O que diz o A? O que diz o A?)
      D   G/D   D
O A diz adeus à matriz (O que diz o B? O que diz o B?)
     A   G   F#m7
O B é trabalho de morte (O que diz o C? O que diz o C?)
G   A A/E F#m G A
Coitado do povo infeliz.
      A/G   D/F#
O D diz que Roque Santeiro
      F#m7   C6(11+)
Não pode ver seu povo em pranto
    B7   E/G#
Com a vida defendeu seu canto e morreu
A   A/G   D/F#
Mas sei que ainda é vivente
      F#m7 C6(11+)
Na lama do rio corrente
  B7   G   A   D G/D D
Na terra onde ele nasceu.

Bolinha de papel

Choro - Dó Maior   **Geraldo Pereira**

Introdução: Am6   G7   Gm7   C7(9)   F6   Fm6   Em7   A7(13-)   Fm6/Ab   G7

C   A7(9-)   Am6
Só tenho medo da falseta
           G7
Mas adoro a Julieta
        C6
Como adoro o "Papai do Céu"
Gm6   F6 Fm6
Quero seu amor, minha santinha
      C6   G7(9-)
Mas só não quero que me faça
C
De bolinha de papel.

    A7(9-)   Am6
Tiro você do emprego
          G7
Dou-lhe amor e sossego
        C6
Vou ao banco e tiro tudo
    Gm6
Pra você gastar
     F6   Fm6   C6
Posso oh! Julieta lhe mostrar a caderneta
  G7   C6
Se você duvidar.

Boneca de pixe

Cena carioca - Ré Maior   **Ary Barroso e Luiz Iglesias**

Introdução: D   Bm7   Em   A7   D   Em   A7

Ele:

     D   Gm6   D
Venho danado com meus calo quente

Quasi enforcado no meu colarinho
        D7   G
Venho empurrando quasi toda gente.

Ela:

Eh! Eh!

Ele:

A7   D
Pra vê meu benzinho
A7   D
Pra vê meu benzinho

Ela:

     D   Gm6   D
Nêgo tu veio quasi num arranco

Cheio de dedo dentro desta luva
    D7   G
Bem o ditado diz: Nêgo de branco.

Ele:

Eh! Eh!

Ela:

A7   D
É sinal de chuva
A7   D
É sinal de chuva

Ele:

  Bm   Em   Em B7 Em
Da cô do azeviche
  A7   D7M
Da jaboticaba
  B7   Em   A7 Em A7
Boneca de pixe
Em A7   D
É tu que me acaba

Copyright 1938 by Irmãos Vitale S. A. Ind. e Com.

Boneca de pixe (continuação)

     B7   Em
Sou preto e meu gosto
  A7   D
Ninguém contesta
    B7   Em
Mas há muito branco
  A7   D
Com pinta na testa

Ela:

         D   Gm6   D
Tem português assim nas minhas água

Que culpa tenho eu de sê boa mulata
   D7   G
Nêgo si tu borrece as minhas mágua.

Ele:

Eh! Eh!

Ela:

A7   D
Eu te dô a lata
A7   D
Eu te dô a lata

Ele:

      D   Gm6   D
Não me farseia, ó muié canaia

Se tu me engana vai havê banzé
  D7   G
Eu te sapeco dois rabo de arraia.

Ela:

Eh! Eh!

Ele:

A7   D
E te piso o pé
A7   D
E te piso o pé

Ela:

  Bm   Em   Em B7 Em
Da cô do azeviche
  A7   D7M
Da jaboticaba

Boneca de pixe (continuação)

B7   Em   A7 Em A7
Boneca de pixe
Em A7   D
É tu que me acaba
B7   Em
Sou preto e meu gosto
A7   D
Ninguém contesta
B7   Em
Mas há muito branco
A7   D
Com pinta na testa.

Foi ela

Ary Barroso

Samba - Ré menor

Introdução: Gm7 Em7(5-) A7 Dm7

     D7   Gm7   C7   Gm7
Quem quebrou meu violão de estimação?
C7   F
Foi ela!
F7M   Dm7   E7   A7
Quem fez do meu coração seu barracão?
   Dm7
Foi ela!
  Bb/C   C7   F7M   D7(9-) Gm7
E depois me abandonou, ô ô   ô ô
    C7   F
Minha casa se despovoou
             E7   A7
Quem me fez tão infeliz, só porque quis,
Dm Am7(5-) D7 Gm7
Foi ela!

     C7   Gm7   A7
Foi um sonho que findou, ô ô
Dm   A7   Dm   Gm7
Um romance que acabou, ô ô
Dm   E7   A7
Quem fingiu gostar de mim até o fim?
  Dm
Foi ela!

Juventude transviada

Samba-canção - Sol Maior   **Luiz Melodia**

E7(9-)   B°   Am7
Lava roupa todo dia, que agonia
        D7(9)   G7M   G6
Na quebrada da soleira que chovia
C7M   A#°   Bm7
Até sonhar de madrugada
         E7   Am7
Uma moça sem mancada,
        D7(9)   G7M
Uma mulher não pode vacilar.
E7(9-)   B°   Am7
Eu entendo a juventude transviada
        D7(9)   G7M   G6
E o auxílio luxuoso de um pandeiro
C7M   A#°   Bm7
Até sonhar de madrugada
         E7   Am7
Uma moça sem mancada,
        D7(9)   G7M
Uma mulher não pode vacilar.
E7(9-)   B°   Am7
Cada cara representa uma mentira
        D7(9)   G7M   G6
Nascimento, vida e morte, quem diria,
C7M   A#°   Bm7
Até sonhar de madrugada
         E7   Am7
Uma moça sem mancada,
        D7(9)   G7M
Uma mulher não pode vacilar.
C7M   Bm7   Am7(11)
Hoje pode transformar
         A7   D7(9)
E o que diria a juventude
        C7M   Bm7   Am7(11)
Um dia você vai chorar
A7   D7(9)
Vejo claras fantasias.

Céu e mar

Samba - Fá Maior *Johnny Alf*

    Cm7
Céu e mar, estrelas na areia
       F7(9) **B7**
Verde mar, espelho do céu.
  Bb6(9)   **Bbm7**
Minha vida é uma ilha
  Eb7(9) **Ab6** **Db7**   **Gb7M(9)**
Bem distante flutuando no oceano
  Dm7   **Gm7(9)** **C7(9)**
Da ventura de viver!
  Cm7
Céu e mar,

Estrelas na areia!
      F7(9) **B7**
Verde mar, espelho do céu
  Bb7M   **Bbm7** **Eb7** **Ab7M**
Meus desejos são estrelas pequeninas,
 Db7   **Gb7M(9)**
Rebrilhando de alegria
 Gm7   **C7(9)**   **F**
Por alguém que me quer bem.

 Bm7   **E7**   **Am7**
Geralmente o que a gente quer na vida
 Bm7   **E7**
É preciso se esperar
  Am7
Pra acontecer!
    Ab7   **Gm7** **C7(9)**
Felizmente a gente encontra alegria
 Am7   **Am7(5-)** **D7(9-)**
No caminho e devo__ção
  Gm7 **C7(9)**
De um bem-querer.
 Cm7
Céu e mar, estrelas na areia,
      F7(9) **B7**
Verde mar, estrelas no céu.
 Bb7M   **Bbm7**
Minha vida vou passando
 Eb7   **Ab6**
Meu amor eu vou amando,
 Db7   **Gm7** **C7**   **F6**
E meu barco vou levando céu e mar...

Canção da América

Dó Maior **Milton Nascimento e Fernando Brant**

Dm7   G/D   G
Amigo é coisa pra se guardar
C   F   G
Debaixo de sete chaves
F7M/A   C
Dentro do coração
Dm7   G
Assim falava a canção
          Am7 G/B   G   C   F7M   C
Que na América ouvi
              Am7
Mas quem cantava chorou
    D7   F7M/A   G C G
Ao ver seu amigo partir
       G   Dm7   G
Mas quem ficou no pensamento voou
     C   F7M/A   G C G
Com seu canto que o outro lembrou
        G   Dm7   G
E quem voou no pensamento ficou
          C   F7M/A   G
Com a lembrança que o outro cantou.

Dm7   G/D   G
Amigo é coisa pra se guardar
C   F7M/A   G
No lado esquerdo do peito
Dm7   G
Mesmo que o tempo e a distância
      Dm7
Digam não
G   Am7 G/B   G   C F7M C
Mesmo esquecendo a canção
          Am7
E o que importa é ouvir
   D7   F7M   G C/G G
A voz que vem do cora_ção
    Dm7
Pois seja o que vier
G
Venha o que vier
C   G/B   Am   G   Am   C
Qualquer dia, amigo, eu volto a te encontrar
Am7   D7   F7M G C
Qualquer dia, amigo, a gente vai se encontrar.

Copyright 1979 by Três Pontas Edições Musicais Ltda. / Nascimento Edições Musicais Ltda.

Canção da América (continuação)

Dm7
Seja o que vier
G
Venha o que vier
C   **G/B** **Am**   **G** **Am**   **C**
Qualquer dia, amigo, eu volto a te encontrar
Am7   **D7**   **F7M** **C**
Qualquer dia, amigo, a gente vai se encontrar.

Garoto maroto

Samba-choro - Dó menor

*Franco
e Marcos Paiva*

Introdução: Fm Fm/Ab G7 Cm Ab7M Fm7 Dm7(5-) G7 Cm7 Gm7(5-)

C7(9-)   Fm7
Você faz de conta
Bb7   Eb7M
Que quer o meu perdão
Ab7M   Fm7
Mas depois apronta
Bb7   Eb7M
No meu coração.
Cm7   Fm7 Bb7(13)   Eb7M
Desarruma tudo,   fazendo arruaça
              Dm7(5-)
Me põe quase louca
         G7
De tanta pirraça
      Gm7(5-)   C7
Com os carinhos que dá sem favor,
           Fm7
Tira meu escudo
Bb7   Bb7(13)   Eb7M
Me põe indefesa
Ab7M   Dm7(5-)   G7
Me deixa acesa, com água na boca
           C6   D7(9) G7(13)
Carente de amor.

      C6(9)   Eb°
Garoto maroto travesso,
           Dm7   A7(5+)
No jeito de amar,
       Dm7   F/G
Faz de mim, seu pequeno brinquedo
         G7   C7M(9)
Querendo brincar.
Eb°   Dm7
Garoto,
G7   C/E   C6(9)   Eb°
Vem amor, vem mostrar o caminho
            Dm7
Da doce ilusão,
G7   Dm   F/G
Só pode ser a criança
       G7   Em7
Do meu coração.
Eb°   Dm7
Garoto,

Copyright 1986 by BMG Music Publishing Brasil Ltda.

Garoto maroto (continuação)

  G7   C6(9)   Eb°
Garoto maroto, travesso,
          Dm7 A7(5+)
No jeito de amar,
    Dm   F/G
Faz de mim, seu pequeno brinquedo
  G7   C6
Querendo brincar.

Casinha da Marambaia

Samba-choro - Dó Maior **Henricão e Rubens Campos**

Introdução: Dm D#° C/E A7 D7 G7 C7 F6 F#° C/G A7 D7 G7 C

C
Nossa casinha lá na Marambaia
                 G7   Dm7   C
A mais bonita da praia se desmoronou
   Am7   Dm
E a trepadeira brinco-de-princesa
                 G7   C
Ficou triste e amarela e depois secou
G7   C   C7M   Dm7
E a varanda vive em abandono
               E7   A7
É um destroço sem dono numa solidão
    Dm   D#°   C/E
Até você que parecia ser sincera
     A7   D7   G7   C
Sem motivo abandonou meu pobre coração
   Am7   Em7
O sabiá também mudou seu ninho
A7   Dm7   G7   C
Eu já não ouço a sua canção
A7   Dm7   G7   C
As andorinhas foram em revoadas
     A7   D7   G7
Quebraram-se as cordas do meu violão
        Am7   Em7
Pois há quem diga que isso é desumano
      Dm7   G7   C
Eu não mereço tanta ingratidão
A7   Dm7   G7   C
Quero que volte como antigamente
Am   D7   G7   C
Pra dar sossego ao meu coração.

Zíngara

Bolero - Sol menor

Olegário Mariano
e Joubert de Carvalho

Introdução: Am7(5-) D7 Gm7 Am7(5-) D7 Gm D7 Gm

Gm   Cm   Gm   Eb7M
Vem, oh cigana bonita
Am7(5-) D7   Gm   Eb7M
Ler   o meu destino
Am7(5-) D7   Gm Am7 D7(13)
Que   mistérios tem
G7M C/D   D7(9)   G7M
Tu,   com os olhos, acaso,
C9   G   Em7   Am7 Bm7 E7(9)
De quem vê o amor da gente
Am7 E7(9-)   Am7
Põe   nas minhas mãos
    D7   G   Em7 Am7 D7
O teu olhar ardente
G7M C/D   D7   G7M
E   procura desvendar
 Dm7 G7 C7M Cm6 G   Em7
No meu segredo   a dor
  Am7 D7   G   Cm7
Cigana do meu amor
Gm
Mas nunca digas,
   Gm   Eb7M
Oh! Zíngara
  D7   Gm
Que   ilusão me espera
Am7(5-) D7   Gm   Eb7M Am7 D7(13)
Qual o meu futuro
G7M C/D   D7   G7M
Só   àquela por quem
C7M   G   Em7   Am7 E7(9)
Vou vivendo assim à toa
Am7 E7(9-)   Am7
Tu   dirás se a sorte
    D7   G   Em7 Am D7
Será má ou boa
G7M C/D   D7 G   Dm7   G7(13)
Para que ela venha consolar-me,
   C7M   C   Em7
Um dia a dor.
  Am7 D7   G
Cigana, do meu amor.

Camisa amarela

Samba - Mib Maior   *Ary Barroso*

Bb7   **Eb7M**   **Fm7**   **Bb7**
Encontrei o meu pedaço na Avenida de camisa amarela
   Fm7   **Bb7**   **Fm7**   **Bb7 Fm7**   **Eb**   **B7(13)**
Cantando a Florisbela, oi,   a Florisbela
   Eb7M   **Fm7**   **Bb7**
Convidei-o a voltar pra casa em minha companhia
   Fm7   **F7**
Exibiu-me um sorriso de ironia
                        Fm7 Bb7
Desapareceu no turbilhão da Galeri__a
Eb6/9
Não estava muito bom
            Eb7   **Ab7M**
O meu pedaço na verdade estava bem mamado
   Ab6
Bem chumbado

Atravessado
C7(9-)
Foi por aí cambaleando

Se acabando
Fm7
Num cordão

Com um reco-reco na mão
F#°   **Gm7**
Mais tarde o encontrei num café zurrapa
       C7
Do Largo da Lapa
F7
Folião de raça
        Bb7   **Eb**   **F#° Fm7**   **Bb7**
Bebendo o quinto copo de cachaça.

    Eb7M   **Fm7**   **Bb7**
Voltou às sete horas da manhã, mas só na quarta-feira
   Fm7   **Bb7**   **Fm7**   **Bb7 Fm7 Bb7**   **Eb**   **B7(13)**
Cantando a Jardineira, oi,   a Jardineira
   Eb7M   **Fm7**   **Bb7**
Me pediu ainda zonzo um copo d'água com bicarbonato
   Fm7   **F7**
Meu pedaço estava ruim de fato
                      Fm7   **Bb7**
Pois caiu na cama e não tirou nem o sapa__to

Camisa amarela (continuação)

Eb6/9
E roncou uma semana
               Eb7   Ab7M
Despertou mal-humorado e quis brigar comigo

Que perigo!
      Ab6
Mas não ligo
C7(9-)
O meu pedaço me domina

Me fascina
      Fm7
Ele é o "tal"

Por isso não levo a mal
F#°   Gm7
Pegou a camisa amarela
       C7
Botou fogo nela
      F7
Gosto dele assim
      Bb7   Eb
Passou a brincadeira ele é pra mim!

Anos dourados

Bolero - Lá Maior
**Antônio Carlos Jobim
e Chico Buarque de Hollanda**

Introdução: A7M F#m7 Bm7 E7 A7M F#m7 Bm7

E7　　　　A7M　　　Bm7 E7　　A7M F#m7 Bm7
Parece que dizes te amo, Maria
E7　　　　A7M　　Bm7　　E7　　A$^7_4$(9)　A7
Na fotografia estamos felizes
　　　　D7M
Te ligo afobada
D#m7(5-)　　　G#7　　　　C#m7
E deixo confissões no gravador
G#7　　　　C#m7
Vai ser engraçado
D#m7(5-)　　G#7　　　C#m7　　F#7
Se tens um novo amor
Bm7　　E7　　　　A7M F#m7　　Bm7　　E7
Me vejo ao teu lado, te amo?
　　　A7M　　　F#m7
Não lembro
Bm7　E7　　　A7M　　　F#m7
Parece dezembro
　　　　Bm7　E7　　A$^7_4$(9)
De um ano dourado
A7　　　　　D7M
Parece bolero
　　　C#$^7_4$(9)　　C#7　　　F#m7　　Dm/F
Te quero, 　　te quero
　　　　　　　　　　　A7M　　F#m7
Dizer que não quero
　　　B7(13) B7(13-) E$^7_4$(9)　E7　C#7　　F#7
Teus bei__jos nun__ca mais
　　　B7(13) B7(13-) E$^7_4$(9)　E7　A6　　F#m7 Bm7
Teus bei__jos nun__ca mais

　　　　E7　　　　A7M　　F#m7　　Bm7　E7
Não sei se ainda 　te esqueço
　　　A7M F#m7 Bm7
De fato
　　　E7　　　　A7M　　F#m7
No nosso retrato
　　　Bm7　E7　　　A$^7_4$(9)　A7
Pareço 　tão linda
　　　　D7M
Te ligo ofegante
　　　D#m7(b5)　　　G#7
E digo confusões
　　　　　C#m7　　　D#m7(b5)
No gravador

266 | *Copyright 1980 by Marolla Edições Musicais Ltda. (50%)/by Jobim Music Ltda. (50%)*

Anos dourados (continuação)

    G#7   C#m7
É desconcertante
  D#7   G#7   C#7
Rever o grande amor
Bm7   E7   A7M   F#m7
Meus olhos molhados
   Bm7 E7   A7M   F#m7 Bm7
Insanos   dezembros
       E7   A7M   F#m7
Mas quando me lembro
     Bm7 E7 $A^7_4(9)$ A7
São anos   dourados
           D7M   G#m7
Ainda te quero, bolero
      C#7   F#m7   Dm6/F
Nossos versos são banais,
          A7M   F#m7
Mas como eu espero
    B7   E7   C#7
Teus beijos nunca mais
F#7   B7   E7   A6
Teus beijos nunca mais.

Chega de saudade

Samba - Ré menor

Antônio Carlos Jobim
e Vinícius de Moraes

Introdução: **Gm7　A7　Dm　Dm/C　E7/B　Eb/Bb　A7　Dm7　Eb7(9)**

Dm　　**Dm/C**　　　**E7/B**
Vai minha tristeza
　　Bbm6　　　　**A7**　　　　**Dm7**　　　　　　**Eb7(9)**
E diz a ela que sem ela não pode ser
Dm7　　　**E7**　　　**Am7**　　　　　　　　**Bb6**
Diz-lhe, numa prece,　que ela regresse
　　　　　　　　　　　A7　　　　**A7(9-)**
Porque eu não posso mais sofrer
Dm　　　**Dm/C　E7/B**　　　**Bbm6**
Chega de saudade, a realidade
　　A7　　　　**D7**
É que sem ela não há paz
　　　　　　　　Gm　　　**A7**　　**Dm**
Não há beleza, é só tristeza
　　　　Am/C　　　　　　**E7/B**
E a melancolia que não sai de mim,
　　Bbm6　　　　　　　**Dm7　Em7　A7(13)**
Não sai de mim　não sai
D6　**B7**　　　　　　**E7(9)**
Mas　se ela voltar, se ela voltar
　　　　　　　　Gm　　**A7**　　　　**F°**　　**D6/F#**
Que coisa linda,　que coisa louca
　D6　　　　　　　**F°**　　　　　**Em7**
Pois há menos peixinhos a nadar no mar
　　　　E7(9)　　　　　　　　　　　　**Gm　A7**
Do que os beijinhos que eu darei na sua bo_ca
D7M　　**Bm7**　　　　**E7**　　　　**F#7**
Dentro dos meus braços os　abra＿ços
　　　Bm7　Bbm7　　　　**Am7**
Hão de ser milhões de abraços
D7(9)　**G7M**　　　　　**Gm7**　　　　　　　**F#m7**
Apertado assim, colado assim, calado assim,
　B7(13)　　**E7**　　　　　　**A7(9)**　　　　　　**F#7(5+)**
Abraços e beijinhos e carinhos sem ter fim
　　　　　　　　B7　　　　　　　　**E7**
Que é pra acabar com esse negócio
　　E7　　　**A7**　　　　　　**D6**　　**C7(9)**
De viver longe de mim
　　　　B7　　　　　　**E7**　　　　　　　**A7**　　　**D6**　　**A7(9-)**
Não quero mais esse negócio de você viver assim
　　　　　　B7　　　　　　**E7**　　　　　　　　**A7**　　　**D6**　　**A7(9-)**
Vamos deixar deste negócio de você viver sem mim
　　　　　　B7　　　　　　**E7**　　　　　　**A7**　　　**D6**
Não quero mais esse negócio de viver longe de mim.

Morena boca de ouro

Samba - Mib Maior *Ary Barroso*

Introdução: Ab7M A° Eb7M C7 Fm7 Bb7 Eb

              Cm7   Fm7 Dm7(5-) G7 Cm7
Morena, boca de ouro que me faz sofrer
     C7(13)   F7 Bb7
O teu jeitinho é que me mata
Fm7   Bb7
Roda, morena, cai não cai
Eb7M
Ginga, morena, vai não vai
Am7(5-)
Samba, morena
D7   D7(9-) Gm7 Bb7
E me desacata
    Eb   Cm7   Fm7   Dm7(5-) G7 Cm7
Morena, uma brasa viva pronta pra queimar
        C7(13)   F7
Queimando a gente com clemência
Fm   Bb7
Roda, morena, cai não cai
Eb7M
Ginga, morena, vai não vai
Am7(5-)
Samba, morena
D7   D7(9-) Gm7 Eb7(9-,11)
Com malevolência
Ab7M   A°   Eb7M C7
Meu coração é um pandeiro
     Fm7   Fm7/Bb Bb7   C7
Marcando compasso de um samba feiticeiro
Fm7   Bb7
Samba que mexe com a gente
Gm7   Fm7   Eb7M
Samba que zomba da gente
   Am7(5-)   D7   Gm7 Eb7(9-,11)
O amor é um samba tão diferente
Ab7M   A°   Gm7 C7
Morena, samba no terreiro
Fm7   Bb7   Db7 C7
Pisando sestrosa, vaidosa, meu coração
Ab/C Ab7M/C Abm6
Morena, tem pena
  Eb   Eb6/9 C7   Fm7
De mais um sofredor que se queimou
  Bb7   Eb6
Na brasa viva do teu amor.

Quero que vá tudo pro inferno

Mi menor   *Roberto Carlos e Erasmo Carlos*

Em7   **Am**   **B7**
De que vale o céu azul e o sol sempre a brilhar
Em   **Am**   **B7**
Se você não vem e eu estou a lhe esperar
Bm7   **E7**   **Bm7**   **E7**
Só tenho você no meu pensamento
Bm7   **E7**   **A**   **B7**
E a sua ausência é todo o meu tormento
A   **B7**   **E**   **C#m7**
Quero que você me aqueça nesse inverno
F#m7   **B7**   **Em7**
E que tudo mais vá pro inferno

Em7   **Am**   **B7**
De que vale a minha boa vida de playboy
Em   **Am**   **B7**
Entro no meu carro e a solidão me dói
Bm7   **E7**   **Bm7**   **E7**
Onde quer que eu ande tudo é tão triste
Bm7   **E7**   **A**   **B7**
Não me interessa o que de mais existe
A   **B7**   **E**   **C#m7**
Quero que você me aqueça nesse inverno
F#m7   **B7**   **Em7**
E que tudo mais vá pro inferno

Bm7   **E**
Não suporto mais
Bm7   **E**
Você longe de mim
Bm7   **E**
Quero até morrer
A   **B7**
Do que viver assim
A   **B7**
Só quero que você
       E   **C#m7**
Me aqueça nesse inverno
F#m7   **B7**
E que tudo mais

Quero que vá tudo pro inferno (continuação)

Vá pro inferno **E** **C#m** Oh! Oh! Oh! **F#m7** **B7** E que tudo mais **E** Vá pro inferno.	BIS

Coração apaixonado

Lá Maior   *Fernando Adour e Ricardo Magno*

A
Coração apaixonado
    C#m7   **F#m7**   **Bm7** **F#7(5+)**
Só escuta a própria voz e ninguém mais
Bm7   **E4 E7**
Tem o cheiro do pecado
  Bm7   **E7**   **A**
E a magia de querer amar demais
E7(13) A
Sempre, sempre apaixonado
   A7   **D**
Do olhar que mais de mil promessas faz
  Dm
Não pergunta nem responde
  A   **Bm7**
Simplesmente satisfaz sonhar
D/E   **E7**   **A**
Que existe amor cada vez mais.
A
Coração apaixonado

    C#m7   **F#m7**   **Bm7 F#7(5+)**
Só diz coisas que parecem tão banais
Bm7   **E4 E7**
Sempre certo, mesmo errado
 Bm7   **E7**   **A**
É fogo que não morrerá jamais
E7(13) A
Sempre, sempre apaixonado
  A7   **D**
Do olhar que mais de mil promessas faz
  Dm
Não pergunta nem responde
 A   **Bm7**
Simplesmente satisfaz sonhar
D/E   **E7**   **A**
Que existe amor cada vez mais
   E7
Eternamente se envolver
  A
No infinito ir buscar
  E7   **A**
Toda ternura que espera encontrar
  E7   **A**
E para sempre então provar

Coração apaixonado (continuação)

O doce ^Avinho da paixão
Que em^{B7}briaga e alimenta o cora^{E7}ção.

Samba de verão

Fá Maior

Marcos Valle e Paulo Sergio Valle

Introdução: F$^6_9$ Gm7 Gb7(11+) F$^6_9$ Gm7 C7

F7M
Você viu só que amor
F6
Nunca vi coisa assim
Bm7
E passou, nem parou,
E7
Mas olhou só pra mim
Bb7M
Se voltar, vou atrás,
Bb6
Vou pedir, vou falar,
Bbm6
Vou contar que o amor
Eb7
Foi feitinho pra dar
Am7   D7(9-)   Gm7   Em7(5-)
Olha,   é como o verão
A7(5+)   Dm7   G7(13)
Quente é o coração
          Gm7
Salta de repente para
       Db7   C7
Ver a menina que vem

F7M
Ela vem, sempre vem
F6
Esse mar no olhar
Bm7
E vai ver, tem que ser
E7
Nunca tem quem amar
Bb7M
Hoje sim, diz que sim
Bb6
Já cansei de esperar
Bbm6
Nem parei, nem dormi
Eb7
Só pensando em me dar
Am7   D7   Gm7
Peço   mas você não vem

Samba de verão (continuação)

C7(9-)
Bem,
F7M
Deixo então, falo só
Bb7(9)   **F6**
Digo ao céu, mas você vem.

Bilhete

Samba-canção - Ré Maior   *Ivan Lins e Vitor Martins*

         D7M(9)
Quebrei o prato
          C#m7(5-)
Tranquei o meu quarto
F#7(5+)   Bm7
Bebi teu licor
A/B   G/A
Já arrumei a sala
      A/G
Já fiz tua mala
         F#m7
Pus no corredor
C/D   D7(9)   G7M
Eu limpei minha vida
   G^6_9 G#°
Te tirei do meu corpo
       D7M
Te tirei das entranhas
Gm7   Em7
Fiz um tipo de aborto
Dm7   C#m7(5-) F#7(5+)
E por fim nosso caso   acabou,
   Bm7
Está morto.
C/D   D7(9)   G7M
Joga a cópia da chave
G7M   G#°
Por debaixo da porta
        D7M
Que é pra não ter motivos
Gm7   Em7
De pensar numa volta.
Dm7   C#m7(5-)
Fica junto com os seus,
  F#7(5+)
Boa sorte,
Bm7
Adeus.
G/A   D7M(9)
Quebrei o seu prato etc.

Pra terminar:
G/A   D7M
Boa sorte, adeus,
G/A   F#7(5+) B7M
Boa sorte, adeus.

O sanfoneiro só tocava isso

Haroldo Lobo
e Geraldo Medeiros

Marcha-caipira - Dó Maior

Introdução: C G7 C G7 C

   C   Dm
O baile lá na roça
  G7   C
Foi até o sol raiar
  Am   Dm
A casa estava cheia
    G7   C
Mal se podia andar
 C   Dm
Estava tão gostoso
 G7   C
Aquele reboliço
  C7   F
Mas é que o sanfoneiro
Dm G7 C
Só tocava isso.

   C   Dm
De vez em quando alguém
    G7   C
Vinha pedindo pra mudar
 Am   Dm
O sanfoneiro ria
  G7   C
Querendo agradar
 C   Dm
Diabo é que a sanfona
G7   C
Tinha qualquer enguiço
  C7   F
Mas é que o sanfoneiro
Dm G7 C
Só tocava isso.

Máscara negra

Marcha-rancho - Sol Maior

Zé Keti
e Pereira Mattos

Introdução: Am7 D7 G7M E7 Am7 D7(9) G6 D7

[G7M]
Tanto riso
[D7]   [G]
Oh! Quanta alegria
[G]   [G7(5+)]   [C7M]
Mais de mil palhaços no salão
[E7(9-)] [Am7]
Arlequim está chorando
[F7]   [E7]
Pelo amor da Colombina
[Am7]   [D7] [G]
No meio da multidão.

BIS

[G]   [Em7]   [Am7]
Foi bom te ver outra vez
                [D7]
Está fazendo um ano
              [G]
Foi no carnaval que passou
[Am7]
Eu sou aquele Pierrot
[D7]   [Am7]
Que te abraçou
[D7]   [A7]   [D7]
Que te beijou, meu amor
[G7M]   [Em7]   [Am7]
Na mesma máscara negra
                      [D7]
Que esconde teu rosto
                [G]   [E7(9-)] [E7]
Eu quero matar a sauda__de

[Am7]   [D7]   [G7M]
Vou beijar-te agora
           [E7(9-)]   [Am7]
Não me leve a mal
       [D7]   [E7]
Hoje é carnaval
                    [D7]   [G]
Pra terminar: Hoje é carnaval.

Cachoeira

Dó Maior

*Luis Guedes
e Thomas Roth*

   C   Em   Dm   G7
Tantos mistérios pra desvendar
         C   Em   F7M Dm7
Nas manhãs que abrem seu coração
E7 Am7   Em7   Dm7 D7 G G7 Dm7
Nesse teu corpo de mel e luar
G7   C7M   Em7   Dm7   G7
Cada dia semear a mais linda canção
      C7M   Em7   F7M Dm7
Pra colher as estrelas do céu
E7 Am7   Em7   Dm G7   Dm7 Em7 A7
Nesses teus olhos de mar e luar.

A7(13)   Am   Dm   Am
Teu amor é cachoeira
F7M   Am   Dm   Am
Que levou meu coração
    F7M   Gsus4 Am   D7
Nas águas de um rio de sonhos
     Dm   F/G G7 C
Que desperta em tuas mãos
G7   C7M   Em
Cada dia semear etc.

Chuva de prata

Ed Wilson
e Ronaldo Bastos

Ré Maior

G
Se tem luar no céu
F#m   Bb7
Retira o véu e faz chover
A7   D   D7M   A7(13)
Sobre o nosso amor
    D   F#m7
Chuva de prata que cai sem parar
F#m7(5-)   B7
Quase me mata de tanto esperar
   Em   Bb7
Um beijo molhado de luz
A7   D   A7
Sela o nosso amor
D   F#m7
Basta um pouquinho de mel pra adoçar
F#m7(5-)   B7
Deixa cair o seu véu sobre nós
   Em   Bb7
Ó lua bonita no céu
A7   D
Molha o nosso amor

D   F#m7   Bm7
Toda vez que o amor disser
       G
Vem comigo
E7
Vai sem medo
A7
De se arrepender
D   F#m7
Você deve acreditar
      Bm7
No que eu digo
      G
Pode ir fundo
Gm A7   D
Isso é que é viver.
D   F#m7
Cola o seu rosto no meu, vem dançar
F#m7(5-)   B7
Pinga seu nome no breu pra ficar
   Em   Bb7
Enquanto se esquece de mim

Chuva de prata (continuação)

A7   D
Lembra da canção
  Em   Bb7
A lua bonita no céu
A7   D
Banha o nosso amor.

O "dengo" que a nega tem

Samba - Fá Maior   *Dorival Caymmi*

Introdução: Bb/C   C7   F   Am7   D7   Gm   C7   F   D7   Gm   C7   F

  F   Gm7
É dengo, é dengo, é dengo, meu bem
  C7   F   C7(13)
É dengo que a nega tem   **BIS**
  F   Gm7
Tem dengo no "remelexo" meu bem
  C7   F   C7(13)
Tem dengo no falar também

Solo:
       F7M   Gm7   Am7
Quando se diz que no falar tem dengo

Coro:
          D7   Gm D7(9-)
Tem dengo, tem dengo, tem dengo, tem.

Solo:
       Gm7   C7
Quando se diz que no sorrir tem dengo

Coro:
  Gm7   C7   F
Tem dengo, tem dengo, tem dengo, tem.
      F7M   Gm7   Am7
Quando se diz que no andar tem dengo
       D7   Gm D7(9-)
Tem dengo, tem dengo, tem dengo, tem.
     Gm7   C7
Quando se diz que no cantar tem dengo
  Gm7   C7   F   C7
Tem dengo, tem dengo, tem dengo, tem.
 F   Gm
É dengo, é dengo, é dengo, meu bem etc.

Solo:
      F7M   Gm7   Am7
Quando se diz que no quebrar tem dengo

O "dengo" que a nega tem (continuação)

Coro:

            D7   Gm   D7(9-)
Tem dengo, tem dengo, tem dengo, tem.

Solo:

          Gm7   C7
Quando se diz que no olhar tem dengo

Coro:

    Gm7   C7   F   C7
Tem dengo, tem dengo, tem dengo, tem.
      F7M   Gm7   Am7
Quando se diz que no bolir tem dengo
            D7   Gm   D7(9-)
Tem dengo, tem dengo, tem dengo, tem.
          Gm7   C7
Quando se diz que no sambar tem dengo
   Gm7   C7   F
Tem dengo, tem dengo, tem dengo, tem.

     Bb/C
É mexido
   C7
É no descanso
   F7M
É no balanço
   Dm7   Am7
É no jeitinho quebrado
     D7   Gm7
Que essa "nêga" tem
D7   Gm7   C7   F7M
Que todo mundo fica enfeitiçado
       D7   Gm
E atrás do dengo dessa "nêga"
  C7   F
Todo mundo vem.

Mistura

Samba-canção - Sol Maior *João Roberto Kelly*

Introdução: Am7 C7M(9) Cm7 F7 Am$^7_4$

G7M
Que loucura
C7(11+)
E eu pensava
Bm7
Que era só ternura
E7(9-)   Am7
Hoje em mim virou mistura
D7
Eu em você
B7(13) E7(9) A7(13)
Por isso que loucura...

D7   G7M
Que desejo
C7(11+)
Seu corpo fala
Bm7
As coisas que eu entendo
E7(9-)
A vida passa
Am7
E a gente nem está vendo
D7   G7M   Dm7
O que importa somos nós dois

G7(9-,13)   C7M
Que saudade
F7(11+)
Nas horas tristes
Bm7
Que a gente não vê
Em7   Am7
Há um vazio vontade de morrer
D7
Eu não sou eu
G
Você não é você...

Papel machê

Fá Maior *João Bosco e Capinan*

Bb7M
Cores do mar
Gm7
Festa do sol
Am7
Vida é fazer
    D7
Todo sonho brilhar
  Gm7
Ser feliz
           C7(13)
No teu colo dormir
  F7M
E depois acordar
    D7   **G7**
Sendo o seu colorido
Gm7   **F#7(11+)** **F7M**
Brinquedo de papel machê

BIS

Em7(5-) A7

  Dm7
Dormir no teu colo
  Bb7M
É tornar a nascer
  Gm7
Violeta e azul
C7(9-)   **Am7**
Outro ser
        D7(9-)
Luz do querer
  Bb7M
Não vá desbotar
  Gm7
Lilás, cor do mar
C7(9-)   **F7M**
Seda, cor de batom
   D7
Arco-íris crepom
  Gm7
Nada vai desbotar
  Gm7   **F#7(11+)** **F7M**
Brinquedo de papel machê...

Canção da volta

Ismael Netto e Antonio Maria

Samba-canção - Sol menor

[Gm]Nunca mais vou [Gm(5+)]fazer [Gm6]
O que o [Gm7]meu coração [C7]pedir [F7M]
[Gm]Nunca mais vou [Gm(5+)]ouvir [Gm6]
O que o [Gm7]meu coração [C7]mandar [Am7] [D7(9,13)]
[G7M]O [C7M]coração [F#m7(5-)] [B7]
[Em7]Fala muito e não [C7]sabe ajudar [B7]
[C7M]Sem refletir [Am7]
[C7(9)]Qualquer um vai [B7]errar... [Em]Penar
[Am7]Eu fiz mal em [D7]fugir
Eu fiz mal em [G]sair
[C7M(9,11+)]Do que eu tinha em [G]você
[Em7]E errei em [A7]dizer
Que não [C/D]voltava mais
[D7(5+)]Nunca mais
[Gm]Hoje eu volto [Gm(5+)]vencida, [Gm6]
A pedir [Gm7]para ficar [C7]aqui [F7M]
[Gm]Meu lugar é [Gm(5+)]aqui [Gm6]
Faz de [Gm7]conta que eu não [C7]saí [Gm7]
[Am7]Lá... rá... [D/E]lá...
[C/D]Lá... rá... [Gm7]lá...

Charlie Brown

Benito di Paula

Samba - Sol Maior

Introdução: G7M C7M G7M C7M

G7M B7/F#   Em7   G7/4(9) G7
Eh, meu amigo Charlie
C7M D/C   G7M   C/D
Eh, meu amigo Charlie Brown, Charlie Brown
G7M B7/F#   Em7   G7/4(9) G7
Eh, meu amigo Charlie
C7M D/C   G6
Eh, meu amigo Charlie Brown
    Dm7 G7   C
Se você quiser vou lhe mostrar
    D7   G6
A nossa São Paulo terra da garoa
    Dm7 G7   C
Se você quiser vou lhe mostrar
    D7   G6
Bahia de Caetano nossa gente boa
    Dm7 G7   C
Se você quiser vou lhe mostrar
    D7   G6
A lebre mais bonita do Imperial
    Dm7 G7   C
Se você quiser vou lhe mostrar
    D7   G6
Meu Rio de Janeiro e o nosso carnaval
    C/D
Charlie (Eh, meu...)
    Dm7 G7   C
Se você quiser vou lhe mostrar
    D7   G6
Vinícius de Moraes e o som do Jorge Ben
    Dm7 G7   C
Se você quiser vou lhe mostrar
    D7   G6
Torcida do Flamengo coisa igual não tem
    Dm7 G7   C
Se você quiser vou lhe mostrar
    D7   G6
Luiz Gonzaga o rei do baião
    Dm7 G7   C
Se você quiser vou lhe mostrar
    D7   G6
Brasil de ponta a ponta do meu coração.

Copyright 1974 by Irmãos Vitale S. A. Ind. e Com.

Cabelos negros

Eduardo Dusek e Luis Antonio de Cassio

Sib Maior

Introdução: C F Bb C7 Fsus4 F7 Bb Bb6 Bb

Bb
Eu quero os seus cabelos negros
   G   G7 Bb
Nas minhas mãos
Bb
Eu quero seus olhinhos ciganos
F7   Bb
Nos meus sonhos

Eu quero você

Minha vida inteira

Como doce mania
G   Bb7
Fosse qualquer maneira
Eb
Eu queria você

Assim como é

Sem mentir nem dizer
Ebm   F
O que não quiser
           Bb
Eu quero você criança

Caída no chão

Eu quero você brilhando
Cm   Bb
Brincando de mim.

Eb
Pois eu quis você
F
Como sol e as estrelas
        Bb   Cm
Noites de lua, nostalgia

E vou ter você

Mesmo só pra pensar
                       F   Eb
Nessas coisas de amar na alegria

Cabelos negros (continuação)

   Bb
    Eu começo a descobrir
        Cm
    Que em meu coração
              Bb
    Tá nascendo um jardim
Eb
    Pensando em plantar
F   **Bb7**
    Você dentro de mim.
Eb   **Ebm**
    Pois preciso lhe ver várias vezes
      Bb
    Florescendo nas luas crescentes
Eb
    Sentir seu perfume
F7   **Bb**
    Pra encontrar você.

Dá-me

Lá menor *Adylson Godoy*

Introdução: Am Bb/A Bb7M Am

Am
Volta, amor...
Am7　　　　Gm6　　Gm7
Dá-me tua mão, amor...
C7　　　　F7M
Teu coração, amor...
　　　　　　Bb7M
A minha voz
Bm7/4　 E7　E7(9-)
Chamou,
Am
Demais, amor
　　　　　Gm6
Dá-me tua mão, amor...
C7　　　　F7M
Dá-me o perdão, amor...
　　　　Bb7M
Leva esta dor
　　　Bm7/4 E7
Tão grande
A7(9-)
Volta, amor
　　　　Bb/A
Você nasceu pra mim,
　　　　B/A
Você lutou por mim
　　　　　Am7　　　D7(9)
Você chorou como eu
Gm7　　　C7(9-)
Riu como eu
F7M　　　Bb7M　　A
Dê sua mão, amor.

Nancy

Samba-canção e valsa - Ré Maior

*Luis Lacerda
e Bruno Arelli*

Introdução: D7M A7 D Bm A7

D   A7   D
Busquei ansioso um pensamento,
               Em B7(5+) Em
Que pudesse traduzir
                    A7
O que minh'alma fez por ti,
                   F#m7 Em7 D7M
Dentro em meu peito assim senti,
        A7   D7M
Tudo o que pôde oferecer
   D7   G7M Em7
A alma que vibra em mim
                  F#m7
É uma canção que idealizei
B7   Em7   A7   D
Para poder cantar assim:
D7M   D/F#
Ouve esta canção
    Em7   A7
Que eu fiz pensando em ti,
  Em7   A7   F#m7 Em7
É uma veneração – Nancy.
A7 D7M   D/F#
Somente poderia
Em7   A7
A musa traduzir
Em7   A7   D
O nome que é poesia – Nancy
D7 G   G7M
É a mais linda história
    A7   Em7 D7
Do amor que eu conheci,
G7M
Quando o teu nome
F#m7   B7
Assim eu repeti:
Em7   A7(13)
Nancy, Nancy, Nancy...
D   D/F#
Ouve esta canção
          Em7
Que eu mesmo fiz
       A7
Pensando em ti,
  Em7   A7   D D7M D$^6_9$
É uma veneração – Nancy.

Deixa

Samba-bossa - Lá menor

*Baden Powell
e Vinícius de Moraes*

  Am7   F7M
Deixa
       G7(9)   C7M   Gm7 C7(9)
Fale quem quiser falar, meu bem,
F7M
Deixa,
Dm7   E7   Am7
Deixa o coração falar também
       F7M   E7   Am7
Porque ele tem   razão demais
                       Em7
Quando se queixa então a gente
B7   Em7   E7   Am7   F7M
Deixa, deixa, deixa, deixa,
       G7(9)   C7(9)   Gm7   C7(9)
Ninguém vive mais do que uma vez
F7M   Dm7
Deixa,
     E7   Am7
Diz que sim pra não dizer talvez
B7   E7
Deixa,
                Am7
A paixão também exis_te |
F#° E7   BIS
Dei__xa,
              Am7
Não me deixes ficar triste.

Eu só quero um xodó

Xote - Fá Maior **Dominguinhos e Anastácia**

Introdução: F Bb7 F/A Bb7 F Bb7 F/A G C7 F

  F   Bb   Am
Que falta eu sinto de um bem
  Gm   C7   F Bb/C
Que falta me faz um xodó
  F   Bb   Am
Mas como eu não tenho ninguém
  Gm   C7   F
Eu levo a vida assim tão só

      Cm7   Bb   F
Eu só quero um amor
 Cm7   Bb   G7
Que até no meu sofrer
    Dm   Gm
Um xodó pra mim
    Dm   Gm
Do meu jeito assim
    Bb   Bb/C   F
Que alegre o meu viver.

Acorda Maria Bonita
(Se eu soubesse)

Marcha - Mib Maior *Antônio dos Santos (Volta Seca)*

Introdução: Eb Bb7 Eb Fm Bb7 Eb Ab

Eb   Bb7   Eb
Acorda, Maria Bonita
            Eb7   Ab
Levanta vai fazer o café
         Fm   Bb7   Eb
Que o dia já vem raiando
         Fm   Bb7   Eb Cm
E a polícia já está de pé
               Eb
2ª vez: pé

Fm   Bb7   Eb
Se eu soubesse que chorando
   Ab   Bb7   Eb
Empato a tua viagem,
      Ab   Bb7   Eb
Meus olhos eram dois rios
    Fm   Bb7   Eb
Que não te davam passagem

Fm   Bb7   Eb
Cabelos pretos anelados,
   Ab   Bb7   Eb
Olhos castanhos delicados
    Ab   Bb7   Eb
Quem não ama a cor morena
      Fm   Bb7   Eb
Morre cego e não vê nada.

A fonte secou

Samba - Mib Maior

*Monsueto C. Menezes,
Tuffy Lauar e Marcelo*

Introdução: Eb6 Fm7 Bb7 Eb7M Ab7M Eb7M

     Fm7
Eu não sou água
Bb7   Abm7
Prá me tratares assim
Db7(9)   G7(13)
Só na hora da sede
C7   F7   Bb7(9-)
É que procuras por mim
Eb7M Ab7M Eb
A fonte secou
     Bb7   Fm7
Quero dizer que entre nós
Bb7   Eb
Tudo acabou

BIS

  Fm7   Bb7   Eb7M
Teu egoísmo me libertou
 Cm7   Ab7M   G7(13) G7(13-)
Não deves mais me procurar
  Cm7   D7   Gm7
A fonte do meu amor secou
Cm7   F7
Mas os teus olhos
            Fm7 Bb7
Nunca mais hão de secar.

Voltar ao princípio para terminar:

Bb7   Eb7M Abdm Eb7M
Tudo acabou...

Negue

Samba-canção - Dó menor

*Adelino Moreira
e Enzo de Almeida Passos*

Introdução: Fm G7 Fm G7 Cm7 G7 Ab7 G7(5+)

Cm7   Fm7
Negue seu amor e o seu carinho
Dm7(5-)   G7   Cm/Eb   Dm7(5-)   G7
Diga que você já me esqueceu
Cm7   Fm6
Pise machucando com jeitinho
G7   Cm7
Este coração que ainda é seu
Fm7   Bb7   Eb
Diga que meu pranto é covardia
        Fm7
Mas não esqueça
    Dm7(5-)   G7   Cm7
Que você foi minha um dia
Fm7   G7
Diga que já não me quer
Fm7   G7
Negue que me pertenceu
                   Cm7
Que eu mostro a boca molhada
G7   Cm7
E ainda marcada
G7   Cm   G7(9-)
Pelo beijo seu.
              G7   Cm7
2ª vez para terminar: Pelo beijo seu.

Se queres saber

Samba-canção - Fá Maior   *Peterpan*

Introdução: Bb   Bbm6   F7M   Bb7M   Am   Dm7   G7   C   C7   F

        Gm7   Gm6
Se queres saber
   C7   F   Bb7
Se eu te amo ainda
F7M   Gm7   Gm6
Procura entender
   C7   Cm7
A minha mágoa infinda
F7(9)   Bb7M
Olha bem nos meus olhos
Bbm6   F7M   Bb7
Quando falo contigo
F7M   Gm7
E vê quanta coisa
Gm6   C7   F   Bb7
Eles dizem que eu não ligo
Fm   Bbm7
O olhar de quem ama diz
Eb7   Ab7M
O que o coração não quer
Db7M   Dm7
Nunca mais eu serei feliz
G7   C7   Am7
Enquanto vida eu tiver

Volta à 1ª parte:
   Am7   Gm7   Gm6
Se queres saber etc.

Branca

Valsa - Mi menor

Zequinha Abreu e
Duque de Abramonte

Introdução: Am   F#m7(5-)   B7

I
Em   B7   Em
Há tempos que a vi,
       E7   Am7
Que eu a conheci,
                           Em
Ela era linda, um primor de amor
     C7   B7   Em B7
Misto de estrela e de flor...
     Em
Mas, também sofreu.
E7   Am
Eu sei, vou contar,
F#m7(5-)   B7   Em
Pois li naqueles olhos
F#m7(5-)   B7   Em
Cansados de chorar...

II
B7
De tarde, ao chegar,
Em
Os trens um a um.
       F#m7(5-)   B7
Ela viu   desembarcar
         Em   Am   Em
Um estranho tentador,
F#m7(5-)   C7   B7
E Branca   a cismar
     Em   B7   Em
Num sonho de amor
         Am   B7   Em
Ficou logo apaixonada
G7   C7   B7 Em
Do mancebo tentador.

III
G   D7
Mas, essa flor,
        Am7   D7   G
Não sentiu florir o amor,
                Am7
Nunca o sentiu florir
         D7   G
Porque ele teve de partir...

Branca (continuação)

   D7 G   D7
Viu-o embarcar
              Am7   D7   G
Como um dia, após o amor
 C   G7
E nunca mais, não,
Em7   A7
Sentiu seu puro amor
    D7   G
Do jovem, seu tentador!

Alguém me disse

Bolero - Lá menor

*Jair Amorim
e Ewaldo Gouveia*

       Am7   Dm7   E7(9-)   Am7   Bm7(5-) E7
Alguém me disse que tu andas   novamente
      Am7   Dm7   E7(9-)   Am7 Gm/Bb A7
De novo amor, nova paixão, toda contente
    Dm7
Conheço bem
   G7
Tuas promessas
   C7M
Outras ouvi
   Am7
Iguais a essas
   F   Dm7   Bm7(5-) E7(9-)
Esse teu jeito de enganar   conheço bem

       Am7   Dm7   E7(9-)   Am7   Bm7(5-)
Pouco me importa que te vejam   tantas vezes
E7(9-)   Am7   Dm7 E7(9-)   Am7   Gm/Bb
E que tu mudes de paixão   todos os meses
A7   Dm7
Se vais beijar
        E7
Como eu bem sei
   Am7
Fazer sonhar
     Am/G
Como eu sonhei
    F7M   Bm7(5-)
Mas sem ter nunca o amor igual
E7(9-)   Am7 E7(9-)
Ao que eu te dei.

Jurar com lágrimas

Samba - Dó Maior *Paulinho da Viola*

Introdução: C B7 Em7 Am7 D7 G7 C Am7 Dm7 G7(13)

    C   E7   Am
Jurar   com lágrimas
A7   D7   Dm7   G7
Que me ama   não adianta nada
G7(13) Dm7   F/G G7   C7M
Eu não vou acre__ditar
A7   F/G G7   C   C7M G7(13)
É melhor nos se_pa_rar
        F/G G7 C   G7M Em7 Ebm7
2ª vez: separar

Dm7   G7   C
Não pode haver felicidade
    Am7   Dm
Se não há sinceridade
G7   C7M Em7 Ebm7
Dentro do nosso lar
Dm7   G7   C
Se aquele amor não morreu
     Am   D7
Não precisa me enganar
D7   Dm7   G7
Que seu coração é meu.

Wave

Antônio Carlos Jobim

Sol Maior

       D7M   Bb°   Am7 D7(9-)
Vou te contar, os olhos já não podem ver
        G7M   Gm6   F#7(13) F#7(13-)
Coisas que só o coração pode entender.
F#m7   B7(9-)   E7
Fundamental é mesmo o amor
    Bb7(9)   A7(9) Dm7   G7
É impossível ser feliz sozinho
     D7M   Bb°   Am7 D7(9-)
O resto é mar, é tudo que eu não sei contar
       G7M   Gm6   F#7(13) F#7(13-)
São coisas lindas que eu tenho pra te dar
F#m7   B7(9-)   E7
Fundamental é mesmo o amor
    Bb7(9)   A7(9) Dm7   G7 Dm7 G7
É impossível ser feliz sozinho
Gm7   C7(9)   F7M
Da primeira vez era a cidade
Fm7   Bb7(9)   Gm7   G7(4)
Da segunda o cais e a eternidade 9
     D7M   Bb°   Am7 D7(9-)
Agora eu já sei da onda que se ergueu no mar.
    G7M   Gm6   F#7(13) F#7(13-)
E das estrelas que esquecemos de contar
F#m7   B7(9-)   E7
O amor se deixa surpreender, enquanto
  Bb7(9)   A7(9) Dm7 G7 Dm7 G7 G7(9)
A noite vem nos envolver   4
         D7M(9)
Vou te contar...

Copyright 1967 by Jobim Music Ltda.

Ovelha negra

Ré Maior *Rita Lee*

Introdução: D G D G D

Levava uma vida sossegada
(G ... D G)

Gostava de sombra e água fresca
(D G D G)

Meu Deus, quanto tempo eu passei
(D G A7)

Sem saber

Foi quando meu pai me disse
(D G)

Filha
(D G)

Você é a ovelha negra da família
(D G D G)

Agora é hora de você assumir
(D G A7)

E sumir
(G)

Baby, baby
(Bm)

Não adianta chamar
(Bb F C)

Quando alguém está perdido
(G)

Procurando se encontrar
(A7 G)

Baby, baby
(Bm)

Não vale a pena esperar, oh! não
(Bb F C)

Tire isso da cabeça
(G)

Ponha o resto no lugar...
(A7)

Coisas do Brasil

Lá menor   **Guilherme Arantes e Nelson Motta**

Am7   Dm   Gm
Foi tão bom te conhecer
     A7   D7
Tão fácil te querer
G7   Bm7(5-)   E7   Am
Triste não te ver por tanto tempo
   Dm   Gm7
É bom te encontrar
A7   D7
Quem sabe feliz
     G7   Bm7(5-)   E7   A7
Com a mesma alegria   de novo
D7   Ab7   G7   Em7
Mais uma vez, amor
D#°   Dm7 E7   A7
Te abraçar de verdade
D7   Ab7   G7   C/E
Há sempre um novo amor
D#°   Dm7 E7   Am7
E uma no_va saudade
Dm   Gm
Coisas do Brasil
A7   D7
Coisas do amor
G7   Bm7(5-)   E7   Am
Luzes da cidade acendendo
   Dm   Gm7
O fogo das paixões
     A7(9)   D7
Num bar à beira-mar
   Dm
No verde azul
     Bm7(5-) E7   A7
Do Rio   de Janeiro

Voltar para:
D7   Ab7   G7   Em
Mais uma vez, amor etc.

Sei que é covardia... mas... (Pois é)

Samba - Ré menor   ***Ataulpho Alves e Claudionor Cruz***

Introdução: A7 Dm D7(9-) Gm Em7(5-) A7 Dm E7(9-) A7

Coro:

Dm   E7(9-)   Bb°
Sei que é covardia
    A7   Em7(5-)
Um homem chorar   BIS
  A7   Dm Gm A7
Por quem não lhe quer

D7 Eb7 D7   Gm
Não descanso um só momento
    Em7(5-)   A7
Não me sai do pensamento
     Dm
Essa mulher...

        Dm7   Gm
Que eu quero tanto bem
  A7   Dm
E ela não me quer

Em7(5-) A7 Dm
Outro amor
Am7(5-) D7(9-) Gm
Não resolve a minha dor!
A7   Dm
Só porque
Dm/C   Bb7M
O meu coração
Bb7
Já não quer
   A7   A7(5+)
Outra mulher...
     Dm
(Pois é!)

Kid Cavaquinho

João Bosco
e Aldir Blanc

Samba - Ré Maior

Introdução: F#m7(5-) B7(9-) Em A7 D

     A7   D
Oi que foi só pegar no cavaquinho
A7   D
Pra nego bater
                       A7   D
Mas se eu te contar o que é que pode um cavaquinho
     A7   D
Os home não vai crer

Quando ele fere, fere firme
           B7
Dói que nem punhal   **BIS**
      E7
Quando ele invoca até parece
 E7   A7
Um pega na geral

A7(13) D
Genésio!
B7   Em7
A mulher do vizinho
Em   A7   D   F#m7
Sustenta aquele vagabundo
       B7   E7
Veneno é com meu cavaquinho
Em7   A7
Pois se eu tô com ele
        D
Encaro todo mundo
   B7   E7
Se alguém pisa no meu calo
Em7   A7
Puxo o cavaquinho
        D
Pra cantar de galo.

Para Lennon e McCartney

Lô Borges, Marcio Borges e Fernando Brant

Balada funk - Dó menor

Introdução: Cm Ab7(13) G7(9+, 13b)

<pre>
Cm   Cm7M
  Porque vocês não sabem
Cm7   Cm6   A7(11+)
  Do lixo ocidental
Ab7M   Gm7
  Não precisa medo não
Ab7M   Gm7
  Não precisa da timidez
Fm7   Ab/Bb   Ab7M Fm7 D7 D7(9-) G7(5+)
  Todo dia é dia de viver.
Cm   Cm7M
  Porque você não verá
Cm7   Cm6   A7(11+)
  meu lado ocidental
Ab7M   Gm7
  Não precisa medo não
Ab7M   Gm7
  Não precisa da solidão
Fm7   Ab/Bb   Ab7M Eb/G Fm7
  Todo dia é dia de viver.

Cm7   Gm7
  Eu sou da América do Sul
Cm7   Gm7
  Eu sei vocês nem vão saber
Fm7   Gm7
  Mas agora sou cowboy
Ab7M   Gm7
  Sou do ouro, eu sou vocês
Fm7   Ab/Bb   Ab7M Fm7 Fm/Eb D7(9-) G7(5+)
  Sou do mundo, sou Minas Gerais
Cm   Cm7M
  Porque você não verá
Cm7   Cm6   A7(11+)
  Meu lado ocidental
Ab7M   Gm7
  Não precisa mais temer
Ab7M   Gm7
  Não precisa da timidez
Fm7   Ab/Bb   Ab7M
  Todo dia é dia de viver.
</pre>

Chovendo na roseira

Lá Maior *Antônio Carlos Jobim*

Introdução: A6 Em7/A A6 Em7/A

A6 Em7/A A6
Olha
      Em7/A   A6 Em7/A A6
Está chovendo na roseira
       Em7/A   A6   Em7/A
Que só dá rosas mas não cheira
A6   Em7/A   A6
A frescura das gotas úmidas
Em7/A   A6   Em7/A   A6 Em7/A
Que é de Luiza, que é de Paulinho, que é de João.
            F#7
             4
Que é de ninguém
Em7
Pétalas de rosa
         A7   D7M/A
Espalhadas pelo vento
  Dm7   G7   C7M/G
O amor tão puro carregou meu pensamento

B7   B7 Bm7
 4
  O__lha
          B7(9)   B7   C7/B
           4
Um tico-tico mora ao la_do
       B7(9)   B6 B(6-) B7(b9)
        4   4
E passeando no molha_do
                Bm7/E E7
Adivinhou a primavera

Ab   Em7/A
O_lha
A6   Em7/A   A6 Em7/A
Que chuva boa presentei_ra
A6   Em7/A   A6 Em7/A
Que vem molhar minha rosei_ra
A6   Em7/A   A6 Em7/A
Chuva boa, criadei_ra
E   A6   Em7/A   A6 Em7/A
Que molha a terra, que enche o Rio, que limpa o céu
          F#7
           4
Que traz azul.

Chovendo na roseira (continuação)

  A6   Em7/A
O_lha
A6   Em7/A   A6   Em7/A
O jasmineiro está flori__do
A6   Em7/A   A6   Em7/A
E o riachinho de água esper_ta
      Em7/A
Se lança em vasto rio,
      A6
De águas calmas

 A6   Em7/A   A6
Ah!   Você é de ninguém
 A6   Em7/A   A6
Ah!   Você é de ninguém.

Pra não dizer que não falei das flores

Dó menor *Geraldo Vandré*

Introdução: Cm Bb Cm Bb

     Cm   Bb   Cm
Caminhando e cantando e seguindo a canção
                Bb   Cm
Somos todos iguais braços dados ou não
                Bb   Cm
Nas escolas, nas ruas, campos construções
                Bb   Cm
Caminhando e cantando e seguindo a canção
Cm   Bb
Vem, vamos embora
                   Cm
Que esperar não é saber   **BIS**
               Bb
Quem sabe faz a hora
          Cm
Não espera acontecer

Cm   Bb
Vem, vamos embora
                   Cm
Que esperar não é saber
               Bb
Quem sabe faz a hora
          Cm
Não espera acontecer
    Cm   Bb   Cm
Pelos campos a fome em grandes plantações
               Bb   Cm
Pelas ruas marchando indecisos cordões.
         Bb   Cm
Inda fazem da flor seu mais forte refrão
           Bb   Cm
E acreditam nas flores vencendo o canhão.

Cm   Bb
Vem, vamos embora etc.

     Cm   Bb   Cm
Há soldados armados, amados ou não

Copyright 1968 by Editora de Música Brasileira Moderna Ltda.

Pra não dizer que não falei das flores (cont.)

     Cm   Bb   Cm
Quase todos perdidos de armas na mão
             Bb   Cm
Nos quartéis lhe ensinam uma antiga lição
          Bb   Cm
De morrer pela Pátria e viver sem razão.

 Cm   Bb
Vem, vamos embora etc.

    Cm   Bb   Cm
Nas escolas, nas ruas, campos, construções
         Bb   Cm
Somos todos soldados armados ou não
            Bb   Cm
Caminhando e cantando e seguindo a canção
         Bb   Cm
Somos todos iguais braços dados ou não.
         Bb   Cm
Os amores na mente, as flores no chão
        Bb   Cm
A certeza na frente, a história na mão
            Bb   Cm
Caminhando e cantando e seguindo a canção
          Bb   Cm
Aprendendo e ensinando uma nova lição.

 Cm   Bb
Vem, vamos embora etc.

London, London

Dó Maior *Caetano Veloso*

Introdução: C Dm G7

 C   G   C C7
I'm wondering round and round nowhere to go
 F   G   C C7
I'm lonely in London London is lovely so
 F   G7
I cross the streets without fear
 C   Am   A7
Everybody keeps the way clear
Dm   G7   C
I know I know no one here to say hello
 F   G7 C
I know they keep the way clear
                C
I am lonely in London without fear
          Am   Dm   G7   C
I'm wondering round and round here nowhere to go.

        F
While my eyes
G   F   C C7
Go looking for flying saucers in the sky
        F
While my eyes
G   F   C
Go looking for flying saucers in the sky.

C   G   C C7
Oh! Sunday, Monday, Autumn pass by me
 F   G   C C7
And people hurry on so peacefully
 F   G7
A group approaches a policeman
 C   Am   A7
He seems so pleased to please them
Dm   G7   C
It's good at least to live and I agree
 F   G7
He seemed so pleased at least
          C   Am   A7
And it's so good to live in peace and
Dm   G7   C
Sunday, Monday, years and I agree.

Copyright 1970 by Gapa Ltda.

London, London (continuação)

     F
While my eyes
G   **F**   **C**   **C7**
Go looking for flying saucers in the sky
     F
While my eyes
G   **F**   **C**
Go looking for flying saucers in the sky.

C   **G**   **C** **C7**
I don't know what I left so far away
F   **G**   **C** **C7**
I don't think, I don't ask and I don't pray
F   **G7**
I do not want to make a mess
  C   **Am**   **A7**
And I know about nothing that I possess
Dm   **G7**   **C**
I came around to say yes and I say.

     F
While my eyes
G   **F**   **C** **C7**
Go looking for flying saucers in the sky
     F
While my eyes
G   **F**   **C**
Go looking for flying saucers in the sky.

Tristeza danada

Valsa - Ré menor *Majó*

Introdução: Dm D7 Gm Dm Bb7M Em7(5-) A7 Dm A7

D6/9   G/A   D
Eu ontem vi seu retrato
           D/F#
Eu não me contive
     F°   Em7   B7
Logo começei a chorar
Em   B7   Em7
Ai! Ai! que tristeza danada
         A7
Que saudade imensa
        D
Essa sua ausência me dá
A7   D   A7   D
Peguei o meu telefone
       D/F#
Não tive coragem
    F°   Em7
De telefonar pra você
B7   Em7   A7   F#m   B7
Jurei por Deus te esquecer
Em7   A7   D
Mas querer não é possível
A7   D
O sono vai correndo
       D/F#
Meu nervo abalado
    F°   Em7
Minha casa não me cabia
A7   D
Meu coração sofrendo
A7   D   G/A   A/G
Minha saudade crescia
Dm7   A7
Vem me aquecer
Gm7   A7   Dm
Eu te darei o céu
Gm   Em7(5-) A7 Dm   Dm/C
É impossível   viver sem você
    Gm/Bb   Dm/F   Em7(5-)   A7
Eu te amo, eu te amo, eu te amo,
Dm   A7
Vem pra ficar
Em7(5-)   A7(5+)   Dm
Eu te darei o infinito
   Bb7M   Gm7
O amor é tudo

Copyright 1976 by Irmãos Vitale S. A. Ind. e Com.

Tristeza danada (continuação)

          Dm
E não deve morrer
Gm/Bb   **A7**   **Dm**
Vem pra ficar comigo
Dm   **A7**
Vem me aquecer etc.

Lapinha

Fá Maior

Baden Powell e
Paulo César Pinheiro

       F6
Quando eu morrer
  C7(13)   **F6**
Me enterrem na Lapinha | BIS
Dm7   **G7**   **C7**
Calça - culote paletó e
 F
Almofadinha | BIS

C7(5+) Fm7   **G7(9-)**
Vai, meu lamento vai contar
Dbm6 **C7(5+) Fm7**   **Gm7**
Toda tristeza de viver
C7 **Fm** **G7(9-)**   **Cm**
Ai, a verdade sempre dói
     G7(9-)
E às vezes traz
  C7(5+)
Um mal a mais
Fm   **G7(9-)**
Ai, só me fez dilacerar
Dbm6 **C7**   **Cm7** **F7**
Ver   tanta gente se entregar
Bbm7 **Eb7(9)**   **Ab7M**
Mas   não me conformei
Db7M   **Gm7(5-)**
Indo contra a lei
C7   **Cm7(5-)** **F7**
Sei que não me arrependi
Bbm7 **Eb7(9)**   **Ab7M**
Tenho um pedido só
Db7M   **Bbm7**
Último talvez,
Db7M   **C7**
Antes de partir.

Estribilho:
          F6
Quando eu morrer etc.

Fm7   **G7(9-)**
Sai, minha mágoa, sai de mim
Dbm6 **C7(5+)**   **Fm7**   **Gm7**
Há   tanto coração ruim

Copyright 1969 by Warner Chappell Edições Musicais Ltda.

Lapinha (continuação)

  C7   Fm   C7(5+)   Cm7
Ai,   é tão desesperador
       C7(9-)
O amor perder

Pro desamor
 Fm   G7(9-)
Ah! tanto erro vi, lutei
Dbm6` C7   Cm7   F7
E   como perdedor gritei
Bbm7 Eb7(9)   Ab7M
Que eu sou um homem só
Db7M   Gm7(5-)
Sem poder mudar
 C7   Cm7(5-) F7
Nunca mais vou lastimar
Bbm7 Eb7(9)   Ab7M
Tenho um pedido só
Db7M   Bbm7 Db7M   C7
Último talvez, antes de partir.

Estribilho:
           F6
Quando eu morrer etc.

Dm7   G7   C7
Adeus Bahia, zum, zum, zum,
      F6
Cordão de ouro
Dm7   G7
Eu vou partir porque
   C7   F6
Mataram meu tesouro!

Estribilho:
         F6
Quando eu morrer etc.

Esta noite eu queria que o mundo acabasse

Samba-canção - Lá menor   ***Silvio Lima***

Introdução: Dm   Bm7(5-)   E7   Am   B7   E7   F7M   E7   E7(9-)

    Am   Em7(5-)
Esta noite
   A7   Dm7
Eu queria que o mundo acabasse | BIS
     G7   Am7
E para o inferno o Senhor me mandasse
   Dm   E7   Bm7(5-)
Pra pagar todos os pecados meus

E7   Dm7   G7
Eu fiz sofrer
           C7M
A quem tanto me quis
     Am   G7
Fiz de ti, meu amor, infeliz
  F7   E7   E$^7_4$
Esta noite eu queria morrer
E7 Am
Perdão
    A7   Dm7
Quantas vezes tu me perdoaste
    G7   C7M
Quanto pranto por mim derramaste
    Dm7   F7
Hoje o remorso me faz padecer
E7 Dm   G7   C/G
Esta é a noite da minha agonia
  Am7   Dm
E a noite da minha tristeza
F7M   E7   Am Bm7 Am7
Por isso, eu quero morrer.

A saudade mata a gente

Toada - Dó Maior   **João de Barro e Antonio Almeida**

Introdução: Dm7 G7 C Dm7 G7 C

Fiz um rancho na beira do rio (A7 ... Dm)
Meu amor foi comigo morar (G7 ... C E7)
E na rede nas noites de frio (Am7 ... Gm6 ... D/F#)
Meu bem me abraçava pra me agasalhar (F/G ... Fm/Ab ... C/G)

Mas agora, meu Deus, vou-me embora (Gm7 ... C7 ... F)
Vou-me embora e não sei se vou voltar (Fm ... C7M)
A saudade nas noites de frio (A7 ... Dm7)
Em meu peito vazio virá se aninhar. (Ab7 ... F/G ... G7 ... C)

A saudade é dor pungente (G7 ... C)

Morena!

A saudade mata a gente (Dm7 ... G7 ... C)

Morena!...

BIS

Copyright 1948 by Todamérica Música Ltda.

Mergulho

Canção - Ré menor **Gonzaga Júnior**

Introdução: Dm7 Em7(5-) A7

Dm7
No exato instante
                                  Em7(5-)
No exato momento em que nós mergulhamos
  A7   Gm/Bb
É preciso entender
         A7
Que não estamos somente matando
    Dm7   Gm   Em7(5-)
Nossa fome   na paixão
Dm7
Pois o suor que escorre
 Bb7M
Não seca, não morre
           Gm   Em7(5-)
Não pode e nem deve nunca ser em vão
E7
São memórias de doce e sal

Nosso bem, nosso mal
     A7
Gotas de recordação
Dm7   Bb7M   Dm7
E é importante que nós conheçamos a fundo
 Bb7M   Gm7   Em7(5-)
E saibamos o quanto nos necessitamos
A7   Gm/Bb
Pois aqui eis o fim e o começo
A7   Dm7
A dor e a alegria
        A7
Eis a noite, eis o dia
Dm7 Am7(5-) D7
É a primeira vez
  Am7(5-) D7   Gm
É de novo outra vez sem ser um novamente
Gm6   A7
É o passado somado ao presente
    Em7(5-)   A7
Colorindo o futuro que tanto buscamos
Gm7
Por favor
  Em7(5-) A7   Dm7
Compreendamos   que é o princípio

Copyright 1980 by Edições Musicais Moleque Ltda.

Mergulho (continuação)

            Bb7M   **Dm7**
Batendo com força em nossos corações
Em7(5-)   **A7**
E é importante que nós dois saibamos
      Am7(5-)   **D7**
Que a vida está mais que nunca em nossas mãos
Gm7   **Em7(5-)**   **A7(9-)**
E assim, nessa hora devemos despir
    Dm7   **Bb7M**
Qualquer coisa que seja vaidade ou mergulho
Em7(5-)   **A7**
E do modo mais franco de ser
        Dm   **Am7** **Ab7** **Gm7** **A7** **Dm(9)**
Vamos juntos no ato do nosso mergulho.

Espanhola

Balada - Sol Maior

*Guarabyra
e Flávio Venturini*

Cadd9 **D/C** **B7(9-)** **Em**
Por tantas ve – zes
Am **D/F#** **C/G** **G**
Eu andei mentin – do
Cadd9 **D/C** **B7(9-)** **Em**
Só por não poder
Am **D/F#** **C/G** **G**
Te ver choran – do.

C **D/F#**
Te amo espanhola
B7 **Em**
Te amo espanhola | **BIS**
Am **D/F#** **C/G** **G**
Se for chorar te a – mo.

G **Am7**
Sempre assim
Bm7 **C7M**
Cai o dia e é assim
Bm7 **C7M**
Cai a noite e é assim
Bm7
Essa lua sobre mim
C7M **Bm7** **Am7** **D7**
Essa fruta sobre meu paladar.

G **Am7**
Nunca mais
Bm7 **C7M**
Quero ver você me olhar
Bm7 **C7M**
Sem me entender em mim
Bm7
Eu preciso te falar
C7M **Bm7** **Am7** **D**
Eu preciso, eu tenho que te contar.

C **D/F#**
Te amo espanhola
B7 **Em**
Te amo espanhola | **BIS**
Am **D#** **C/G** **G**
Pra que chorar, te a – mo.

Nós queremos uma valsa

Valsa - Dó Maior *Nássara e Frazão*

Introdução: C7M F7M C7M Am7 G7 C

G7   C7M   F7M   Em7
Antigamente, uma valsa de roda
  Am7   Dm7   G7   C7M
Era, de fato, o requinte da moda.
  Am7   Dm7   E7   Am7
Já não se dança uma valsa, hoje em dia,
 A7(9-)   Dm7   G7   C C7
Com o mesmo gosto e com tanta alegria...

   F7M   G/F   C/E Am7
Mas se a valsa morrer
         Dm7   G7   C C7
Que saudade que a gente vai ter | BIS

                  C
2ª vez: vai ter

    G7   C   F7M Em7
Nós queremos uma valsa
Am7   Dm7   G7   C7M
Uma valsa para dançar:
G7(13)   C   C/E   Dm
Uma valsa que fala de amores,
             G7   C G7
Como aquela dos patinadores;
 C7M   C/E   Dm
Vem, meu amor,
 F/C   G7   C7M
Vem, meu amor,
       F   F#°
Num passinho de valsa
  C/G   A7
Que vem e que vai
  D7   G7   C G7 C
Mamãe quer dançar com o papai...

Pior é que eu gosto

Ré Maior *Isolda*

Introdução: Em7 Gm7 F#m7 F7 Em7 A7 D7M Bm7 Em7 A7/4(9-)

      D7M   F#m7
De repente é mais uma vez
   B7   Em7
Que você me procura
 B7(9-)   Em7
Eu nem acredito
      G/A   A7
Esse tipo de amor, qualquer dia
      D/F#
Me leva à loucura
 Bm7   Em7
Eu já não duvido
A7   Bm7
Eu não sei se o que eu fiz
  G/B   B7   Em   Em7M
Foi pior do que você me fez
Em6 A7   A/G
As palavras doeram tão fundo

Que eu disse pra mim
F#m7 B7   Em7 G/A
É a última vez.

       D7M   F#m7
Mas teu corpo, teu cheiro, teu gosto
   B7   Em7
Tem qualquer mistério
 B7(9-)   Em7
Que mexe comigo
    G/A   C#m7
Você chega, me pega de um jeito
  F#7   Bm7
Me tira do sério
 Bbm7   Am7
Parece um castigo.
D7   G7M   Gm6
Hoje eu digo que não volto mais
   D/F#   Bm7
E amanhã ou depois, eu aposto
B7   Em7
Se eu não te procurar
        A7(9-)
Você vem me buscar
     D
E o pior é que eu gosto.

Pior é que eu gosto (continuação)

Em7 A7(13) D7M   Em7
Não dá,   você não vai mudar
      B7   Em7
E se eu me aborreço não sei segurar
     G/A   A7   Em7
Sei lá, se é você ou sou eu
      A7(13)   D7M   Am7
Só que um sem outro não pode ficar

D7   G7M   Gm6
Hoje eu digo que não volto mais
   D/F#   Bm7
E amanhã ou depois, eu aposto
B7   Em7
Se eu não te procurar
            A7(9-)
Você vem me buscar
          D
E o pior é que eu gosto.

Amanhã

Ré Maior *Guilherme Arantes*

Introdução: D G/D F/D G/D Bb/D F6

D　　G/D　　　　　D
Amanhã será um lindo dia
　　　　　　　　Em7
Da mais louca alegria
　　　　　　　A7
Que se possa imaginar.

Em　　　　　　　C
Amanhã redobrada a força
　　　　　　　A7
Pra cima que não cessa
　　　G
Há de vingar.

D　　G/D　　　　　　　D
Amanhã mais nenhum mistério
　　　　　　　Em7
Acima do ilusório
　　　　　　A7
O astro-rei vai brilhar.

Em　　　　　　C
Amanhã a luminosidade
　　　　　　　　A7
Alheia a qualquer vontade
　　　G
Há de imperar.

D　　G　　　　　D
Amanhã está todo esperança
　　　　　　　Em7
Por menor que pareça
　　　　　　A7
Existe e é pra vicejar.

Em　　　　　C
Amanhã, apesar de hoje

```
                                  A7
Será a estrada que surge
                      G
Pra se trilhar.

      D        G/D                            D
Amanhã mesmo que uns não queiram
                                          Em7
Será de outros que esperam
                        A7
Ver o dia raiar.

            Em                     C
Amanhã ódios aplacados
                               A7
Temores abrandados
                 G
Será pleno.
```

Luz negra

Samba - Ré menor

*Nelson Cavaquinho
e Amancio Cardoso*

Introdução: Dm Em7(5-) A7 Dm Bb7 Em7(5-) A7

Dm   Dm7M Dm7
Sempre só
    Gm7   F7M   Fm6   Em7(5-)
Eu vivo procurando alguém
    A7   Dm   A7   Dm
Que sofra como eu, também.
   Dm/C   Bb   E7 A7
Mas não consigo achar ninguém
  Dm   Dm7M Dm
Sempre só...
    Gm   F7M Fm6 Em7(5-)
E a vida vai seguindo assim...
   A7   Dm Am7 Bb7M
Não tenho quem tem dó de mim:
 C7   Dm A7 Dm
Estou chegando ao fim!
               Gm7   C7
A luz negra de um destino cruel
Gm7 C7   F   A7   Dm
Ilumina o teatro sem cor
  Dm/C   Bm7(5-)   E7 Bm4[7]
Onde estou desempenhando o papel
  E7   A7
De palhaço do amor
  Dm   Dm7M
Sempre só...
   Gm7   F7M   Fm7 Em7(5-)
E a vida vai seguindo assim:
  A7   Dm Am7 Bb7M
Não tenho quem tem dó de mim:
 Gm   A7   Dm
Estou chegando ao fim!

Desesperar jamais

Samba - Sol Maior   *Ivan Lins e Vitor Martins*

Introdução: G7M

G7M   D7 G7M
Desesperar ja_mais
       E7   Am7
Aprendemos muito nestes anos
       D7   Am7
Afinal de contas não tem cabimento
     C/D D7   F#m7
Entregar o jogo no primeiro tempo.
B7   Em7 A7 Em7
Nada de correr da raia
 A7   Em7 A7 Am7
Nada de morrer na praia
 D7   Dm7 F/G   C   F/G
Nada, nada, nada de esquecer.
C7M   G7   C7M
No balanço de perdas e danos
        G7   C7M
Já tivemos muitos desenganos
 Bm7   E7   F7M Fm6
Já tivemos muito que chorar
                          C7M
Mas agora acho que chegou a hora
 Ebm   Dm7 E7   Am7
De fazer valer o dito popular.
         E7 Em7
Desesperar ja_mais
 A7(13)
Cutuca por baixo
D7(9)   Dm7
O de cima cai
        E7 Em7
Desesperar ja_mais
 A7(13)
Cutuca com força
 D7   Dm7 G7(13)
Não levanta mais.

Foi assim

Sol Maior

*Renato Corrêa
e Ronaldo Corrêa*

Introdução: C/D G C/D

G   Bm7 Em7
Foi assim
C   Bm7 C7M D7 G   Em
Eu vi você   passar por mim
C Bm7   C   D7   Am
E quando pra você eu olhei
          C C/D D7
Logo me apaixonei
G
Foi assim
      C   Bm7 C7M G   Em
O que eu senti não sei dizer
   C Bm7 C D7   G   Am
Só sei que pude então compreender
G   C C/D D7   Am7
Que sem você, meu bem,
     C   Am7 G
Não ia mais viver.
   C   D/C
Mas foi tudo um sonho
    E7
Foi tudo ilusão
Am7   D7
Porque não é meu
Bm7   E7
O seu coração
Am7   D7   G   Em7
Alguém roubou de mim seu amor
   G/A   A7   C/D
Me deixando nesta solidão
G   Bm7 Em7
Foi assim
  C Bm7 C7M   D7   G   Em
E agora o que é que eu vou fazer
   C   Bm7 C   G   Am
Pra que você consiga entender
G   C C/D D7
Que sem você, meu bem,
Am   C/D   G
Não posso mais viver.

Copyright 1967 by Edições Euterpe Ltda.

Azulão

Fá Maior

Jayme Ovalle
e Manoel Bandeira

Introdução: F Ab° Gm7 C7 F Ab° Gm7 C7

F
Vai

Azulão
  Ab°
Azulão
     Gm7 C7
Companheiro
F F7
Vai!
  Bb   C4 C7
Vai ver minha ingrata
F
Diz

Que sem ela
  Ab°
O sertão
   Gm7
Não é mais
C7 F F7
Sertão!
   Bb6
Ai! Vôa
  D7
Azulão
   G7
Vai contar
      C7
Companheiro
F
Vai!

Fã nº 1

Dó Maior   ***Guilherme Arantes***

```
 C               G
Você nem desconfia
                  Am
E o que eu não daria
       Dm7
Por seu amor
 F           Em7
Onde você anda
     Am7         Dm7
Nem sei como chamo
         G7
A sua atenção
            C
Que eu existo
     D7              G
Aposto que pode dar certo
      E7
Esse romance
                 Am
Aberto dentro de mim
            G7
Você nem imagina
                 Am7
Que eu te inundaria
       F
Toda de sol
      Em7
Luz da ribalta
     Am7        Dm4    Dm7   G7
Te quero no palco.
     C         F
Entra em cena
G7         F
Faz seu número
          G7
Faz meu gênero
 Em            Am      Dm
Ser seu fã número um
                Em
Ali no gargarejo
           Dm    G7
Jogando beijo.
```

Hino do carnaval brasileiro

Marcha - Mi bemol Maior *Lamartine Babo*

Introdução: Bb7 Eb Bb7 Eb Eb7 Ab Abm Eb F7 Bb7 Eb

Eb
Salve a Morena!
                         Bb7
A cor morena do Brasil fagueiro
  Fm7   Bb7   Fm7
Salve o pandeiro
F7   Bb7   Eb
Que desce o morro pra fazer a marcação
Eb5+ Ab7 G7 Cm7
São! São! São! São!
   G7
500 mil morenas.
Ab7   Fm7   F7   Bb7
Loiras cor de laranja 100 mil...
  Eb   Gm7(5-) C7
Salve! Salve!
 F7   Bb7   Eb
Meu carnaval Brasil!

Salve a loirinha
                        Bb7
Dos olhos verdes cor das nossas matas
 Fm7 Bb7   Eb
Salve a Mulata!
F7   Bb7   Eb
Cor do café – a nossa grande produção!...
Eb5+ Ab7 G7 Cm7
São! São! São! São!
   G7
500 mil morenas!
Ab7   Fm7   F7   Bb7
Loiras cor de laranja 100 mil...
 Eb   Gm7(5-) C7
Salve! Salve!
  Fm   Bb7   Eb
Meu carnaval Brasil!

Saudade

Toada - Fá Maior **Chrystian**

Introdução: Bb C/Bb F Bb Bb/C F

F
Você sempre fez os meus sonhos

Sempre soube dos meus segredos

         Bb   C7
Isso já faz muito tempo

Eu nem lembro
          F
Quanto tempo faz.

O meu coração

Não sabe contar os dias

E a minha cabeça

Já está tão vazia
   Bb
Mas a primeira vez,
         F
Ainda me lembro bem
Bb   C7   F
Talvez eu seja no seu passado.
       Bb
Mais uma página
F   C7
Que foi do seu diário arrancada.
Bb   C7
Sonho, choro e sinto
F   Bb
Que resta alguma esperança
F Bb
Saudade
          C7
Quero arrancar essa página
       F Bb F
Da minha vi _ da.
Bb   C7
Talvez eu seja... etc.
             F Bb F Bb F
Pra terminar: Da minha vi _ da

Vida de bailarina

Samba-canção - Dó Maior

Américo Seixas e Chocolate

Introdução: F7M F/G G7(9-) F#m7 B7 Em7 A7 D7 Ab7 G7

  C   B7   C7M
Quem descerrar a cortina
Gm6/Bb   A7(5+)   Dm
Da vida da bailarina
       G7(5+)   C7M Eb7M Dm7
Há de ver cheio de amor
G7(13) C7M Am   C/D   G   G7M
Que   no fundo do seu peito
G   Em7   Am7
Existe um sonho desfeito
     D7   Ab7 F/G G7
Ou a desgraça de um amor
C7M   B7   C7M
Os que compram o desejo
Em7(5-) A7(5+) Dm7
Pagando amor a varejo.
    G7(5+)   Gm7 C7(9-)
Vão falando sem saber
  F7M   G/F   Em7(5-)
Que ela é forçada a enganar
A7   Em7(5-) A7   Dm
Não vivendo pra dançar
     G7   G7(5+) C Dm7 G7(13)
Mas dançando pra viver
C7M B7   C7M
Obrigada pelo ofício
   A7   Dm7
A bailar dentro do vício
     G7(5+)   C7M
Como um lírio em lamaçal
  Am7   C/D   G
É   uma sereia vadia
G7M G/B Bb°   Am7
Prepara em noites de orgia
   D7   Dm7 G7(5+)
O seu drama passional
C7M   B7   C7M Bb6
Fingindo sempre que gosta
  A7   Dm7
De ficar a noite exposta
    G7(5+)   C7M C7(5+)
Sem escolher o seu par
F Fm6   Em7
Vive uma vida de louca
A7   D7   Ab7   G7 C Fm C C$_9^6$
Com um sorriso na boca E uma lágrima no olhar.

Copyright 1953 by Editora Musical Brasileira Ltda.

Coração de papel

Sol Maior   **Sergio Reis**

Introdução: G E7 Am7 C/D D7 G D7

     G   Bm7
Se você pensa que meu coração é de papel
  E7   Am D7 G7
Não vá pensando pois não é
  C   Cm
Ele é igualzinho ao seu
           D7
E sofre como eu
G   Em7   Am7   D7
Por que fazer chorar assim a quem lhe ama
        G   Bm7
Se você pensa em fazer chorar a quem lhe quer
Em7   Am D7 G7
A quem só pensa em você
  C   Cm6   D7
Um dia sentirá que amar é bom demais
G   Em7
Não jogue o amor ao léu
    Am7   D7   C/D G   G7
Meu coração que não é de papel
C   D7
Por que fazer chorar
Am7   D7
Por que fazer sofrer
   D7   G   G7
Um coração que só lhe quer
C   Cm7
O amor é lindo eu sei
        G
E todo eu lhe dei
   C/E Em7   Am7
Você não quis, jogou ao léu
     D7   G
Meu coração que não é de papel
       Bm E7   Am7   D7   G
Final: Não é, ah, ah, meu coração não é de papel!

Copyright 1966 by Seresta Edições Musicais Ltda.

Ai que saudade da Amélia

Samba - Sol Maior *Ataulpho Alves e Mario Lago*

Introdução: Bm7 E7 Am7 E7(9-) Am7 D7 G D7(13)

G   C7(9) G7M
Nunca vi fazer tanta exigência
E7   A7
Nem fazer o que você faz
F#m7(5-)   B7 Em7
Você não sabe o que é consciência
A7   Eb7 D7
Não vê que eu sou um pobre rapaz?
G   C7(9) G7M
Você pensa em luxo e riqueza
E7   A7
Tudo o que você vê você quer,
F#m7(5-)   B7   Em7
Ai, meu Deus! Que saudade da Amélia...
A7   Eb7 D7
Aquilo sim, é que era mulher.
Am7   D7   G
Às vezes passava fome ao meu lado,
F#m7(5-) F#m6 B7 Em7
E achava bonito não ter o que comer...
C   C#° G
Quando me via contrariado
A7   D7
Dizia: meu filho, o que se há de fazer...
Am7   D7 G7M E7
Amélia não tinha a menor vaidade
Am7   D7 G6
Amélia é que era mulher de verdade.

A lenda do Abaeté

Canção praieira - Mi menor   *Dorival Caymmi*

Introdução: Bm7 Em Bm7 Em

Am7   Em7   Bm7   Em
No Abaeté tem uma lagoa escura
          Am7   Bm7   Em
No Abaeté   tem uma lagoa escura
        Bm7   Em
Arrodeada de areia branca
    Am7   Bm7   Em
Arrodeada de areia branca ôi
     Bm7   Em
De areia branca ôi
     D7   Em Am7 Em
De areia branca.
     Am7   D7   Am7
De manhã cedo se uma lavadeira
D7   Gm7   C7 F7M
Vai lavar roupa no Abaeté
  Em7   F#m7
Vai se benzendo porque diz que ouve
B7   Em   B7   Em
Ouve a zuada do batucajé
    D7   Em
Ôi, do batucajé
    D7   Em
Ôi, do batucajé
          Am Em D7 Em
Ôi, do batucajé - é- é.
     Am7   D7   Am7
O pescador deixa que seu filhinho
D7   Gm7   C7   F7M
Tome jangada, faça o que quiser
        Em   F#m7
Mas dá pancada se o filhinho brinca
B7   Em   B7   Em
Perto da lagoa do Abaeté
   D7   Em
Ôi, do Abaeté
   D7   Em
Ôi, do Abaeté
       Am7 D7 Em7
Ôi, do Abaeté - é - é.
                      Em
A noite está que é um dia
   A7   Em
Diz alguém olhando a lua

A lenda do Abaeté (continuação)

     Am7   Em
Pela praia as criancinhas
   A7   Bm7   Em
Brincam a luz do luar
   Am7   Em
O luar prateia tudo
    A7   Em
Coqueiral, areia e mar
A7   Em Am7 Em
A gente imagina quanto
    A7   Bm7 Em
A lagoa linda é
A7   Em Am7   Em
A lua se namorando
   D7   Em
Nas águas do Abaeté.

(Falado)

Credo, cruz, te discunjuro

(Cantado)
              B7
Quem falou de Abaeté?

Gostoso demais

Fá Maior

Dominguinhos
e Nando Cordel

Introdução: F7 Bb A7 Dm Dm/C Dm/B G7 C7 Eb° C/E

F
Tô com saudade de tu meu desejo
  Dm   A7
Tô com saudade do beijo e do mel
Bb   F
Do teu olhar carinhoso
     Dm
Do abraço gostoso
G7   C7
De passear no teu céu
F   C7
É tão difícil ficar sem você
Dm   A7
O teu amor é gostoso demais
Bb   F
Teu cheiro me dá prazer
                   Dm
Eu quando estou com você
Gm7   C7   F
Estou nos braços da paz.
F   Bb   F7
Pensamento viaja e vai buscar
          Bb
Meu bem-querer
     A7   Dm
Não posso ser feliz assim
    G7
Tem dó de mim
             C7
O que é que eu posso fazer.

Canção da criança

Francisco Alves e Renê Bittencourt

Valsa - Sol Maior

Criança feliz [Am]
Que vive a cantar [D7] [G]
Alegre a embalar [Em7] [Am]
Seu sonho infantil! [D7] [G]
Ó meu bom Jesus! [G7] [C]
Que a todos conduz [Cm] [G] [Em]
Olhai as crianças [A7]
Do nosso Brasil. [D7] [G]
Crianças com alegria [C] [D7] [G]
Qual um bando de andorinhas, [C] [D7] [G]
Viram Jesus que dizia: [C] [D7] [G]
"Vinde a mim as criancinhas" [C] [D7] [G]
Hoje, dos céus, num aceno, [C] [D7] [G]
Os anjos dizem "Amém" [C] [D7] [G]
Porque Jesus Nazareno [C] [D7] [G] [Em]
Foi criancinha também. [A7] [G]

O sal da terra

Sol Maior — **Beto Guedes e Ronaldo Bastos**

G   D/F#   Em
Anda, quero te dizer nenhum segredo
F   G
Falo nesse chão da nossa ca_sa
F   C
Vem que tá na hora de arrumar
G   D/F#   Em
Tempo, quero viver mais duzentos anos
F   G
Quero não ferir meu semelhante
F   C
Nem por isso quero te ferir.
Bb   F
Vamos precisar de todo mundo
Bb   F
Para banir do mundo a opressão
Dm   Dm7   G
Para construir a vida nova
Bb   F
Vamos precisar de muito amor
Dm   G
A felicidade mora ao lado
Bb   Am7
E quem não é tolo pode ver
Em   Am7
A paz na Terra, amor,
Em   Am7
O pé na Terra
Em   Am7
A paz na Terra, amor,
Em   G
O sal da Terra
D/F#   Em
És o mais bonito dos planetas
F   G
Tão te maltratando por dinheiro
F   C
Tu que és a nave nossa irmã
G   D/F#   Em
Canta, leva tua alma em harmonia
F   G
E nos alimenta com seus fru_tos
F   C
Tu que és do homem a maçã

O sal da terra (continuação)

    Bb   F
Vamos precisar de todo mundo
   Bb   F
Um mais um é sempre mais que dois
  Dm   G
Pra melhor juntar as nossas forças
Bb   F
É só repartir melhor o pão
  Dm   G
Recriar o paraíso agora
Bb   Am7
Para merecer quem vem depois
Em   Am7   Em   Am7
Deixa nascer o amor, deixa fluir o amor,
Em   Am7   Am7 Em   Am7
Deixa crescer o amor,   deixa viver o amor.
Em   G
(O sal da Terra).

Podres poderes

Balada Rock - Fá Maior   **Caetano Veloso**

Introdução: Ab   Bbm/Eb   C$^7_4$ C7

F
Enquanto os homens exercem
      G7
Seus podres poderes

Motos e fuscas avançam os sinais
  Bb7M   C7
Vermelhos e perdem os verdes
      Bbm/Db   Dm
Somos uns   boçais.

F
Queria querer gritar
       G7
Setecentas mil vezes

Como são lindos. Como são lindos,
   Bb7M   C7
Os burgueses e os japoneses
         Bb7M/Db Db/Eb Eb
Mas tudo é muito   mais.
   Ab7M   C7
Será que nunca faremos senão confirmar

A incompetência da América Católica
Db7M   Gb7
Que sempre precisará de ridículos tiranos
Ab   C7
Será, será, que será que será que será,

Será que esta minha estúpida retórica
Db7M
Terá que soar, terá que se ouvir
Gb7
Por mais mil anos.
F
Enquanto os homens exercem
      G7
Seus podres poderes
                       Bb7M
Índios, padres e bichas e mulheres
             C7
E adolescentes
      Bbm/Db Dm
Fazem o carnaval

Podres poderes (continuação)

    F   **G7**
Queria querer cantar afinado com eles

Silenciar em respeito ao seu transe
  Bb7M
Num êxtase
         C7   **Bbm/Db** **Db/Eb** **Eb**
Ser indecente mas tudo é muito mal,
Ab7M   **C7**
Ou então cada paisano e cada capataz

Com sua burrice fará jorrar sangue demais
Db7M
Nos pantanais, nas cidades e caatingas
       Gb7
E nos Gerais;
Ab7M   **C7**
Será que apenas os hermetismos pascoais

Os tons, os mil tons, seus sons
                   Db7M
E seus dons geniais

Nos salvam, nos salvarão dessas trevas
  Gb7
E nada mais.
F
Enquanto os homens exercem
            G7
Seus podres poderes
                     Bb7M
Morrer e matar de fome de raiva e de sede
         C7   **Bbm/Db** **Dm**
São tantas vezes gestos naturais.
F   **G7**
Eu quero aproximar o meu cantar vagabundo
                                   Bb7M
Daqueles que velam pela alegria do mundo
              C7   **Bbm/Db** **Db/Eb**
Isto mais fundo Tins e Bens e tais.

O homem de Nazaré

Fá Maior   *Claudio Fontana*

  F   Bb   F
Mil novecentos e setenta e três
      Bb   F
Tanto tempo faz que ele morreu
   Bb   F
O mundo se modificou
      Bb   Eb   C7
Mas ninguém jamais o esqueceu.
 F   Bb   F
E eu sou ligado no que ele falou
     Bb   F
Sou parado no que ele deixou
   Bb   F
O mundo só será feliz
    Bb   Eb   C7
Se a gente cultivar o amor.

(Ritmo 4 compassos)

 F
Ei, irmão
   Bb   F
Vamos seguir com fé
 Bb   F
Tudo que ensinou   BIS
   Bb   Eb C7
O Homem de Nazaré.

 F   Bb   F
Reis e rainhas que esse mundo viu
    Bb   F
Todo povo sempre dirigiu
       Bb   F
Caminhando em busca de uma luz
   Bb   Eb C7
Sob o símbolo de sua cruz.

 F   Bb   F
E eu sou ligado no que ele falou

O homem de Nazaré (continuação)

    F   Bb   F
Sou parado no que ele deixou
  Bb   F
O mundo só será feliz
    Bb   Eb   C7
Se a gente cultivar o amor.

(Ritmo 4 compassos)

F
Ei, irmão
  Bb   F
Vamos seguir com fé
  Bb   F
Tudo que ensinou
   Bb   Eb C7
O Homem de Nazaré.

BIS

  Bb
Ele era um rei
                      Am
Mas foi humilhado o tempo inteiro
               G7
Ele foi filho de um carpinteiro
             C7
E nasceu em uma manjedoura.
  Gm
Não saiu jamais
     C7   Am7
Muito longe de sua cidade
              G7
Não cursou nenhuma faculdade
         C7
Mas na vida ele foi doutor.

Bb   C7   F
Ele modificou o mundo inteiro
Bb   C7   F
Ele modificou o mundo inteiro
Bb   C7   F
Ele modificou o mundo inteiro
Bb   C7   F
Ele revolucionou o mundo inteiro.

O homem de Nazaré (continuação)

(Ritmo 4 compassos)

F
Ei, irmão
   Bb   F
Vamos seguir com fé
  Bb   F
Tudo que ensinou
   Bb   Eb C7
O Homem de Nazaré.

BIS

Farinhada

Baião - Ré Maior   ***Zé Dantas***

Introdução: D   A7   D   G   A7   D

   D   G   D
Tava na peneira eu tava penerando | BIS
   Bm7   Em   A7   D
Eu tava de namoro eu tava namorando.

           G   D
Na farinhada lá na Serra do Teixera
   Bm7   Em   A7   D
Namorei uma cabôca nunca vi tão feiticeira
 D7   G   D
A meninada descascava a macaxeira
   Bm7   Em   A7   D
Zé Migué no caititú eu e ela na peneira.

   D   G   D
Tava na peneira eu tava penerando | BIS
   Bm7   Em   A7   D
Eu tava de namoro eu tava namorando.

       G   D
O vento dava, sacudia a cabilheira
  Bm7   Em   A7   D
Levantava a saia dela no balanço da peneira
 D7   G   D
Fechei os olhos e o vento foi soprando
   Bm7   Em7   A7   D
Quando deu um virimunho sem querer tava espiando.

   D   G   D
Tava na peneira eu tava penerando | BIS
   Bm7   Em   A7   D
Eu tava de namoro eu tava namorando.

       G   D
De madrugada nós fiquemos ali sozinho
   Bm7   Em   A7   D
O pai dela soube disso deu de perna no caminho
 D7   G   D
Chegando lá até riu da brincadeira
   Bm7   Em7   A7   D
Nós estava namorando eu e ela, na peneira...

Você já foi à Bahia?

Samba - Fá Maior   **Dorival Caymmi**

Introdução: Gm7   C7   F/C   Dm7   Gm7   C7   F   Dm7   Gm7   C7   F

I

F
Você já foi à Bahia, nêga?   **Gm7**
C7
Não?
F
Então vá!
Dm   **C7**
Quem vai ao "Bonfim", minha nêga,
          F6   **Bb7M**
Nunca mais quer voltar.
F   **Dm7**   **G7**
Muita sorte teve,
     C7
Muita sorte tem,
    F7M   **Am7(5-)**
Muita sorte terá.
D7(9-)   **Gm7**
Você já foi à Bahia, nêga?
C7
Não?
F
Então vá!

II

F7M   **Gm7**
Lá tem vatapá
C7   **F**
Então vá!
Dm7   **Gm7**
Lá tem caruru,
C7   **F**
Então vá!
Dm7   **Gm7**
Lá tem munguzá
C7   **F**
Então vá!
Dm7   **Gm7**
Se "quiser sambar"
C7   **F**
Então vá!

Você já foi à Bahia? (continuação)

    Am7(5-)   D7
Nas sacadas dos sobrados
  Gm7 Bbm6 C7(9-) F7M
Da velha São Salvador
     Dm7   G7(13)
Há lembranças de donzelas,
  Bb/C   C7   F7M
Do tempo do Imperador.
    Am7(5-) D7   Gm7
Tudo, tudo na Bahia
   Bbm6   C7   F7M
Faz a gente querer   bem
  Dm7   G7(13)
A Bahia tem um jeito,
     Bb/C   C7   F6
Que nenhuma terra tem.

Banho de cheiro

Ré Maior   *Carlos Fernando*

    D   Em
Eu quero um banho de cheiro
                 A7
Eu quero um banho de lua
          D
Eu quero navegar
           Em
Eu quero uma menina
               A7
Que me ensine noite e dia
             D
O valor do Bê-á-Bá
 B7   Em
O Bê-á-Bá dos seus olhos
    A7   Em
Morena bonita da boca do Rio
   A7   D
O Bê-á-Bá das narinas do rei
   B7   E7
O Bê-á-Bá da Bahia
 Em7
Sangrando alegria
      A7   D
Magia, Magia, nos Filhos de Gandhi
   B7   Em
No Bê-á-Bá dos baianos
       A7   Em
Que charme bonito, foi o santo que deu
   A7   D
No Bê-á-Bá do Senhor do Bonfim
   B7   E7
No Bê-á-Bá do sertão
            Em
Sem chover, sem colher
       A7
Sem comer, sem lazer,
            D
No Bê-á-Bá do Brasil.

Sem compromisso

Samba - Sol menor   **Nelson Trigueiro e Geraldo Pereira**

Introdução: Cm7 D7 Gm A7 D7 Gm/Bb D7

   Gm7   D7
Você só dança com ele
                G7
E diz que é sem compromisso
   Cm7   F7
É bom acabar com isso
  Bb7M   D7(5+)
Não sou nenhum pai-joão
   Gm   D7
Quem trouxe você fui eu
       G7
Não faça papel de louca
  Cm7   D7(9-)
Prá não haver bate-boca
   Gm
Dentro do salão.
 G7   Cm7
Quando toca um samba
 F7   Bb7M
Eu lhe tiro prá dançar
   D7
Você me diz:
         G7
Não, eu agora tenho par
Cm   F7
E sai dançando com ele
   Bb7M
Alegre e feliz
Em7(5-)   A7
Quando pára o samba
 D7   Gm D7
Bate palmas e pede bis.

(Ao princípio para acabar)

 D7   Gm D7 Gm
Dentro do salão.

Me chama

Ré Maior **Lobão**

  D   D7M
Chove lá fora
  D7
E aqui...
        G
Tá tanto frio
F#m   G D
Me dá vontade de saber
      D7M
Aonde está você
D7   G
Me telefona
F#m
Me chama

Me chama
    G
Me chama
          Bm
Nem sempre se vê
     A
Lágrimas no escuro
Bm   A
Lágrimas no escuro
Bm   A   G
Lágrimas... cadê você?
D   D7M   D7
Tá tudo cinza sem você
    G
Tá tão vazio
   F#m   G
E a noite fica sem por quê
D   D7M
Aonde está você
D7   G
Me telefona
F#m
Me chama
D4
Me chama
   G
Me chama
         Bm
Nem sempre se vê

Me chama (continuação)

A   Bm
Mágica no absurdo
Bm   A
Mágica no absurdo
G   Bm
Nem sempre se vê
        A
Lágrimas no escuro.

A volta

*Roberto Menescal
e Ronaldo Boscoli*

Fá Maior

   F7M   Dm7
Quero ouvir sua voz
              Gm7   C7(13)
E quero que a canção seja você
   F7M   Dm7
E quero em cada vez que espero
   Em7(5-)   A7
Desesperar se não te ver
   Dm7   Bm7
É triste a solidão
 E7 A7M   F#m7
É longe o não te achar
  Am7   Dm7
É lindo o seu perdão
     Gm7   C7(13)
Que festa é o seu voltar
   F7M   Dm7
Mas quero que você me fale.
         Gm7   C7(13)
Que você me cale, caso eu perguntar
  F7M   Dm7
Se o que te fez tão linda
   Bm7   E7
Foi sua pressa de voltar
  Am7   Cm7   F7(9)
Levanta e vem correndo
  Bb7M   Bbm7
Me abraça e sem sofrer
Eb7(9) Am7(5-) D7
Me beija longamente
  Gm7   C7(13)
O quanto a solidão
       F6
Precisa pra morrer.

Cais

Milton Nascimento e Ronaldo Bastos

Lá menor

Am7   Am6
Para quem quer se soltar
         Am7
Invento o cais
Am6   F7M/A   Bb7M
Invento mais que a solidão me dá
      F7M/C   Em7
Invento lua nova a clarear
      Gm7(9)
Invento o amor,
Gm6   Gm7(9) Gm6   Am7 Am6
Eu sei a dor   de me lançar.
F7M/C   Em7
Eu queria ser feliz
      Gm7(9)
Invento o mar
Gm6   Gm7(9) Gm6   Am7 Am6
Invento em mim   o sonhador.
Am7   Am6
Para quem quer me seguir
      Am7
Eu quero mais
Am6   F7M/C   Bb7M
Tenho o caminho do que sempre quis
     F7M/C   Em7
É um saveiro pronto pra partir
     Gm7(9)
Invento o cais
Gm6 Gm7(9) Gm6   Am Am6 Am7
E sei a vez   de me lançar.

Universo no teu corpo

Choro-canção - Fá Maior *Taiguara*

[F]Eu desisto, não existe essa ma[F7M]nhã que eu perse[F7]guia [Bb]
Um lu[Bbm7]gar que me dê trégua e me so[F]rria [A7(5+)]
Uma [Dm]gente que não [G7]viva só pra [Eb]si, [C7]
[F]Só encontro gente amarga mer[F7M]gulhada no pa[F7]ssado [Bb]
Pro[Bbm]curando repartir seu mundo e[F]rrado [A7(5+)]
Nessa [Dm]vida sem a[G7]mor que eu apren[Eb]di, [F7]
[Bb]Por uns velhos vãos mo[Db/Eb]tivos somos cegos e cativos
[Ab]No deserto do universo sem a[F7/4]mor e é [F7]por isso que [Bb]eu preciso
[Db/Eb]De você, como eu preciso [Ab]não me deixe um só minuto sem
[C7/4]a[C7]mor,
[F]Vem comigo, meu pedaço de u[F7M]niverso é no [F7]teu corpo [Bb]
Eu te a[Bbm7]braço, corpo imerso no te[F]u corpo, [A7(5+)]
E em [Dm]teus braços se u[G7]ne em versos a can[Eb]ção [C7]
[F]Em que eu digo que estou [F7M]morto pr'esse [F7]triste mundo a[Bb]ntigo
Que meu [Db7M]porto, meu de[Eb7(9)]stino, meu a[Ab]brigo,
São teu [Db]corpo amante e a[Db/Eb]migo em minhas [Ab]mãos. **(duas vezes)**

A lua e eu

Balada romântica - Lá Maior

*Cassiano e
Paulinho Zdonowski*

A7M   **G#m7**   **F#m7**
Mais um ano se passou
C#m7   **Bm7**
E nem sequer ouvi falar seu nome
E7(9)
A lua e eu
        A7M   **G#m7**   **F#m7**
Caminhando pela estrada
C#m7
Eu olho em volta
       Bm7
E só vejo pegadas
             E7(9)
Mas não são as suas
   A7M
Eu sei

Eu sei

D7M   **Dm6**
O vento faz
       A7M   **G#m7 F#m7**
Eu lembrar vo__cê
D7M   **Dm6**
As folhas caem, mortas
   C#m7   **Bm7**   **E$^7_4$(9)**
Como eu
A7M   **G#m7**   **F#m7**
Quando olho no espelho
   C#m7
Estou ficando
       Bm7
Velho e acabado
            E7
Procuro encontrar
Bm7   **E7**   **A7M**
Não sei onde está você, você.

Com mais de 30

Si bemol Maior   *Marcos Valle e Paulo Sergio Valle*

  G°
Não confie em ninguém com mais de trinta anos
              C#m7(5-)   A/C#   G
Não confie em ninguém com mais de trinta cruzeiros
     B7   Em
O professor tem mais de trinta conselhos
      C   G/B Am7   G
Mas ele tem mais de trinta, ô mais de trinta, ô mais de trinta

  G°
Não confie em ninguém com mais de trinta ternos
              C#m7(5-)   A/C#   G
Não confie em ninguém com mais de trinta vestidos
     B7   Em
O diretor quer mais de trinta minutos
    C   G/B Am7   C/D G
Pra dirigir sua vida, a sua vida, a sua vida.

Bb
Eu meço a vida das coisas que eu faço
Cm   F7   Bb7M   Bb7
E nas coisas que eu sonho e não faço
Eb   Bb7   Eb   E°
Eu me desloco no tempo e no espaço, passo a passo
                 Bb/F
Faço mais um traço, faço mais um passo, traço a traço,

Bb   Cm
Sou prisioneiro do ar poluído,
Cm   F7   Bb7M   Bb7
O artigo trinta eu conheço de ouvido
Eb   Bb7   Eb
Eu me desloco no tempo e no espaço,
Eb°   Bb/F
Na fumaça o mundo novo faço
Eb   Bb
Faço o mundo novo na fumaça.

Canção do amor demais

Ré menor *Antônio Carlos Jobim e Vinícius de Moraes*

       E7   A7   Dm
Quero chorar porque te amei demais
      E7   A7   D7/4 D7
Quero morrer porque me deste a vida
    Gm7   G#°   Am7
Oh, meu amor, será que nunca hei de ter paz?
     G#°   Gm7
Será que tudo que há em mim só quer sentir saudade
     E7   A7   Dm
E já nem sei o que vai ser de mim
   E7   A7   D7/4 D7
Tudo me diz que amar será meu fim...
    Gm7   G#°
Que desespero traz o amor
   Dm/A   Bb7M
Eu nem sabia o que era o amor
  Em7(5-)   A7   Dm
Agora eu sei por que não sou feliz.

Na batucada da vida

Samba-canção - Dó Maior *Ary Barroso e Luiz Peixoto*

   D#m7   Dm7   G7   C7M
No dia em que apare _ ci no mundo
   D#m7   Dm7   G7   C7M Bb/C
Juntou uma porção de vagabundo
  F7M   G7   C7M
De noite teve samba e batucada
   Am7   F#m7(5-)
Que acabou de madrugada
 B7   Em7
Em grossa pancadaria...
   D#m7   Dm7   G7   C7M
Depois de meu batismo de fumaça
 Gm7   C7   F7M
Mamei um litro e meio de cachaça

Bem puxado
 Dm7   G7   C7M
E fui adormecer como um despacho
   Am7   F#m7(5-)
Deitadinha no capacho
 B7   Em7 F#m7(5-) B7
Da porta dos enjeitados.
 Em7 C#m7(5-) C7M B7   Em7
Cresci olhando a vida sem malícia
C#m7(5-)   C7M   B7   Em7
Quando um cabo de polícia
                  Dm7
Despertou meu coração
  Fm7   G7(9-)   C7M
Mas como eu fui prá ele muito boa
   Am7   Dm7
Me sortou no mundo à toa
  G7   C7M   F#m7(5-) B7
Sem dor nem compaixão.
 Em7   C7M   B7   Em7
Agora que sou mesmo da virada
  F#m7(5-) B7   Em7
Que não tenho nada, nada
                Dm7
Que por Deus fui esquecida
Fm7   Dm7(5-) G7   C7M
Irei cada vez mais m'es mulambando
 A7   Dm7
Seguirei sempre sambando
  G7   C6
Na batucada da vida.

Copyright 1934 by Irmãos Vitale S. A. Ind. e Com.

Flor do mal

Canção valsa - Fá menor

*Santos Coelho
e João Portaro*

Introdução: Bbm6　Fm　Fm/C　C7　Fm

Fm　　　　　　　　　　　C7　　　　　　　　　　　　Gm7(5-)
Oh! Eu me recordo ainda deste fatal dia
C7　　　　　　　　　　　Fm/C　　　　　　　　　　Fm/Ab
Que disseste-me Arminda, indiferente e fria
　　　Aº　　　　　　　　　　Bb7
És o meu romance enfim, Senhor
Eb7(9)　　　　　　　　Ab7M　　C7(9-)
Basta esquecer-te de mim, Amor!
　　　Fm　　　　　　　　　　C7　　　　　　　　　　　Gm7(5-)
Por que não procurar indagar a causa ou a razão
　　　C7(9-)　　　　　Fm/C　　　　　　　　　　　　F7
Por que eu não posso amar, oh! Não indagues, não
Bbm6　　　　　　　　Fm　　　　　　　　　　G7
Se _ rá fácil esquecer, prometer, oh! Minha flor
C7　　　　　　　　　　Fm
Não mais ouvir falar d'amor
　　F7　　　　　　　　　　Bbm6
Alma hipócrita, fingido coração
Eb7　　　　　　　　　　Ab7M
De　granito ou de gelo maldição
Gm7(5-)　C7　　　　　　Db7
Oh!　　Espírito Satan, perverso,
C7　　　　　　　　　Fm/Ab　　C7/G　　　　　C7　　　F
Titânico chacal do mal　no lamaçal imerso.
　　　　Am7(5-)　　　　　　G7
Sofrer quanto tenho sofri _ do
　　　　　C7　　C/Bb　　　　Abº　C7
Sem ter a consolação
　　　F/A　F7M　　　　　　　Am7　　　　G7
Jesus　　também foi traído por que
　　　　　　　　　Abº
Não posso então?
Gº　　　　　　　Am7(5-)　　D7　　　　　　G7
Não que importa　o sofrer feri _ no
　　　　C7　　　　C/Bb　　　　Abº　　F/A
Das cousas é ordem natural
Bb7M　　　　　Bbm6　　　　F
Seguirei o meu destino
　　　　　　　D7(9-)　　　G7
Chamar-te-ei eternamente
　　C7(9-)　　　F　　Bbm6　　F
Flor do mal!

Tieta

Choro-canção - Fá Maior   **Paulo Debetio e Boni**

Introdução: F Dm C7 F

[F] Vem meu amor
[Bb] Vem com [F] calor
No meu corpo se en[Am]ros[Gm]car
[Dm] Vem minha [Gm] flor, [Dm] vem sem pudor [C7]
Em [Bb] seus braços [C7] me ma[F]tar. [Bb/C]
[F] Tieta não foi feita da [Bb] costela de A[Gm]dão [C7]
É mulher [Bb] diabo, a própria [A7] tenta[Dm]ção
Tieta é a [F] serpente que en[Bb]cantava o para[C7]íso
Ela veio ao [Bb] mundo pra pirar [C7] nosso ju[F]ízo.

[F] Tieta, Tieta
Pelos olhos de Tieta me deixei gui[C7]ar
Tieta, Tieta
No ventre de [Gm] Tieta encon[C7]trei o meu lu[F]gar
Tieta, Tieta
Nos seios de [Bb] Tieta cons[F]truí meu ni [C7] _ [Gm7] nho
Na boca de [C7] Tieta morri como um passari[F]nho.
Tieta do a[Bb]greste, lua [Gm] cheia de te[C7]são
É lua, es[Bb]trela, é nuvem, car[A7]regada de pai[Dm]xão
Tieta é [F] fogo ardente quei[Bb]mando o cora[C7]ção
Seu amor mata a [Bb] gente
Mais que o [C7] sol do meu ser[F]tão.

364 | Copyright 1989 by Universal Music Publishing Ltda. / SIGEM - Sistema Globo de Edições Musicais Ltda.

Talismã

Sol Maior

Michael Sullivan
e Paulo Massadas

Introdução: G D7 G

   G   C   G
Sabe,   quanto tempo não te vejo
                 C
Cada vez você mais longe,
Am   D7
Mas eu gosto de você, por quê?...
  G   C   G
Sabe, eu pensei que fosse fácil
              C
Esquecer teu jeito frágil,
Am   D7 Dm7 G7 C
De se dar sem receber, só você
          G
Só você me ilumina,
          C
Meu pequeno talismã,
                G
Como é doce essa rotina
              Am7
De te amar toda manhã,
              Em7
Nos momentos mais difíceis,
        Am7
Você é o meu divã.
Am7   Em7
Nosso amor não tem segredos
Em7   C
Sabe tudo de nós dois,
             D7
E joga fora os nossos medos.

  C   D7   G
Vai saudade, diz pra ela,
  C   D7   Em
Diz pra ela aparecer.
  C   D7   G
Vai saudade, vê se troca,
  Em   C
A minha solidão por ela,
     D7   G G7
Pra valer o meu viver.

BIS

  G   C   G
Sabe,   quanto tempo não te vejo... (etc.)

Copyright 1984 by Edições Musicais Tapajós Ltda. / by Sony Music Edições Musicais Ltda.

Pedro pedreiro

Samba - Sol Maior **Chico Buarque de Hollanda**

Introdução: D7(9+)

G   Am7   D7(9)
Pedro pedreiro penseiro esperando o trem
G   Am7   D7(9)
Manhã, parece, carece de esperar também
Em7   B7
Para o bem de quem tem bem
                     Em7
De quem não tem vintém
            Am7   Em7
Pedro pedreiro fica assim pensando
                     Am7
Assim pensando o tempo passa
    Em7   F#m7(5-)
E a gente vai ficando pra trás
  B7
Esperando, esperando, esperando
          Em7
Esperando o sol
          Am7
Esperando o trem
  F#m7(5-)   Em7
Esperando o aumento
        Am7   B7(9-)   Em7 D7(9)
Desde o ano passado para o mês que vem.
G   Am7   D7(9)
Pedro pedreiro penseiro esperando o trem
G   Am7   D7(9)
Manhã, parece, carece de esperar também
Em7   B7
Para o bem de quem tem bem
                     Em7
De quem não tem vintém
           Am7   Em7
Pedro pedreiro espera o carnaval
              Am7   Em7
E a sorte grande no bilhete pela federal
  F#m7(5-) B7
Todo mês esperando, esperando,
         Em7   Am7
Esperando o sol, esperando o trem
Am7 F#m7(5-) Em7   Am7
Esperando o aumento para o mês que vem
         Em7   Am7
Esperando a festa, esperando a sorte,
        Em7   Am7
E a mulher de Pedro está esperando um filho

Pedro pedreiro (continuação)

  Am7   **B7(9-)**   **Em7** **D7(9)**
Pra esperar também
G   **Am7**   **D7(9)**
Pedro pedreiro, penseiro, esperando o trem
G7M   **Am7**   **D7(9)**
Manhã, parece, carece de esperar também
Em7   **B7**
Para o bem de quem tem bem
         Em7
De quem não tem vintém
  Am7   **Em7**
Pedro pedreiro está esperando a morte
  Am7   **Em7**
Ou esperando o dia de voltar pro norte
  F#7
Pedro não sabe, mas talvez no fundo
  F#m7(5-)
Espera alguma coisa mais linda que o mundo
B7   **Am7**
Maior do que o mar
  B7   **Em7**
Mas pra que sonhar
Am7   **Em7**
Se dá o desespero de esperar demais
  Am7   **Em7**
Pedro pedreiro quer voltar atrás
  Am7   **A7**
Quer ser pedreiro pobre e nada mais
  D7   **B7**
Sem ficar esperando, esperando, esperando
  Em7   **Am7**
Esperando o sol, esperando o trem
  Em7   **Am7**
Esperando o aumento para o mês que vem
  Em7   **Am7**
Esperando um filho pra esperar também
  Em7
Esperando a festa
  Am7
Esperando a sorte
  Em7
Esperando a morte
  F#m7(5-)
Esperando o norte.
  B7   **Em7**   **Am7**
Esperando o dia de esperar ninguém
  B7   **Em7**   **Am7**
Esperando enfim nada mais além
  B7   **Em7**   **Am7**
Da esperança aflita, bendita, infinita,

Pedro pedreiro (continuação)

        Em7
Do apito do trem,
G6   **D7**
Pedro pedreiro, pedreiro esperando
G6   **D7(9)**
Pedro pedreiro, pedreiro esperando
G6   **D7(9)**   **F#m7(5-) B7**
Pedro pedreiro, pedreiro esperando o trem
    Em7   **Am7**   **Em7**
Que já vem, que já vem, que já vem etc.

(Diversas vezes)

Eternas ondas

Ré menor   *Zé Ramalho*

Gm   **A7**
Quanto tempo temos antes de voltarem
       Dm
Aquelas ondas
Gm   **C**
Que vieram como gotas em silêncio
C#°   **Dm**
Tão furioso
F   **A7**
Derrubando homens entre outros animais
Gm   **A7**   **Dm**
Devastando a sede desses matagais
F   **A7**
Derrubando homens entre outros animais
Gm   **A7**   **Dm**
Devastando a sede desses matagais
     Gm   **A7**
Devorando árvores, pensamentos
       Dm
Seguindo a linha
Gm   **A7**
Do que foi escrito pelo mesmo lábio
     Dm
Tão furioso
F   **A7**
E se teu amigo vento não te procurar
Gm   **A7**   **Dm**
É porque multidões ele foi arrastar
F   **A7**
E se teu amigo vento não te procurar
       Gm   **A7**   **Dm**
É porque multidões ele foi arrastar.

O mestre-sala dos mares

Fá Maior *João Bosco e Aldir Blanc*

     F
Há muito tempo
 Bb7(9)   **F7M**   **Bb7**
Nas águas da Guanabara
Am7   **Ab°**   **Gm7**   **D7(9-)**
O dragão do mar reapareceu
Gm7   **C7**
Na figura de um bravo feiticeiro
Gm7   **C7**   **F7M**
A quem a história não esqueceu
Am7(5-) **D7**   **Gm7**   **Gm/F**
Conhecido como o navegante negro
    Em7(5-) **A7**   **Dm7**
Tinha dignidade de um mestre-sala
Bbm6 **F/A**   **Ab°**   **Gm7**
E ao acenar pelo mar, na alegria das regatas
         C7
Foi saudado no porto
 Gm7   **C7**
Pelas mocinhas francesas
Gm7   **Bbm6**   **C7**   **F**
Jovens polacas e por batalhões de mulatas.
Am7(5-) **D7(9-)** **Gm7**
Ru _ bras cascatas
 Bbm6   **C7**
Jorravam das costas dos santos
    F7M   **Bb7** **F**
Entre cantos e chibatas
  Ab°   **Gm7**
Inundando o coração
 C7   **Gm7**
Do pessoal do porão
    Bbm7   **C7**
Que a exemplo do feiticeiro
 F
Gritava então:
C7(9-) **Am7** **Dm7**   **Gm7**
Glória   aos piratas
   C7
Às mulatas
   F7M
Às sereias
 Am7   **Gm7**
Glória à farofa

Copyright 1974 by BMG Music Publishing Brasil Ltda.

O mestre-sala dos mares (continuação)

     C7
À cachaça
 F
Às baleias
Am7(5-) Am6   **Am7**   **Am7(5-) Am6**
Gló _ ria à todas as lutas ingló _ rias
Am7(5-)   **D7**   **Am7(5-) Am6**
Que através de nossa histó _ ria
Cm7   **F7**   **Bb7M Bb5+ Bb6 Bb5+ Ab°**
Não esquecemos jamais
                   Am7
Salve o navegante negro
D7   **G7**
Que tem por monumento
 Gm7   **C7**   **F**
As pedras pisadas do cais.

Gita

Raul Seixas e Paulo Coelho

Rock - Fá Maior

Introdução: F F/Eb Bb F

  F   Gm
Às vezes você me pergunta
    C7   F
Por que é que eu sou tão calado
  A7   Dm
Não falo de amor quase nada
  Gm   C7
Nem fico sorrindo ao teu lado
  Db7   C7
Você pensa em mim toda hora
  Db7   C7
Me come, me cospe e me deixa
  Db7   C7
Talvez você não entenda
  Db7   C7
Mas hoje eu vou lhe mostrar
  Bb   F
Eu sou a luz das estrelas
  Bb   F
Eu sou a cor do luar
  Bb   F
Eu sou as coisas da vida
  Eb   Bb   F
Eu sou o medo de amar
  Bb   F
Eu sou o medo do fraco
  Bb   F
A força da imaginação
  Bb   F
O blefe do jogador
  Eb   Bb   F
Eu sou, eu fui, eu vou
  Bb   F
Eu sou o seu sacrifício
  Bb   F
A placa de contramão
  Bb   F
O sangue no olhar do vampiro
  Eb   Bb   F
E as juras de maldição
  Bb   F
Eu sou a vela que acende
  Bb   F
Eu sou a luz que se apaga
  Bb   F
Eu sou a beira do abismo

Gita (continuação)

[Eb]   [Bb]   [F]
Eu sou o tudo e o nada
[F]   [Gm]
Por que você me pergunta
[C7]   [F]
Perguntas não vão lhe mostrar
[A7]   [Dm]
Que eu sou feito da terra
[Gm7]   [C7]
Do fogo, da água e do ar
[Db7]   [C7]
Você me tem todo dia
         [Db7]   [C7]
Mas não sabe se é bom ou ruim
     [Db7]   [C7]
Mas saiba que eu estou em você
     [Db7]   [C7]
Mas você não está em mim
          [Bb]   [F]
Das telhas eu sou telhado
   [Bb]   [F]
A pesca do pescador
   [Bb]   [F]
A letra A tem meu nome
     [Eb]   [Bb]   [F]
Dos sonhos eu sou o amor
     [Bb]   [F]
Eu sou a dona-de-casa
    [Bb]   [F]
Nos Pegue-Pagues do mundo
    [Bb]   [F]
Eu sou a mão do carrasco
   [Eb]   [Bb]   [F]
Sou raso, largo, profundo
    [Bb]   [F]
Eu sou a mosca na sopa
   [Bb]   [F]
E o dente do tubarão
    [Bb]   [F]
Eu sou os olhos do cego
       [Eb]   [Bb]   [F]
E a cegueira da visão
    [Bb]   [F]
Eu sou o marco da língua
       [Bb]   [F]
A mãe, o pai e o avô
       [Bb]   [F]
O filho que ainda não veio
   [Eb]   [Bb]   [F]
O início, o fim e o meio.

Antes que seja tarde

Samba - Dó menor *Ivan Lins e Vitor Martins*

Introdução: Cm7 F7(9) Cm7 F7(9) 2 vezes

Cm7
Com força e com vontade
Cm6   Cm7
A felicidade há de se espalhar   BIS - repetir 3 vezes

Com toda intensidade.

Cm7(9)   Fm7
Há de molhar o seco,
       Bb7   Eb7M
De enxugar os olhos,
    Fm7   Ab7
De iluminar os becos
Dm7(5-)   G7   Cm7
Antes que seja tarde
Cm6   Fm7
Há de assaltar os bares,
      Bb7   Eb7M
De retomar as ruas,
Bbm7   Eb7   Ebm7
De visitar os lares
Dm7(5-)   G7   Cm7
Antes que seja tarde,
Cm6   Fm7
Há de rasgar as trevas
         Bb7   Eb7M
E abençoar o dia
Bbm7   Eb7   Ebm7   Ab7
E guardar as pe _ dras
Dm7(5-)   G7   Cm7
Antes que seja tarde.

Estribilho:
Cm7
Com força e com vontade
Cm6   Cm7
A felicidade há de se espalhar   BIS - repetir 3 vezes

Com toda intensidade

374 Copyright 1980 by Velas Produções Artísticas Musicais e Com. Ltda.

Antes que seja tarde (continuação)

    Fm7
Há de deixar sementes
  Bb7 Eb7M
Do mais bendito fruto,
Fm7   Ab7
Na terra e no ventre
Dm7(5-) G7 Cm7
Antes que seja tarde.

    Fm7
Há de fazer alarde
   Bb7 Eb7M
E libertar os sonhos
Bbm7 Eb7 Ebm7
Da nossa mocidade
Dm7(5-) G7 Cm7
Antes que seja tarde.
                  Fm7
Há de mudar os homens
        Bb7   Eb7M
Antes que a chama apague
Bbm7   Eb7 Ebm7 Ab7
Antes que a fé se aca _ be
Dm7(5-)   G7 Cm7
Antes que seja tarde.

Estribilho

Onde está o dinheiro?

Marcha - Sol Maior 　　　**José Maria de Abreu, Francisco Mattoso
e Paulo Barbosa**

Introdução: G D7 G F#° Em7 B7 Em7 E7 Am7 D7 G F7 E7 Am7
A7 D7 G D7

   G   D7
Onde está o dinheiro?
G D7 G D7   G/B
 O gato comeu... o gato comeu...
    Bb° Am7
 Que ninguém não viu
  E7   Am7 E7   Am7
 O gato fugiu... o gato fugiu...

 O seu paradeiro...
     D7
 Está no estrangeiro?
      G D7
 Onde está o dinheiro?

BIS

   Am7   D7
 Eu vou procurar
  G
 E hei de encontrar
  B7   E7
 E com dinheiro na mão
  Am7   D7
 Eu compro um vagão
  G F7 E7
 Eu compro a Nação
  Am7   D7 G D7
 Eu compro até seu coração.
 G   D7
Onde está o dinheiro? Etc.
   Am7   D7
 No norte não está
  G
 No sul estará?
  B7   E7
 Só um é que sabe e não diz
  Am7   D7
 E nem por um triz
 G F7 E7
 Aí está o "X"
  Am7   D7   G D7
 E não se pode ser feliz...
  G   D7
 Onde está o dinheiro? Etc.

Na hora da sede

Luiz Américo e Braguinha

Samba - Ré Maior

    D
Na hora da sede você pensa em mim - lá - lá - lá
   B7   **Em7**   **A7**
Mas eu sou o seu copo d'água
Em7   **A7**   **Em7**
Sou eu que mato a sua sede
A7 **Em7**   **A7**   **D**   **Em7** **A7**
E   dá alívio a sua mágoa,

                     D **F#m7** **Fm**
Pra terminar 2ª vez: mágoa

  Em7   **A7**   **D**
Mas se a fonte secar você se acaba - lá - lá - lá
Em7   **A7**   **D**
Você vai, você vem, você não me larga

              D **A7**
Pra terminar 2ª vez: larga

G   **A/G**   **F#m7**   **Bm7**
É sempre assim, você some de mim
  Em7   **A7**   **D** **F#m** **Fm7** **Em7**
Prá você eu só sirvo de água
           A7   **D**
Mas se a fonte secar você se acaba - lá - lá - lá
     A7   **D** **F#m** **Fm7**
Você vai, você vem, você não me larga

           D **Em7** **A7**
Pra terminar 2ª vez: larga

Ao princípio até o fim.

Pra finalizar: Você não me larga.

Copyright 1938 by Irmãos Vitale S. A. Ind. e Com.

Pequenino cão

Balada Pop - Ré Maior   Caio Silva e Fausto Nilo

Introdução: G F# Em D

    D   F#7   Bm7
É a qualidade das paixões de quem procura
    Em   B7   Em Em7M
Ser maltratado, maltratando a criatura
Em7   A/C#   A7
Adormeceu em minha mão
               D   Gm6
Como um menino
     F#m Bm7
Só sem destino
G/A A7   G   D/F#
Um pequenino cão
Em   D   G/A
Se a vida abraça a redenção
       D   F#m7(5-)
Das amarguras
B7   Em7   B7(9-)   Em7
Você não faça a eternidade na tortura
A7
Entorpecendo o coração
        G   Gm6   D
A gente espanta o passarinho
A7   G   F#m Em
Por pavor ou medo
D   B7
Eu sei que um certo sem sabor
      Em
É a tua loucura
    G/A   A7   D
Eu sei que a cor do teu amor é muito escura
B7   F#m7(5-) B7
E sem poder te dar a luz
   Em7
Meu coração
   Gm6   D   A7
Eu durmo cedo, e só te peço, amor
         G   F#m Em7
Não me abandones mais
D   B7   Em7
Quando desperto e vejo na porta da frente
  G/A   A7
Uma saída, a minha vida
  D
Noutra vida é diferente

Pequenino cão (continuação)

    B7   F#m7(5-) B7
E sem poder te dar a luz
       Em7   Gm6
Meu coração, eu durmo cedo,
    D   A7
E só te peço, amor!
       G   F#m Em7 D
Não me abandones mais.

Baia com H

Samba - Dó Maior   *Denis Brean*

Introdução: Dm   F7M   D7   G7   A7/C#   A7   Dm   F7M   D7   G7   C7M
Gm/Bb   A7(5+)   Dm7   G7(13)   C7M   A7

  Dm7   A7
Dá licença
  Dm7   A7
Dá licença
Dm7
Meu Sinhô
Gm7   C7
Dá licença
Gm7
Dá licença
     C7
Pra yoyô.
F7M   G7
Eu sou amante
     C7M   Bb7   A7
Da gostosa Baia, porém,
Dm7 G7   Dm7
Pra saber seu segredo
Dm7   G7   Dm7 G7
Serei baiano também.
Dm7   A7
Dá licença
Dm7   A7   Dm7
De gostar um pouco só,
Gm7 C7   Gm7 C7
A Baia eu não vou roubar, tem dó!
    G7
Ah! Já disse um poeta
       C7M   Em7
Que terra mais linda não há,
A7   Dm7   A7
Isso é velho, é do tempo
    Dm7   G7
Que a gente escrevia
   C   Fm6 C A7(5+)
Baia com H!
Dm7 G7   Dm7
Quero ver,   com meus olhos
  G7   Dm7
De amante saudoso
  G7   Dm7   G7
A Baia do meu co _ ração

Copyright 1947 by Irmãos Vitale S. A. Ind. e Com.

Bahia com H (continuação)

    C7M   G7(5+)   G7
Quero ver, Baia do sapa _ teiro
G7(5+)   C7M
Charriou, Barroquinha,
G7(5+)   C7M
Calçada, Tabuão!
         Em7   F7M   Em7
Sou um amigo que volta feliz
    Eb°   Dm7   A7(5+) Dm7
Pra teus braços abertos, Baia!
  F/G   G7   Dm7
Sou poeta e não quero ficar
    G7(5+)   C7M
Assim longe da tua magia!
C#°   Dm7 G7   Dm7
Deixa ver teus sobrados, igrejas,
  Dm7   G7
Teus santos, ladeiras,
F7M   Dm7   G7
E montes tal qual um postal.
Gm7   C7   F
Dá licença de rezar pro Senhor do Bonfim
Dm7   Fm6
Salve! A Santa Baia imortal,
C7M   A7
Baia dos sonhos mil!
Dm7   G7
Eu fico contente da vida,
  C6   Fm6 C Fm6 C7M
Em saber que Baia é Bra_sil!

Eu dei

Marcha indiscreta - Fá Maior   *Ary Barroso*

Introdução: B E7/B Am/C D7 Gm7 C7

Ela: – ^{C7} Eu dei

Ele: – O que é que você deu, meu bem

Ela: – ^{C7} Eu dei

Ele: – Guarde um pouco para mim também

^F Não sei se você fala por falar sem meditar.   **BIS**

Ela: – ^{F7} Eu ^{Bb} dei

Ele: – Diga logo, diga logo, ^F é de^{D7}mais

Ela: – Não ^{Gm7} digo, adi^{C7}vinhe se é ^F capaz.

I

Ele: – ^F Você deu seu co^{C7}ração

Ela: – Não dei, não dei

Ele: – Sem ^{C7} nenhuma condi^Fção

Ela: – Não dei, não ^F dei,

^{D7} O meu coração não tem ^{Gm} dono

^{Bbm} Vive ^F sozinho, coita^{C7}dinho, no aban^Fdono.

II

Ele: – ^F Foi um terno e longo ^{C7} beijo

Ela: – Se foi, se foi...

Ele: – Desses ^{C7} beijos que eu de^Fsejo

Eu dei (continuação)

Ela: – Pois foi, pois foi...
               F
       D7   Gm7
Ele: – Guarde para mim unzinho
 Bbm   F   Bb
Que mais tarde eu pagarei
C7   F
Com um jurinho.

Bandolins

Sol menor **Oswaldo Montenegro**

Introdução: Gm Gm/F Em7(5-) Eb7M 2 vezes

Gm   Gm/F
Como se fosse um parque
     Em7(5-)
Nessa valsa triste
  Eb7M   Gm
Se desenvolvesse ao som dos bandolins
   Gm/F   Em7(5-)
E como não e por que não dizer
               F7
Que o mundo respirava mais
         Bb
Se ela apertava assim
 Dm7   Eb
Seu colo é como se não fosse um tempo
       D7
Em que já fosse impróprio
   Gm
Se dançar assim
    Gm/F   Em7(5-)
Ela teimou e enfrentou o mundo
  Eb7M   Gm
Se rodopiando ao som dos bandolins
Gm   Gm/F
Como fosse um lar
      Em7(5-)
Seu corpo a valsa triste iluminava
 Eb7M   Gm
E a noite caminhava assim
     Gm/F   Em7(5-)
E como um par o vento e a madrugada
  F7   Bb
Iluminavam a fada do meu botequim
 Dm7   Eb
Valsando como valsa uma criança
     D7   Gm
Que entra na roda a noite está no fim
    Gm/F   Em7(5-)
Ela valsando só na madrugada
  Eb7M
Se julgando amada
    Cm7   Gm
Ao som dos bandolins.

Copyright 1979 by Warner Chappell Edições Musicais Ltda.

Tem capoeira
(é bom se segurar)

Fá Maior   *Batista da Mangueira*

Introdução: F   Gm7   C7   F   Dm7   Gm7   C7   F   C7(13)

 Gm7   C7   F7M
Tem capo _ eira
  D7   Gm7 | BIS
Da Bahia
C7   F   C7
Na Mangueira

          Dm7   Gm7
Quem mandou você pedir
  C7(9)   F7M
Capoei _ ra | BIS
          Dm7   Gm7
Cuidado senão você pode cair
  C7   F   D7(9-)
Na poei _ ra

 Gm7   C7   F
Vamos fazer um carnaval
  D7
Legal
 Gm7   C7   F
Sambar é nossa tradição

F7   Bb   C7   F
Cuidado que a Mangueira vem aí
  Dm7   Gm7
E é bom se segurar | BIS
          C7   F
Porque a poeira vai subir

             C7   F
Breque: Tem capoeira gente...

Adocica

Lambada - Sol Maior   **Beto Barbosa**

Introdução: G   D7   G

   Am7   D7   G
Adocica, meu amor, adocica,
   Am   D7
Adocica, meu amor, | BIS
         G
A minha vida, oi...

G   Am7
Tá que tá ficando
     D7   G
Ficando muito legal
         Am7
Nosso amor é veneno | BIS
      D7   G
Veneno do bem e do mal.

  Am7   D7
Adocica, meu amor etc.

        Am7
Lua luanda encanta
   D7   G
Os meus caminhos sem fim
          Am7
Quero ter você pra sempre | BIS
  D7   G
Sempre pertinho de mim, oi...

  Am7   D7
Bate feliz o meu coração
   G | BIS
Quando vê... você

  Am7   D7
Adocica, meu amor etc.

Adocica (continuação)

Morena doce gostoso
Magia do meu prazer
Me faz de gato e sapato
Me dá, me dá mais prazer

BIS

Adocica, meu amor etc.

Repetir diversas vezes

Saigon

Paulo César Feital,
Claudio Cartier e Carlão

Ré Maior

Introdução: D D5+ D6 D5+

       D   D5+
Tantas palavras
   D6   D5+
Meias palavras
         F#m7(5-) B7(9-)
Nosso apartamento
              Em7
Um pedaço de "Saigon"
  G/A
Me disse adeus
 A7(9)   D7M
No espelho com batom.

G/A   D   D5+
Vai numa estrela
  D6   D5+
Iluminando
     F#m7(5-)
Toda esta cidade
B7(9-)   Em7
Como um céu de luz néon
     G/A   A/G
Seu brilho silencia
    F#7(5+) Bm7
A cor do som,

  Gm7   C7   F7M
Às vezes você anda por aí
Bb7M   Em7
Brinca de se entregar
A7(9)   D7M Am6
Sonha pra não dormir
D7   Gm7   C7   F7M
E quase sempre eu penso em te deixar
 Bb Gm7   Em7
E é só você chegar
 A7   D G/A
Pr'eu esquecer de mim,

Copyright 1985 by Edições Musicais Tapajós Ltda. / Vison Produções Artísticas Ltda.

Saigon (continuação)

|D   Em7   F#m7 G7M   G6
 Anoi - te - ceu
|G#m7(5-)   C#7   C7M
 Olho pro céu e vejo como é bom
|Am7   D7(9)   G7M D/A
 Ter as estrelas na escuridão
                      Em7
 Espero você voltar
|G/A   D6
 Pra "Saigon".

BIS

América do Sul

Ré Maior *Paulo Machado*

Introdução: D G G/A D G G/A

D   G D   G D   A7 Em7 A7
Deus salve a América do Sul
D   G   D   G   D   A7 F#m7 A7
Desper - ta ao claro e amado sol
Em7   A7   D   A7   D
Deixa correr   qualquer rio
          Bm7   E4 E7
Que alegre esse sertão
A   E   A   B   E7
Essa terra morena, esse calor
     B4   E   B   F#7   A7
Esse campo e essa força tropical
D   G D   G D   A7 Em7 A7
Desper - ta América do Sul
D   G D   G   D   A7 F#m7 A7
Deus salve essa Amé - rica Central
Em7 A7 D A7   D
Deixa viver esses campos
     Bm7   E7
Molhados de suor
A   E   A   B   E7
Esse orgulho latino em cada olhar
    B4   E   B   F#
Esse canto e essa aurora tropical.

A vida do viajante

Xote-baião - Fá Maior *Luiz Gonzaga e Hervê Cordovil*

Introdução: C7 F C7 F C7 F C7 F Dm7 Gm7 C7 F Dm7 Gm7 C7 F

Minha vida é an[Dm]dar
Por este pa[Eb]ís
Pra ver se um di[F]a
Descanso fe[C7]liz
[F]Guardando as re[C7]corda[F]ções [D7]
[Gm]Das terras on[D7]de pas[Gm]sei
[C7]Andando pelos ser[F]tões
[C7]E dos amigos que lá dei[F]xei

[Dm]Chuva e [C]sol
[Bb]Poeira e car[F]vão
[Dm]Longe de [C]casa [Bb]sigo o rotei[F]ro
[C7]Mais uma esta[F]ção
[C7]E a saudade no cora[F]ção!

Amoroso

Choro canção - Sol Menor

Garoto e
Luiz Bittencourt

Introdução: G7   Cm7   D7(9-)   Gm   Gm/Bb   A7   D7   Gm   Eb7   D7

Gm   Gm/F   Em7(5-)   A7
Disseste um di____a
    D7
Tu és tão amoroso
    Aº   Gm
E eu te quero tanto...
  Em7(5-)   A7   Dm
Sem teu carinho eu sei,
  A7
Que a vida não terá prazer
  Am7(5-)   D7
Eu juro, afirmo que não!...
Gm/F   Em7(5-)
Acreditei
A7   D7
Que realmente existisse amizade
  G7
Ao ver tanta sinceridade
Cm7   D7   Gm7(9)
Errei ao julgar teu amor
  Gm7   A7
Sem pensar na crueldade
D7   Gm
Do teu coração
F7   Bb
Nosso romance terminou,
Am7(5-)   D7   G7
Nem a saudade ficou.
Eº   Dbº
E hoje a indiferença
  Bb
Que existe entre nós
G7   C7/C
Nem de leve faz lembrar
C7(9)   F7
Nosso grande amor
  Bb
Ponto final, tudo acabou.
Am7(5-)   D7   G7
Quimera que nos trouxe dor
Eº   Dbº
O que se passou entre nós
  Bb/F
Foi somente ilusão.

Amoroso (continuação)

    G/F   C7/G
Ilusão que maltratou,
   F7   Bb
O meu coração.

Arrependimento

Sylvio Caldas e
Cristovão de Alencar

Samba - Dó menor

Introdução: Fm7 Fm6 Bb7(9) Eb7M G7(9-) Cm7 A° G#° Cm/G G7

   Cm   Bb7   Eb
O arrependimento quando chega
Fm6   Cm   G7   Cm Ab7(13) G7
Faz chorar, oi!... faz chorar
   Cm   Bb7   Eb7M
Os olhos ficam logo rasos d'água
Dm7(5-) G7 Cm7   Fm7/Ab G7   Cm7
E o coração parece até que vai parar

BIS

   Cm   G7
Para ver se te esquecia
  G7(5+)   Cm
Procurei amar alguém
               Dm7(5-)
Mas eu vi que não podia
  G7(5+)   C7
Viver sem te querer bem
           Fm
Hoje estou arrependido
  Dm7(5-)   Cm/G Cm
Implorando o teu perdão
  Cm/Bb D7/A
Muito eu tenho sofrido
  G7   Cm7 G7
Com esta separação.

Estribilho etc...

  Cm   Dm7(5-)
Fui o único culpado
 G7(5+)   Cm
Da nossa separação
            Dm7(5-)
Por isso tenho amargado
 G7(5+)   C7
Pagando na solidão
       Fm
O meu arrependimento
  Dm7(5-) Fm/Ab Cm/G Cm
É sincero   de verdade

Arrependimento (continuação)

Cm/Bb   D7/A
Pensa ao menos um momento
 G7   Cm   G7
Na nossa felicidade.

Estribilhos e final.

Baião caçula

Mário Gennari Filho e Felipe Tedesco

Baião - Láb Maior

Introdução: Ab Ab6 Eb7 Ab Eb7 Ab6

Ab
Eu já toquei, eu já cantei
Ab6
O lindo "Maringá"
Eb7
E o "Tá-hi" foi um baião
Ab
Mesmo de abafar
Ab6
Do "Delicado" eu gostei

Do "Jangadeiro" também
Bbm
Como ninguém

Porém existe um baião
Eb7
Que é toda a minha afeição
Ab6   Eb7
É o "Caçula", irmão
Ab   Ab6   Bbm   Eb7
Baião "Caçula", meu baião
Bbm   C7   Fm   Ab7
Ai, Ai, baião do coração
Db
Agora eu gosto
D°
Agora eu canto
Ab/Eb
Agora eu toco
Ab
Agora eu danço
Eb7
Baião Caçula, "Baião Caçula"
Ab   Eb7
É o baião (do meu coração).

Beija-me

Si bemol Maior

Roberto Martins
e Mario Possi

Introdução: F7 Bb G7 Cm Eb Bb F7 Bb Dm7 Cm7 F7

Bb
Beija-me,
          Eb7   Bb6(9)
         G7   C7
Deixa o teu rosto coladinho ao meu!
 F7
Beija-me,
             Bb
Eu dou a vida pelo beijo teu!...
Dm7(5-) G7
Beija-me,
            Cm
Quero sentir o teu perfume,
Eb6   E°   Bb/F G7 Cm7
Beija-me com todo o teu amor
     F7   Bb Cm7 F7
Se não eu morro de ciúme.

Bb
Ai! Ai! Ai!

Que coisa boa
          F7
O beijinho do meu bem,
            Cm7
Dito assim parece à toa
 F7   Bb
O feitiço que ele tem.

Ai! Ai! Ai
    Bb7
Que coisa louca
 G7   Cm
Que gostinho divinal
      Eb   E° Bb/F
Quando eu ponho a minha boca
 F7   Bb
Nesses lábios de coral.
Eb/F F7
(Meu amor me disse)

Bijuterias

Beguine - Ré menor

João Bosco
e Aldir Blanc

Introdução: E/D C7M/D C/D Dm7 F#m7 F7M Bb7M Gm6/A E/D
C7M/D Dm7 F#m7 F7M Bb7M Gm6/A (Dm7)

(Falado)

Em setembro

Se Deus ajudar

Virá alguém

Eu sou de virgem

E só de imaginar

Me dá vertigem.

(Cantado)
               Dm7/9 Dm6
Minha pedra é ametista
          Dm7(9) Dm6
Minha cor o amarelo
Am7M   Am7(9) Am7M Am7 Am7M Am7(9) Am7M Am7
Mas sou sincero
F7M
Necessito ir urgente ao dentista
             F#m7 B7(9-)
Tenho alma de artista
          E7M Bb7
E tremores nas mãos
         Eb7M
Ao meu bem mostrarei
D7M
O coração
            F#m7
Um sopro e uma ilusão
B7(5+) B7 Em7
Eu   sei
        C#m7(5-) F#7(5+)
Na idade que estou
        Bm7M Bm7
Aparecem os tiques
Bm7(5-)/F E7 Am7M A7(13)
As   ma _ ni _ as

Bijuterias (continuação)

E/D
Transparentes...

– Transparentes

Feito Bijuterias

Dm7
Pelas vitrines

Dm7M
Da Sloper da alma.

Dançando lambada

Lambada - Lá menor   *José Maria*

Introdução: Am E7 Am E7 Am

               E7
Morena cintura de mola
                      Am
Bem juntinho me faz relaxar
                E7
Esquecer dessa coisa faceira
                      Am
Desse jeito não sei o que será
 A7   Dm
Felizmente morena você
  E7   Am
Na lambada me faz delirar.

 Am   E7
Dançando lambada ê
          Am | **BIS**
Dançando lambada lá.

                     E7
Com jeitinho neguinha me diz
                    Am
Bem juntinho escorregando tá
 A7   Dm
De tantos desejos e piques
      E7   Am
Sua pele lisa devo teu corpo roçar,

 Am   E7
Dançando lambada ê
          Am | **BIS**
Dançando lambada lá.

              E7
Morena cintura de mola, etc.

Se Deus me ouvisse

Sol Maior   *Almir Rogério*

Introdução: G Bm C D7

[G]
Ah! Se o bom Deus me ouvisse
[Bm]
E mandasse pra mim
Aquele que eu amo
[C]
E que um dia partiu
Deixando a tristeza
[D7]
Junto a mim.

[G]
Ah! Voltaria pra mim
[Bm]
Toda a felicidade
Sairia do peito
[C]
A dor da saudade
Renascia em mim
[D7]
A caminho do fim

[Am7]   [D7]
Ah! Eu lhe peço, Senhor
[Bm]   [Em]
Ah! Traz de volta este amor
[Eb]   [Bb]
Senhor, está perto o meu fim
[C]
Eu lhe peço, meu Deus
[D7]
Tenha pena de mim.

Uma noite e meia

Ré menor *Renato Rocket*

Introdução: Bm A G F#

Bm
Vem chegando o verão
A
Um calor no coração
G
Essa magia colorida
F#
São coisas da vida.
Bm
Não demora muito agora
A
Todas de bundinha de fora
G
Topless na areia
F#4   **F#**
Virando sereia
G   **A**   **Bm**
Essa noite eu quero te ter
G   **A**   **Bm**
Toda se ardendo só pra mim | Refrão
G   **A**   **Bm**
Essa noite eu quero te ter
G   **F#4 F#**
Te envolver, te seduzir.
Bm
Dia inteiro de prazer
A
Tudo que quiser eu vou te dar
G
O mundo inteiro a seus pés
F#4   **F#**
Só pra poder te amar.
Bm
Roubo as estrelas lá do céu,
A
Uma noite e meia desse sabor
G
Pego a lua, aposto no mar
F#4   **F#**
Como eu vou te ganhar

Refrão:
G   **A**   **Bm**
Essa noite eu quero te ter (etc...)

Só com você eu tenho paz

Beguine - Fá Maior   *Pereira dos Santos e Avarese*

Introdução: F7M   Am7   Bb7M   Ab7M   Gm7   C7(5+)   F6

F   F7M   Bm7(5-)
Eu era tão feliz
E7(9-)   Am7
Sem amar ninguém
D7(9-)   G7
Mas, você surgiu,
Gm7(5-)   C7   F   Am7   Gm
E o amor   também...
C7(13)   F   F7M   Bm7(5-)
Com você junto a mim,
E7(9-)   Am7
Tudo é prazer,
D7   G7   Gm7(5-)   C7   F   Bbm6   F
Mas, eu tenho medo   de sofrer
E7   Bm7(5-)
Uma desilusão
E7(9-)   Am7
Me traria dor
Dm7   G7   Dm7
Pois o meu coração
G7   Gm7   C7(5+)
Já é seu, meu amor
F7M   Bm7(5-)
E viver sem você
E7   Am7
Eu não posso mais
D7(9-)   G7   Gm7   C7   F   Bbm6   F7M(9)
Pois só com você   tenho paz.

Copyright 1956 by Rio Musical Ltda

Foi assim

Canção - Lá menor   *Paulo André e Ruy Barata*

Introdução: A7　Dm7　G7　C7M　Am7　F7　E7/4　E7(9-)　Gm/Bb　A7
G/A　A7　Dm7　Bm7(5-)　E7(9-)

  Am7
Foi assim
              Dm7
Como um resto de sol no mar
              F7
Como a beira de pre_a_mar
         E7/4　E7
Nós chegamos ao fim
  Am7
Foi assim
            Dm7
Quando a flor ao luar se deu
             F7
Quando o mundo era quase meu
       E7/4　E7
Tu te fostes de mim
  Am7
Volta, meu bem, murmurei
          Dm7　A7(5+)
Volta, meu bem, repeti
Dm7　 Dm　Em7
Não há canção
    F7M　Em7
Nos teus olhos
Dm7　 F7
Nem amanhã
  Dm6/E　E7
Nesse adeus
  Am7
Foi assim...
       F#m7(5-)　F7
Hora, dias, meses,
  Em7　Eb7
Se passando
Cm7　 Eb/F
E nesse passar
      Bb7M
Uma ilusão guardei
Dm7　 F/G
Ver-te novamente
 G7　 C7M
Na varanda
C/B　 Am7　 Am/G　 Dm/F
A voz sumida e quase em pranto

Copyright 1976 by Warner Chappell Edições Musicais Ltda.

Foi assim (continuação)

     F7
A me dizer
         Bm7(5-) E7 A7(5+)
Meu bem voltei
Dm7   **F/G G7**   **C7M**
Vi no seu olhar envenenado
  C/B   **Am**   **Am/G**   **Dm/F**
O mesmo olhar do meu passado
     F7
E soube então
    Dm6/E E7 A7(5+)
Que te perdi.

Homenagem à velha guarda

Choro-canção - Fá Maior

Sivuca e
Paulo Cesar Pinheiro

Introdução: D7 Gm Em7(5-) A7 Dm Dm/C E7 A7 Dm Gm7 C7

F　　　F5+　　　　　Gm7　　C7(9)
Um chorinho me traz
　　　　　　C7　　　F
Muitas recordações
　　Bbm7　Eb7(9)　Ab7M　　　Ab5+　Bbm7　Eb7
Quando os　sons dos regionais
　　　　　　　　　Ab7M　Ab7
Invadiam os salões
　　Db　Bbm7　Eb7
E era
　　　　　　　　　　　　　Ab　　Fm7
Sempre um clima de festas
　　　　　　Bbm7　　Db7(9)
Se fazia serestas
　　　　　　　Gm7　　C7
Parando nos portões
　　　　　　　　　　　　F
Quando havia os balcões
　　Ab°　　　Gm7　C7
Sob a luz da lua

E a chama
　　　F　　F5+　　　Gm7　C7(9)
Dos lampiões de gás
　　　　　　C7　　F
Clareando os serões
Bbm7　Eb7(9)　Ab7M　　Ab5+　Bbm7　Eb7
Sem _ pre com gentis casais
　　　　　　　　　Ab7M　Ab7
Como os anfitriões
　　Db　　Bbm7　Eb7
E e _ ra
　　　　　　　　　　　Ab　　Fm7
Uma gente tão honesta
　　Bbm7　　Db7(9)
Em casinhas modestas
　　　　　　　　Gm7　　C7
Com seus caramanchões
　　　　　　　　F　　Bb　Em7(5-)　A7
Reunindo os chorões
Dm　Gm6　Dm　　　Dm/C　　Gm/Bb　Gm7
Era　　　uma flauta de prata

406 | Copyright 1977 by Irmãos Vitale S. A. Ind. e Com.

Homenagem à velha guarda (continuação)

           C7   Bb   A7   Am7(5-) D7
A chorar serenatas, modinhas, canções
                                        D7   Gm
Pandeiro, um cavaquinho e dois violões
         Em7(5-)
Um bandolim bonito
     A7   Dm/F
E um violão de sete cordas
  Dm   E7   A7   Dm   Em7(5-) A7
Fazendo desenhos   nos bordões
Dm Gm6 Dm   Dm/C Gm/Bb Gm7
Um   clarinete suave
                C7
E um trombone no grave
     Bb   A7   Am7(5-) D7
A arrastar corações
                      D7   Gm
Piano era o do tempo do Odeon
           Em7(5-)   A7
De vez em quando um sax – tenor
    Dm/F
E a abertura
     Dm   E7 A7   Dm Gm7 C7
Do fole imortal do   acordeom
 F5+   Gm7   C7/9
Mas já são pra nós
     F
Meras evocações
Bbm7   Eb7(9) Ab7M Ab5+   Bbm7   Eb7
Tu __ do   já   ficou pra trás
                 Ab7M   Ab7
Passou nos carrilhões
     Db Bbm7 Eb7   Ab   Fm7
Quase   ninguém se manifesta
              Bbm7   Db7(9)
Pouca coisa hoje resta
                   Gm7   C7
Lembrando os tempos bons
      F   Gm C7 F6
Dessas reuniões.

Jou – Jou e Balangandans

Marcha-cançoneta - Mi bemol Maior   **Lamartine Babo**

Introdução: Eb Eb7 Ab F F7 Bb F#° Eb/G C7/E Bb7/F Bb7/D Eb° Eb Cm D F#° Gm Fm Abm6 Eb/Bb F#° Eb/G Bb7/F Eb Ab Bb7

         Eb6   Fm6 Bb7
Ele – Jou Jou - Jou Jou
        Eb   Eb/G   Bb7/F Bb7
Ela – O que é, meu balagandans?
       C7
Ele – Aqui estou eu...
       Fm
Ela – Ahi... estás tu...
       F7
Ele – Minha Jou – Jou
       Bb7
Ela – Meu Balangandans...
      Eb
Ele – Nós dois
      Fm6 Bb7
Ela – Depois?
      Eb   Eb/G   Bb7/F Bb7
Ele – O sol do amor   Que manhãs!...
      Eb   Gm7(5-)   C/G   C7
Ela – De braços   dados...
      Fm   Abm6
Ele – Dois namorados
     Eb/Bb
Ela – Já sei!...
       Fm7
Ele – Jou – Jou
        Bb7 Eb
Ela – Balangandans!...
     Bb7
Ele – Seja em Paris...
     Eb
Ela – Ou nos Brasis...
     C7
Ele – Mesmo distantes
     Fm
Ela – Somos constantes
     Abm6
Ele – Tudo nos une...
     Eb/Bb   G7 Ab
Ela – Que coisa rara!...
           E°   Fm   Bb7   Eb
Ele e ela – No amor, nada nos separa.

Copyright 1939 by Irmãos Vitale S. A. Ind. e Com.

Pelo amor de Deus

Samba - Ré Maior   **Paulo Debetio e Paulinho Rezende**

Introdução: D6 F#m7 F7 Em7/9(11)

  A7(9)   D7M(9)
Pelo amor de Deus
    D6(9)   B7   E7(13) E7(13-)
Clareia minha solidão
  Em7(9)   G/A A7(9)
Acende a luz do teu perdão
  Em7(9)   A7(13)   D7M C7/9(13) B7(5+) B7/F# E7(9) Bb7
Apaga esse adeus do olhar
  A7   D7M(9)
Faz dos medos meus
  D6(9)   B7   E7(13) E7(13-)
Receios sem nenhum valor
  Em7(9)   G/A A7(9)
Desperta nosso imenso amor
  Em7(9)   A7(13)   D6(9) B7(5+) B7(9)
Não custa nada perdo _ ar
  Em7   A7
Você virou tatuagem
                D6(9)
No meu pensamento e no meu coração
 C#m7(5-)   F#7
Feito uma estranha miragem
      B7
A beira dos olhos e longe das mãos
 Em7   Abº   D7M/A   B7
Perdoa, meu amor; nobreza maior que o perdão
 Em7   A7(13) F#m7(5-) B7
Não há no reino da paixão.

Minha rainha

Samba - Sol menor   **Rita Ribeiro e Lourenço**

Introdução: Cm6 A7 Dm7 Eb Am7(5-) D7 Gm Eb7 D7

      Gm7
Um dia
               Cm7
Você vai pensar direito
        Cm/Bb   Am7(5-)
E vai procurar um jeito
 D7   Gm7 Am7(5-) D7
Para me pedir perdão
   Gm7
É bem melhor
            Cm7
Você pensar agora
        Cm/Bb Am7(5-)
Antes de chegar a hora
 D7   Gm7 Dm7(5-) G7
Da nossa separação
 Cm7   C#°
Eu já derramei
         Gm/D
Um rio de lágrimas
  Eb7M
Muitas vezes
        Am7(5-)
Chorei minhas mágoas
  D7
Só porque
      Fm6/Ab G7
Eu te amo demais
Cm7   F7
Ai!... amor

Dediquei a você
        Bb6 Gm7
Minha vida inteirinha
Dos meus sonhos de amor
       Cm7 Am7(5-)
Fiz você a rainha
     D7(9-)
E você vem falando
   Fm6/Ab G7
Em separação
Cm7   F7
Ai!... amor...

Copyright 1980 by Peermusic do Brasil Ed. Mus. Ltda.

Minha rainha (continuação)

Antes que seja tarde
        Bb   Gm7
O arrependimento
              Gm/Bb
Eu não quero ouvir
         Cm7   Am7(5-)
Mil desculpas lamento
        D7
Porque tudo que fiz
       Gm Eb7 D7
Foi pra lhe ver feliz.

O poeta aprendiz

Toquinho e Vinicius de Moraes

Samba - Dó Maior

    C7M   Em7   E7(5+)
Ele era um menino valente e caprino
  Am7   Gm7   C7
Um pequeno infante sadio e grimpante
 F7M   C7   F7M   Dm7
De anos tinha dez e asas nos pés
    C7M   Em7   E7(5+)
Com chumbo e bodoque era plic e ploc
 Am7   Gm7   C7
O olhar verde gaio parecia um raio
 F7M   G7   D7   G7
Para tangerina, pião ou menina
 Gm7   C7(9)
Seu corpo moreno vivia correndo
 Gm7   C7(9)
Pulava no escuro não importa que muro
 Fm7   Bb7
Saltava de anjo melhor que marmanjo
 Fm7   Bb7   Dm7 G7(13) G7
E dava o mergulho sem fazer barulho Ê Ê
  C7M   Em7   E7(5+) Am7
Em bola de meia jogando de meia-direita ou de ponta
 C7   F7M   G7
Passava da conta de tanto driblar
 F7M Dm7 G7   C7M   Em7   E7(5+)
Amava era amar, amava Leonor, menina de cor
 Am7   Gm7   C7
Amava as criadas varrendo as escadas
 F7M   G7   D7   G7
Amava as gurias de rua vadias
 Gm7   C7
Amava suas primas com beijos e rimas
 Gm7   C7
Amava suas tias de pele macias
 Fm7   Bb7
Amava as artistas nas cine revistas
 F7M   Bb7(9)   Dm7 G7
Amava a mulher a mais não poder Ê Ê
  C7M   Em7   E7(5+)
Por isso fazia seu grão de poesia
 Am7   C7
E achava bonita a palavra escrita
 F   G7   D7   G7
Por isso sofria de melancolia
 F7M   G7   D7   G7   C
Sonhando o poeta que quem sabe um dia poderia ser.

Copyright 1976 by BMG Music Publishing Brasil Ltda.

Perigo

Ré Maior

Nico Resende e
Paulinho Lima

Introdução: D E/D D E/D

D   E/D
Nem quero saber
    D
Se o clima é pra romance
                E/D
Eu vou deixar correr
D   E/D
De onde isso vem
    D
Se eu tenho alguma chance
            E/D
A noite vai dizer
G(aad9)   D/F#   D/E E7
Nisso todo mundo é igual
G7M   D/F#   E7sus4 E7 A7
Anjo do bem, gênio do mal...
  D   Bm7
Perigo é ter você perto dos olhos
          G   G7M(9)
Mas longe do coração
D   Bm
Perigo é ver você assim, sorrindo
       G   G7M/9
Isso é muita tentação
G7M   Gm6   D
Teus olhos, teu sorriso, uma noite, então..

Ego

Balanço - Fá Maior

*Frankye Arduine e
Arnaldo Saccomani*

Eu só quero de você [F]
O que você quer de mim [Am]
É melhor eu te perder [Dm]
Do que ter você assim [Am]
Tão distante de nós dois [Bb7]
Pra que tanta ironia [Am]
Tudo isto é pra depois [G7]
Vou rasgar a fantasia. [C7]

Te conheço muito bem [F]
Você sempre com esse jogo [Am]
Fica indo, depois vem [Dm]
Vem mexer, brincar com fogo [Am]
Esse ego é muito louco [Bb7]
Atrapalha tanto a gente [Am]
Nosso tempo já é pouco [G7]
Nosso caso é diferente. [C7]

Solta o teu cabelo e me chama [F / Dm]
Tira o teu casaco e me ama [F / Dm]
Puxa esse lençol e me esquece [Bb / F]
Apaga a luz do dia e adormece [Bb / C7]

BIS

Ego (continuação)

    F#
Te conheço muito bem
  A#m
Você sempre com esse jogo
  D#m
Fica indo, depois vem
    A#m
Vem mexer, bricar com fogo,
  B7
Esse ego é muito louco
    A#m
Atrapalha tanto a gente
    G#7
Nosso tempo já é tão pouco
  C#7
Nosso caso é diferente.

Pra finalizar:
F#   D#m
Solta o teu cabelo e me chama...

Preciso aprender a só ser

Samba-canção - Sol Maior   *Gilberto Gil*

Introdução: Gadd9   Fm7(9)   Eb7M   D7(9+5+)   G7M   Eb7M   D7(9+)

  G   Bb7(9,13)
Sabe, gente
      Eb7M   F7   G7M(9)
É tanta coisa pra gente saber
      Fm7(9)   Bb7
Que cantar, como achar,
      Eb7M
Como andar, onde ir
    Gm7(9)   C7
O que dizer, o que calar,
 Bm7   E7sus4 E7(9-) A7(13) D7(9-)
O que querer

  G   Bb7(9,13)
Sabe, gente
      Eb7M   F7   G7M(9)
É tanta coisa que eu fico sem jeito
     Fm7(9)   Bb7   Eb7M
Só eu sozinho e esse nó no peito
    Gm7(9)   C7
Já desfeito em lágrimas
  Bm7   E7sus4 E7
Que eu luto pra esconder

 Am7
Sabe, gente
 D7
Eu sei que no fundo
      Bm7
O problema é só da gente
 Bb7
É só do coração dizer não
      Am7   D7
Quando a mente tenta nos levar
     G6(9) F#7 F7M E7
Pra casa do sofrer
        Am7   Bm7   Cm6
E quando escutar um samba-canção
 Bm7
Assim como
  G7M(9)   F#7   F6
Eu preciso aprender a ser só

Preciso aprender a só ser (continuação)

E7   Am7 Cm6   Bm7 E7(9-)
Reagir e ouvir   o coração responder
      A7(13)   D7   G(add9) D7(9-)
Eu preciso aprender a só ser

(Do início etc...)

G   B7(9,13)
Sabe, gente
      Eb7M   D7   Eb/F G7M(9)
É tanta coisa que eu preciso saber.

Rato, rato

Maxixe - Dó Maior

Casimiro G. Rocha e
Claudinho M. da Costa

  C
Rato, rato, rato,
               G7
Por que motivo tu roeste o meu baú,
Dm7   A7   Dm7 G7
Rato, rato, rato,
            C
Audacioso e malfazejo gabiru.
      A7
Rato, rato, rato,
            Dm7
Eu hei de ver ainda o seu dia final
  G7   C G7
A ratoeira te persiga e consiga
           C
Satisfazer meu ideal.

Quem te inventou
          G7
Foi o diabo, não foi outro podes crer.
     Dm7 G7
Quem te gerou
             C
Foi uma sogra pouco antes de morrer.
        A7
Quem te criou
            Dm
Foi a vingança penso eu,
F6   F#°   C6/G G7   C
Rato, rato, rato, rato emissário do judeu.

Quando a ratoeira te pegar, monstro covarde
         G7
Não venhas a gritar por favor.
Dm7   G7
Rato velho descarado roedor
           C
Rato velho como tu faz horror
Nada valerá o teu cui, cui
     A7   Dm7
Tu morrerás e não terás quem chore por ti
F6   F#°   C6/G G7
Vou provar-te que sou mau

Rato, rato (continuação)

(Frase falada)
Meu tostão é garantido

      G7   C
Não te solto – não te solto nem a pau.

Saudade querida

Samba - Sol Maior

Tito Madi

Introdução: G7M Am7 Bm7 Am7 E7(9-)

Am7   D7
Pensei que a saudade viesse
           G(add9) Bm7(5-) E7
E não me deixasse em paz
Am7   D7
Fiz jeito de quem nada quer
     G7M   F7(9,11+) E7(9-)
E ela se foi, não voltou mais.
Am7   F7(9,11+)
Saudade que agarra a gente
     G7M   F#7
A saudade ruim de quem...
B7M   G#m7   C#m7
Nos faz passar belos momentos
F#7   B7M E7 A7 D7(9) C7(9) B7 E7(9-)
E depois se vai,
Am7   D7
Pensei, mas que engano cruel
D/C   Bm7   E7(9-)
Foi pior para mim
Am7   D7
Fiz jeito de quem se arrepende
    F7(11+) E7
E não é tão ruim
Am7   Cm7M(9)
Saudade! Oh! querida saudade
    Bm7   E7(9-)
Volte aos braços meus   (seu lugar)
A7   D7
Ela veio toda zangadinha,
      Am7   Cm7M(9)   Cm6
(Para final) toda boniti — nha
D7   G6   D7(9-)
Resolveu ficar.

Sorriu para mim

Samba - Si bemol Maior

Garoto e
Luiz Claudio

Introdução: Eb7M Ebm6 Bb7M(9) Bb6 Gm7 C7(9) Cm7(9) F7

  Bb   Bb6   Eb7(9)
Sorriu para mim
           Bb6(9)   Dm7
Não disse nada, porém,
     Ab7   G7   Cm G7(5+)
Fez um jeitinho de quem quer voltar
  Cm7   F7
Dançava com alguém
      Bb(add9)   Gm
Que me roubou seu amor
   C7(9)
Agora é tarde demais
  F7
Não sofro mais essa dor
 Fm7 Bb7   Eb7M   Gm7
É tar _ de é tar __ de
  C7   Ebm6 F7
Arranjei um novo amor.

Copyright 1955 by Irmãos Vitale S. A. Ind. e Com.

Todo azul do mar

Lá Maior   *Flávio Venturini e Ronaldo Bastos*

Introdução: A D E/F# D E7/4 E7

A
Foi assim
  D   F#m7
Como ver o mar
 C#m   D7M
A primeira vez
          A(add9)/C#
Que meus olhos
 Bm7   Esus4 E7
Se viram no seu olhar
      A
Não tive a intenção
 D   F#m7
De me apaixonar
 C#m   D7M   A(add9)/C# Bm7
Mera distração   e já era
              Esus4 E7
Momento de se gostar
 D   A/C#
Quando eu dei por mim
 D   A/E
Nem tentei fugir
 Bm   C#/E#   F#m
Do visgo que me prendeu
B7sus4   B7   Esus4 E7
Dentro do seu olhar
 D   A/C#
Quando eu mergulhei
 D   A/E
No azul do mar
 Bm   C#/E#   F#m
Sabia que era amor
B7sus4   B7   Esus4 E7
E vinha pra ficar
  A
Daria pra pintar
 D   F#m7
Todo azul do céu
 C#m   D7M   A(add9)/C# Bm7
Dava pra encher   o universo
              Esus4 E7
Da vida que eu quis pra mim
 D   A/C#
Tudo o que eu fiz

Todo azul do mar (continuação)

  D   A/E
Foi me confessar
  Bm   C#/E# F#m
Escravo do seu amor
B7sus4 B7   Esus4 E7
Livre pra amar
  D   A(add9)/C#
Quando eu mergulhei
  D   A/E
Fundo neste olhar
    Bm   C#/E# F#m
Fui dono do mar azul
B7sus4   B7   Esus4 E7
De todo azul do mar
A   D   F#m7 D
Foi assim como ver o mar
    A   D   F#m7 D
Foi a primeira vez que eu vi o mar
A   D   F#m7 D
Onda azul todo azul do mar
    A   D   F#m7 D
Daria pra beber todo azul do mar
     A   D   F#m7 D
Foi quando mergulhei no azul do mar.

Uma jura que fiz

Francisco Alves, Noel Rosa e Ismael Silva

Samba - Si bemol Maior

Introdução: Eb F7 Bb Cm7 F7

       Bb6(9) F
Não tenho amor
           Bb7M
Nem posso amar
  F7   Bb
Prá não quebrar
    Gm7   Cm7 G7 Cm7
Uma jura que fiz

E prá não ter

Em quem pensar
     F7
Eu vivo só
       C7(9) F7 Bb6(9) D7
E sou muito feliz.
       Gm D7 G7 Cm7
Um amor prá ser traído

Só depende da vontade
           Gm   A7
Mas existe amor fingido
        D7 Eb
Que nos traz felicidade
       D7 G7
A mulher vive mudando
     Cm D7 Gm
De idéia e de ação
 A7
E o homem vai penando
    A7(13)   D7 F7
Sem mudar de opinião.

Poxa

Samba-choro - Lá menor **Gilson de Sousa**

Introdução: Dm7 G7 C F7M Bm7(5-) E7 Am Bm7(5-) E7

  Am   Dm7
Poxa, como foi bacana te encontrar de novo
  Dm7/C   Bm7(5-)
Curtindo samba junto com o meu povo
  E7   Am   Em7(5-) A7
Você não sabe como eu acho bom
  Dm   G7   C7M
Eu te falei, que você não ficava nem uma semana
  Am7   Dm7
Longe desse poeta que tanto te ama
  E7   Gm6/Bb A7
Longe da batucada e do meu amor
  Dm7   G7   C7M
Poxa, por que você não pára pra pensar um pouco
            Am7   Bm7(5-)
Não vê que é um motivo de um poeta louco
  E7   Gm/Bb A7
Que quer o seu amor pra te fazer canção
  Dm7   G7   C7M
Poxa, não entre nessa de mudar de assunto
  Am7   Bm7(5-)
Não vê como é gostoso a gente ficar junto
  E7   Am Bm7(5-) E7
Mulher, o teu lugar é no meu coração.

Gota d'água

Samba - Ré menor   *Chico Buarque de Hollanda*

Introdução: Dm Bb7M A7 Dm

Dm   Gm   G7
Já lhe dei meu corpo
         C7
Minha alegria
Am7(5-)   D7   Gm
Já estanquei meu sangue
         D/F#
Quando fervia
Bb/F   C/E
Olha a voz que me resta
F/Eb   Bb/D
Olha a veia que salta
         A/C#
Olha a gota que falta
     C   C7(9)
Pro desfecho da festa

     F
Por favor
   F7M   A7/E   A7   D7   Cm/Eb
Deixa em paz meu coração
D7   Gm7   Gm6   Bbm/Db
Que ele é um pote até aqui de mágoa
     Bbm   D/C
E qualquer desatenção
    G7/B   Gm6/Bb
Faça não
  A7   Dm   Em7(5-)   A7   Dm
Pode ser a gota d'água

BIS

Pra terminar:
A7   A/C#   Dm7
Pode ser a gota d'água
D7(9-)   Gm   E7
Pode ser a gota d'água
A7   Dm7
Pode ser a gota d'água.

Cabelos brancos

Samba - Sol menor   *Herivelto Martins e Marino Pinto*

Introdução: Cm D7 Gm Eb7M Am7(5-) D7 Gm Am7(5-) D7

   Gm7   A7   D7   Gm7
Não falem desta mulher perto de mim
   Fm7   Bb7   Eb7M
Não falem pra não lembrar minha dor
   Am7   D7 Am7 D7   Gm7
Já fui moço, já gozei a mocidade
 Em7(5-) A7   Eb7 D7
Se me lembro dela me dá saudade
 Cm   D7   Gm7 Gm/F
Por ela eu vivo aos trancos e barrancos
       Eb7   D7   Gm7
Respeitem ao menos os meus cabelos brancos.
 Am7(5-)   D7   Gm7
Ninguém viveu a vida que eu vivi
                            Cm7
Ninguém sofre na vida o que eu sofri
 D7   G7   Gm7   Gm/F
As lágrimas sentidas,   os meus sorrisos francos
 Em7(5-)   A7
Refletem-se hoje em dia
 D7   G7
Nos meus cabelos brancos
 Cm7   F7   Bb7
Agora, em homenagem ao meu fim,
 Am7(5-)   D7   Gm7
Não falem dessa mulher perto de mim.

Aparências

Choro-canção - Ré menor   *Cury e Ed Wilson*

       Dm7
Quantos anos já vividos
 Em7(5-)   **A7**   **Dm7 Em7(5-) A7**
Revividos simplesmente por viver
       Dm7   **Dm/C**
Quantos erros cometidos tantas vezes
      Gm7   **Dm(9-)**
Repetidos por nós dois
   Gm7   **Em7(5-)**
Quantas lágrimas sentidas e choradas
        A7
Quase sempre às escondidas
  Dm7   **Dm/C**
Pra nenhum dos dois saber
  Gm/Bb   **Gm/F**
Quantas dúvidas deixadas no momento
     Em7(5-) **A7**
Pra se resolver depois
   Dm7   **Em7(5-)**
Quantas vezes nós fingimos alegria
 A7   **Dm7** **Em7(5-) A7**
Sem o coração sorrir
   Dm7   **Dm/C**
Quantas noites nós deitamos lado a lado
 Gm7   **D7(9-)**
Tão-somente pra dormir
  Gm7   **Em7(5-**
Quantas frases foram ditas com palavras
      A7
Desgastadas pelo tempo
      Dm7
Por não ter o que dizer
 Gm/Bb   **Gm**   **Gm/F**
Quantas vezes nós dissemos eu te amo
    Em7(9) **A7(13)**
Pra tentar sobreviver
 D7M
Aparências nada mais
 F#m7
Sustentaram nossas vidas
  F#m7(5-)
Que apesar de mal vividas
 B7(9-)
Têm ainda uma esperança

Copyright 1981 by EMI Songs do Brasil Edições Musicais Ltda.

Aparências (continuação)

Em7
De poder viver
    F#m7(5-)   B7   Em7 G/A
Quem sabe rebuscando estas mentiras
D/A   B7   Em7
E vendo onde a verdade se escondeu
                        A7
Se encontre ainda alguma chance
         G/A   A7   D A7(5+)
De juntar você, o amor e eu.

Corrente de aço

Samba - Dó Maior *João Nogueira*

Introdução: F7M Fm C Am7(9) D7(9) Dm7 G7 C Am7(9) Dm7 G7

C   C6   F7(9,11+) F7(9) F7
Eu cansei de viver chorando
Em7   Ebº   Dm7 A7(5+) A7
Cantando agora sou feliz
Dm7   G7
A tristeza mora ali ao lado
Dm7   F/G   C6(9) G7/4 G7
E é bem fácil fazer o que eu fiz
C6(9)
Amigo, siga o ditado
          Bb7(9)   A7   Dm7   C7(9)
Que a música ao amor conduz
F7M   Fm6   C/E   Ebº
Can__ta, quem can_ta seus males espanta
                 Dm7   G7
De um samba de amor
              Em7(5-) A7
Pode surgir a luz
          Dm7   F/G
Eu tenho no peito um tesouro
              C6(9)
O meu coração é de ouro
            Dm7   G7
Em samba de couro ou de lata,
              C6(9)
Não devo um tostão a ninguém
Am7   Dm7   G7/4   G7
Sou mestre não sinto cansa___ço
       Cadd9   A7
A minha corrente é de aço,
     D7(9)
Se quer ser feliz,
G7   C   A7(9-) A7
Cante comigo também lá, lá, lá, lá...
Fm(9,11) Fm6 C7M(9)
lá   lá lá lá...

Vagamente

Samba - Dó Maior

**Roberto Menescal
e Ronaldo Boscoli**

     C7M   Am7
Só me lembro muito vagamente
     Em7   Gm7
Correndo você vinha, quando de repente,
C7   F6   Fm6   C7M C7(13)
Seu sorriso que era muito branco... me encontrou
   F6   Fm6
Só me lembro que depois andamos
  C7M   Am7
Mil estrelas só nós dois contamos
  C/D   D7   Eb7M Eb6 Dm7 G7(13)
E o vento soprou pela manhã, mil canções...

  C7M   Am7
Só me lembro, muito vagamente,
   Em7   Gm7   C7
Da tarde que morria, quando de repente,
 F6   Fm6   C7M C7(13)
Eu sozinho, fiquei te esperando, e chorei,
 F6   Fm6/Ab
Só me lembro muito vagamente,
Fm6   C7M   Am7
O quanto a gente amou e foi tão de repente,
    D7   Dm7
Que eu nem me lembro se foi com você
  G7(13)   Ab7M Db7M C7M
Que eu perdi o meu amor...

Sumário de Cifras

Sumário
de Cifras

Cifras
(noções)

A	B	C	D	E	F	G
lá	si	dó	ré	mi	fá	sol

As cifras são usadas para representar os acordes, para facilitar a leitura e agilizar a execução das harmonias em instrumentos como violão e teclado.

Regras básicas:

- A letra maiúscula sozinha representa um acorde perfeito maior. Ex: A (lá maior), C (dó maior), etc.

- A letra maiúscula acompanhada do "m" minúsculo representa um acorde perfeito menor. Ex: Bm (si menor), Gm (sol menor), etc.

- A letra acompanhada de um número representa o acorde perfeito maior ou menor acrescido de mais um som que é justamente o intervalo entre a "tônica" do acorde e este determinado som. Ex: Fm7 (fá menor com sétima), D7(9) (ré maior com sétima e nona), etc.

- A letra acompanhada de acidentes (sustenido ou bemol) segue a mesma regra das notas musicais. Ex: F# (fá sustenido maior), Cb7(9) (dó bemol com sétima e nona), etc.

- A letra acompanhada do termo "dim" ou símbolo "º" representa um acorde diminuto. Ex: G#dim (sol sustenido diminuto), Abº (lá bemol diminuto), etc.

Acordes Maiores

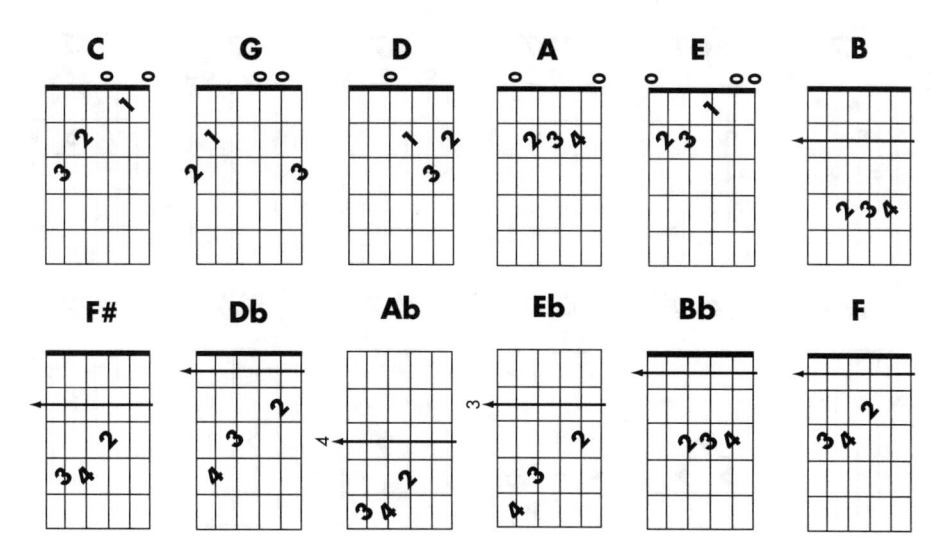

C G D A E B

F# Db Ab Eb Bb F

Acordes Menores

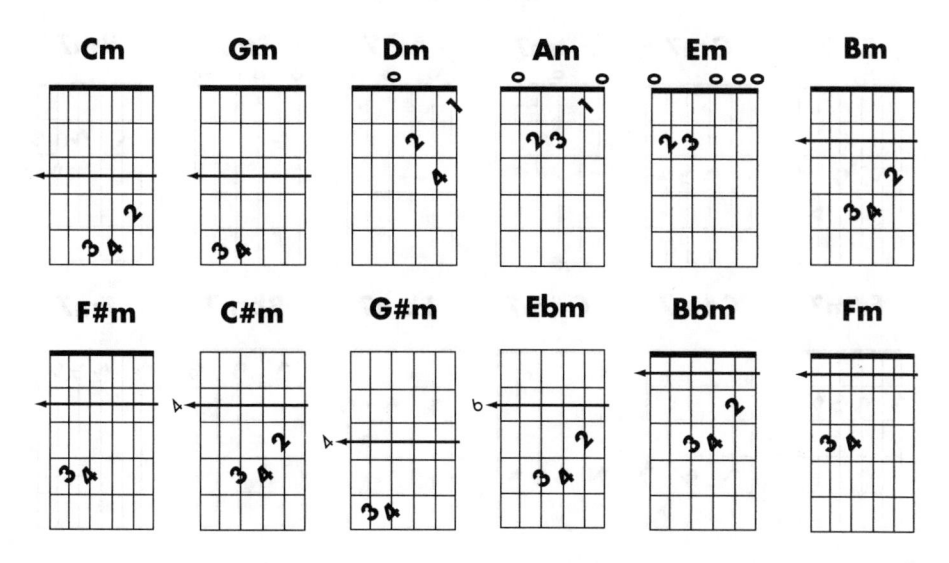

Cm Gm Dm Am Em Bm

F#m C#m G#m Ebm Bbm Fm

Acordes Maiores com 7ª (menor)

C7 G7 D7 A7 E7 B7

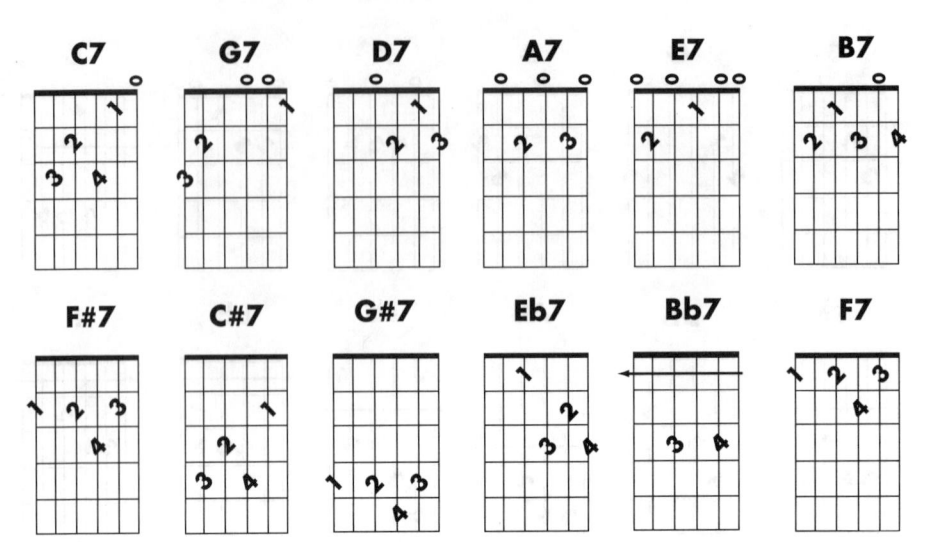

F#7 C#7 G#7 Eb7 Bb7 F7

Acordes Menores com 7ª (menor)

Cm7 Gm7 Dm7 Am7 Em7 Bm7

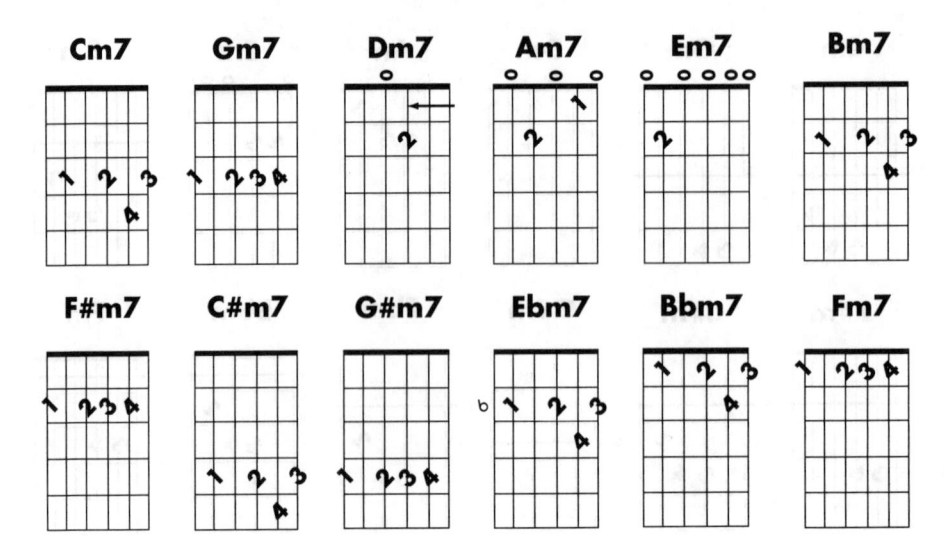

F#m7 C#m7 G#m7 Ebm7 Bbm7 Fm7

Acordes Maiores com 7ª M (Maior)

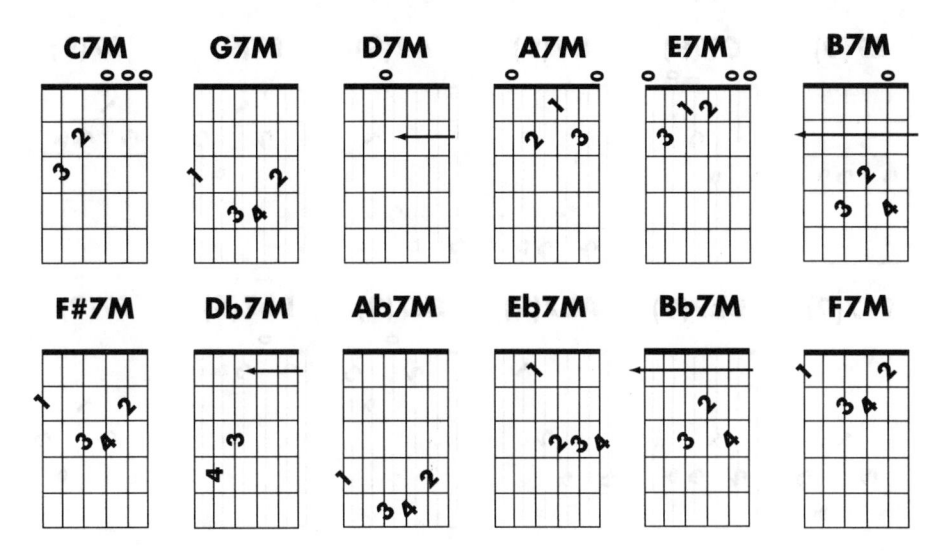

C7M G7M D7M A7M E7M B7M

F#7M Db7M Ab7M Eb7M Bb7M F7M

Acordes Maiores com 7ª (menor) e 5+ (5ª aumentada)

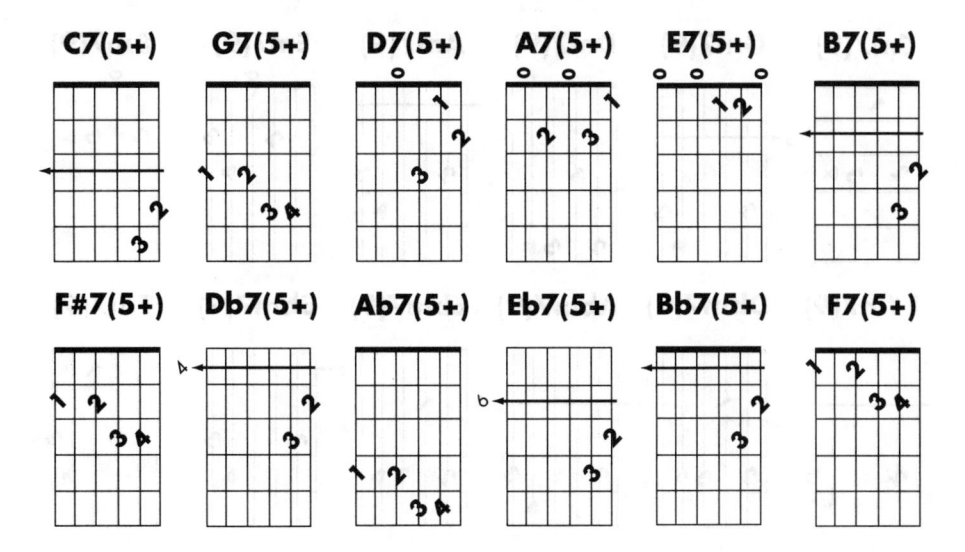

C7(5+) G7(5+) D7(5+) A7(5+) E7(5+) B7(5+)

F#7(5+) Db7(5+) Ab7(5+) Eb7(5+) Bb7(5+) F7(5+)

Acordes Maiores com 7ª (menor) e 9ª (Maior)

C7(9)　G7(9)　D7(9)　A7(9)　E7(9)　B7(9)

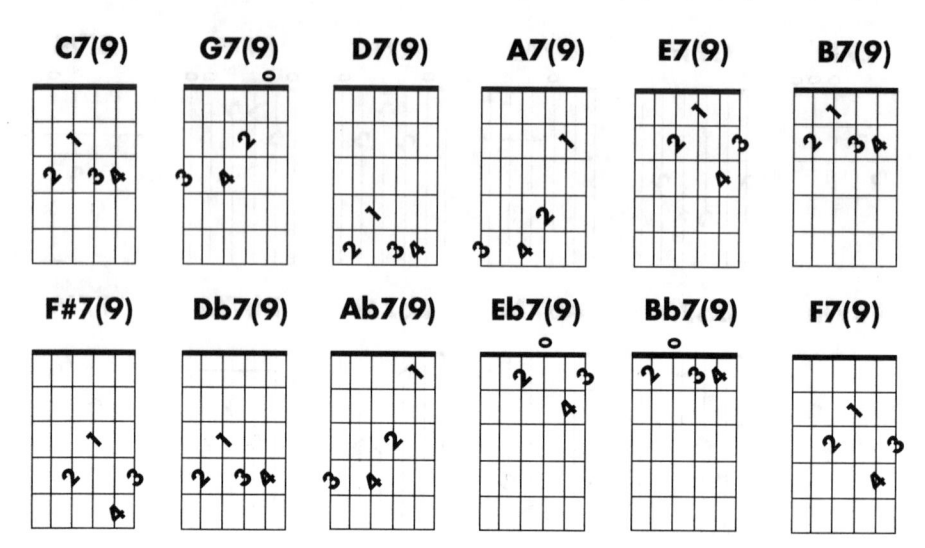

F#7(9)　Db7(9)　Ab7(9)　Eb7(9)　Bb7(9)　F7(9)

Acordes Menores com 7ª (menor) e 9ª (Maior)

Cm7(9)　Gm7(9)　Dm7(9)　Am7(9)　Em7(9)　Bm7(9)

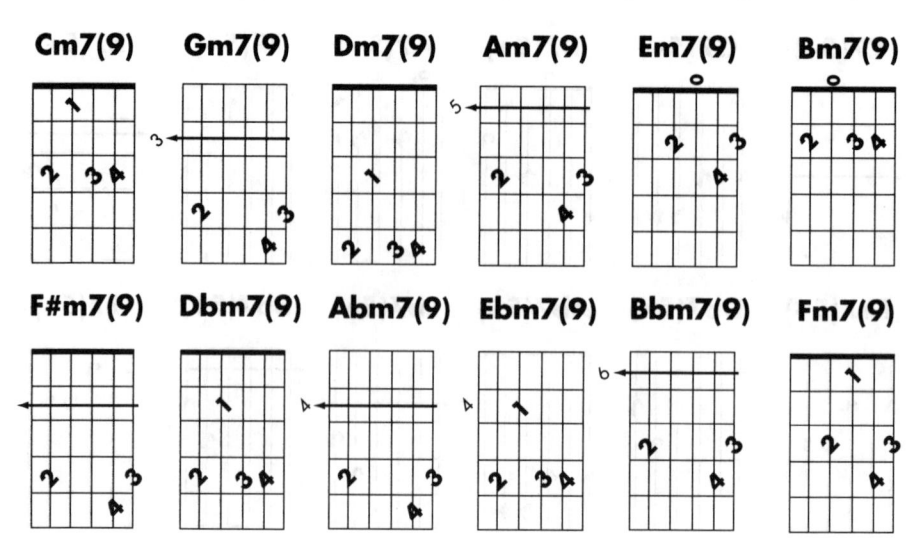

F#m7(9)　Dbm7(9)　Abm7(9)　Ebm7(9)　Bbm7(9)　Fm7(9)

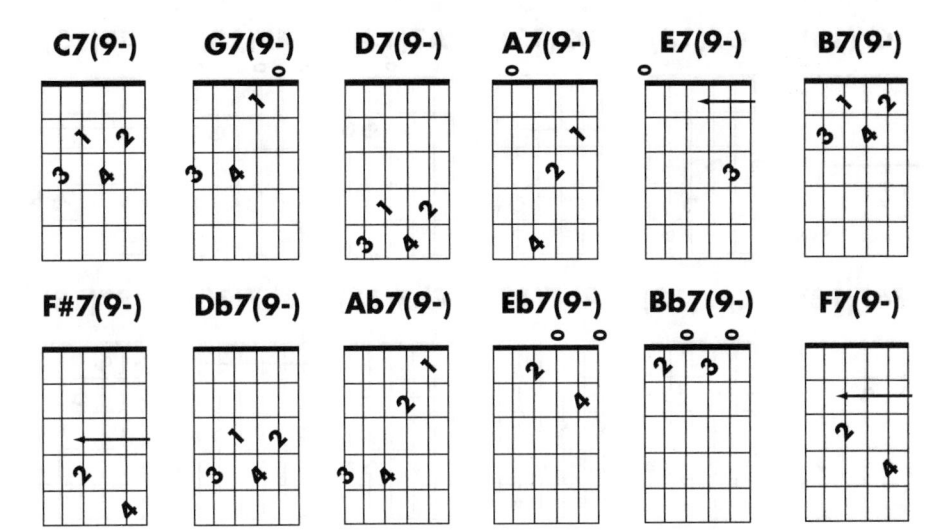

Acordes Maiores com 7º (menor) e 9ª (menor)

C7(9-) G7(9-) D7(9-) A7(9-) E7(9-) B7(9-)

F#7(9-) Db7(9-) Ab7(9-) Eb7(9-) Bb7(9-) F7(9-)

Acordes Maiores com 7ª (Maior) e 9ª (Maior)

C7M(9) G7M(9) D7M(9) A7M(9) E7M(9) B7M(9)

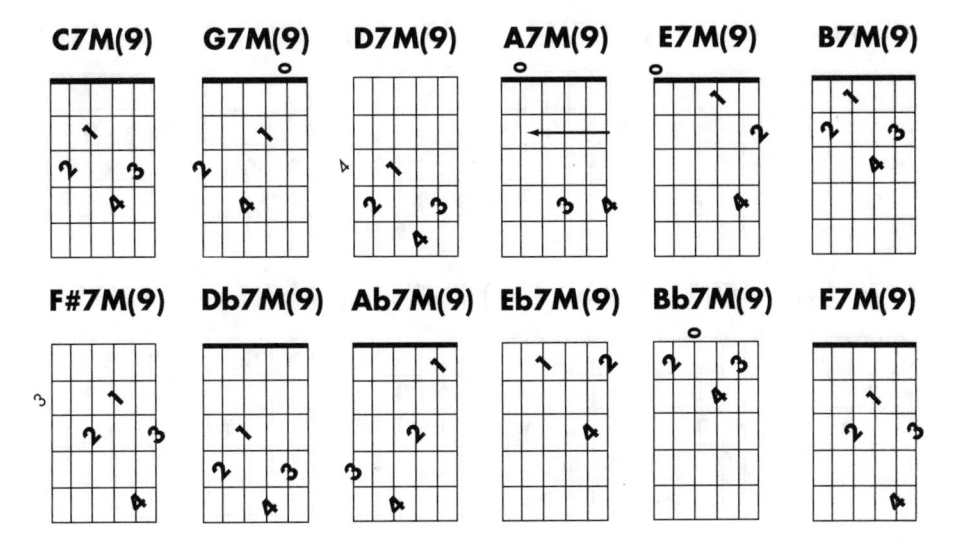

F#7M(9) Db7M(9) Ab7M(9) Eb7M(9) Bb7M(9) F7M(9)

Acordes Maiores com 7ª e 13ª

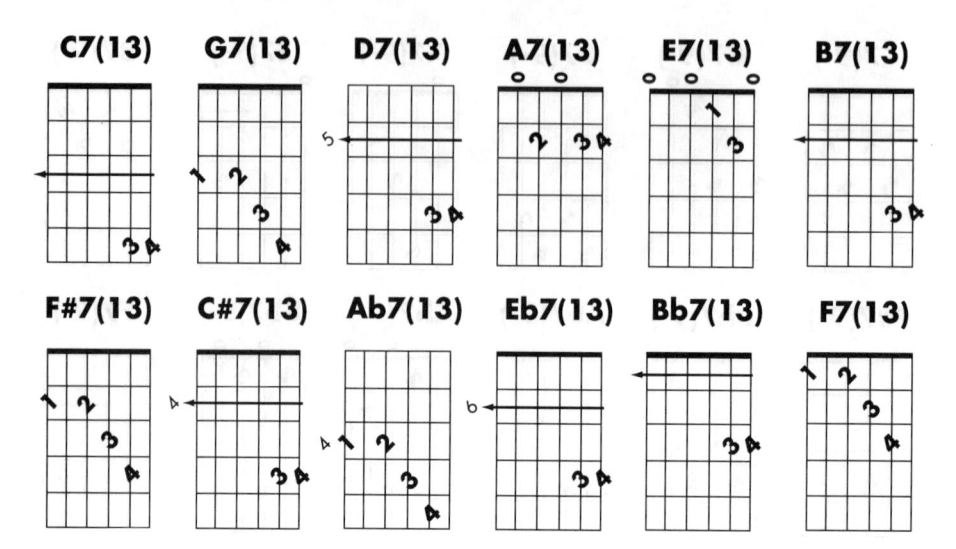

C7(13) G7(13) D7(13) A7(13) E7(13) B7(13)

F#7(13) C#7(13) Ab7(13) Eb7(13) Bb7(13) F7(13)

Acordes Maiores com 7ª (menor) e 11ª (aumentada)

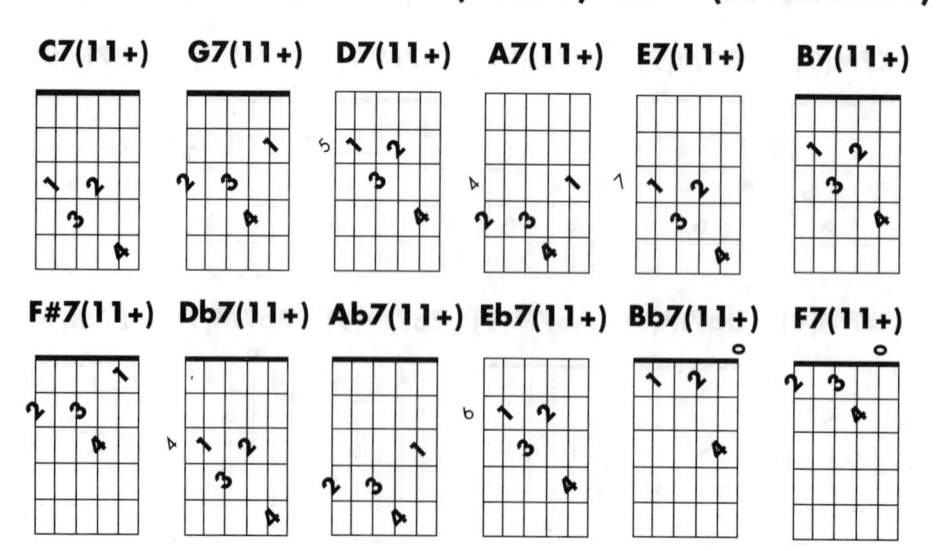

C7(11+) G7(11+) D7(11+) A7(11+) E7(11+) B7(11+)

F#7(11+) Db7(11+) Ab7(11+) Eb7(11+) Bb7(11+) F7(11+)

Acordes Maiores com 6ª

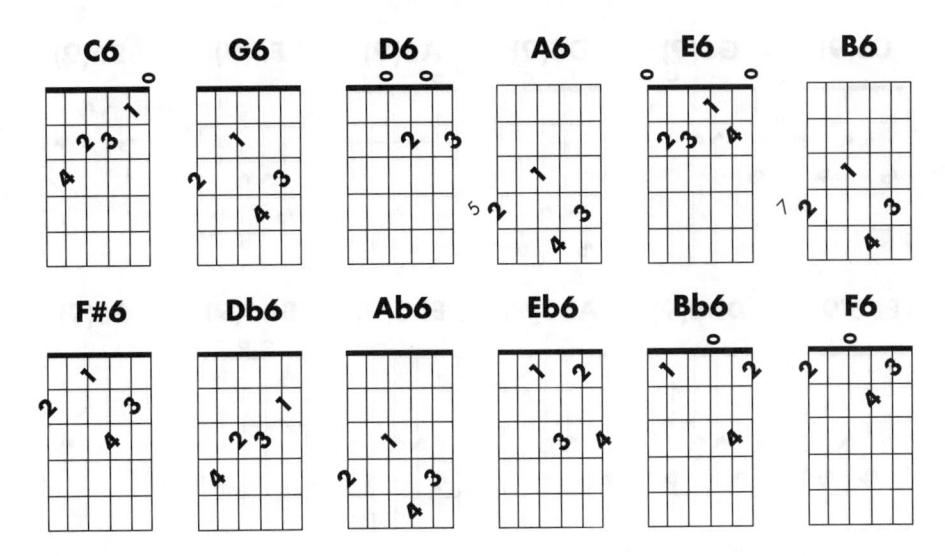

Acordes Menores com 6ª

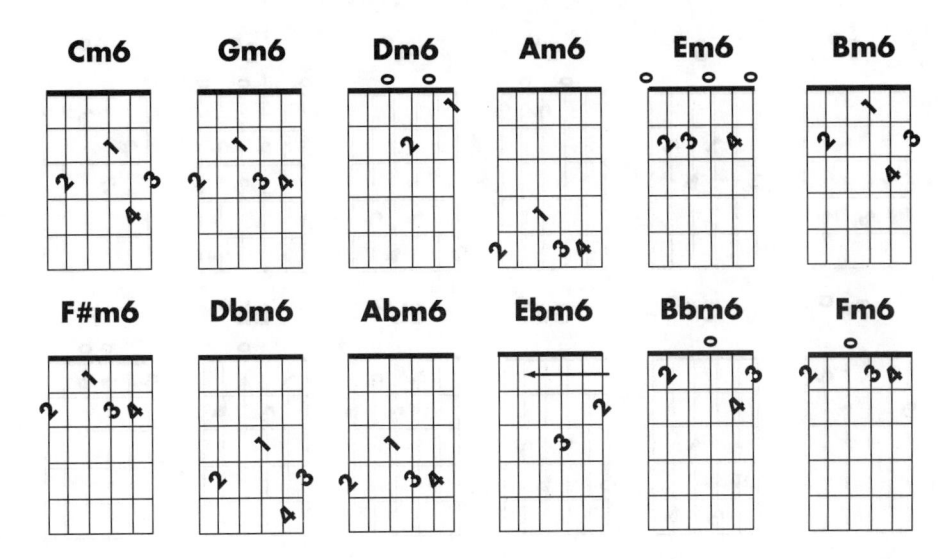

Acordes Maiores com 6ª e 9ª

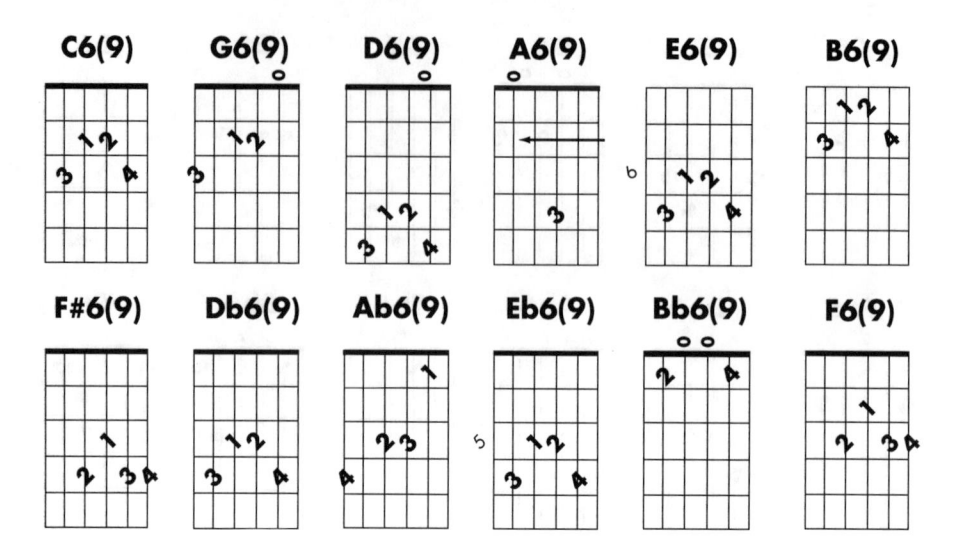

Acordes Diminutos

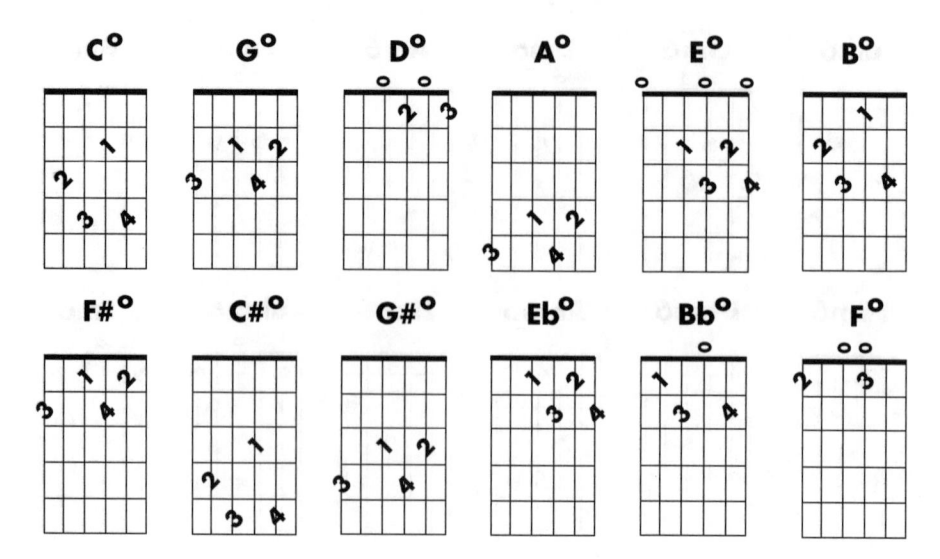

Acordes meio diminutos

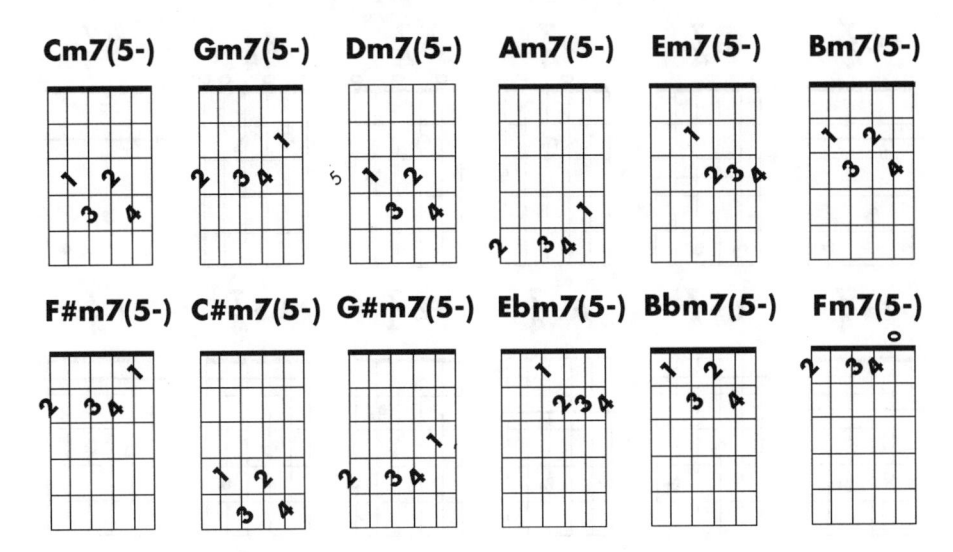

Cm7(5-) Gm7(5-) Dm7(5-) Am7(5-) Em7(5-) Bm7(5-)

F#m7(5-) C#m7(5-) G#m7(5-) Ebm7(5-) Bbm7(5-) Fm7(5-)

Acordes Sus 4

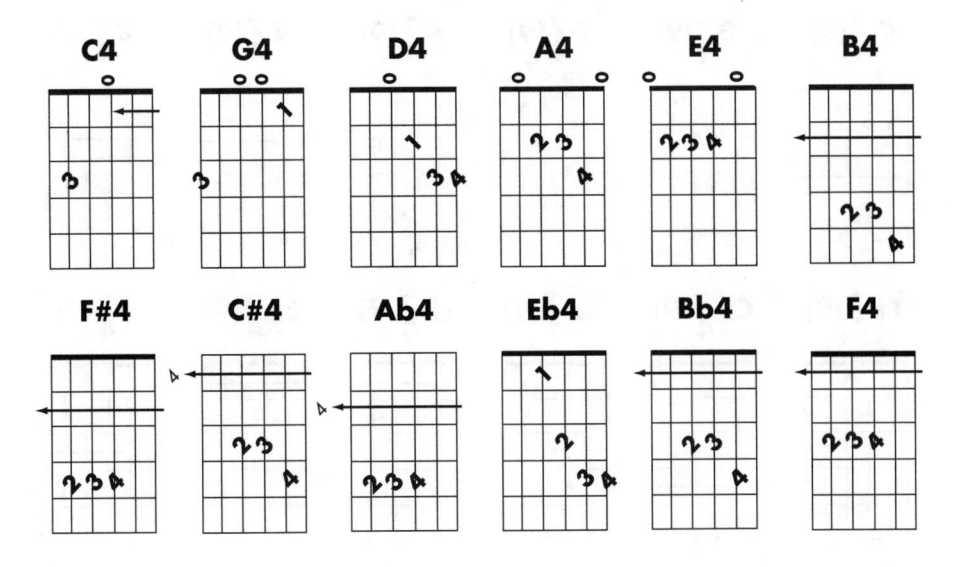

C4 G4 D4 A4 E4 B4

F#4 C#4 Ab4 Eb4 Bb4 F4

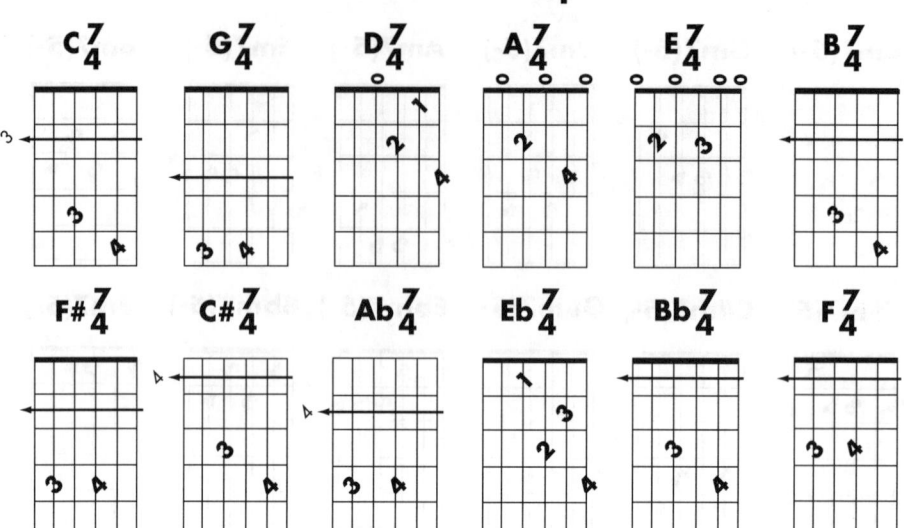

Acordes Sus $\frac{7}{4}$

Acordes Sus $\frac{7}{4}$ (9)

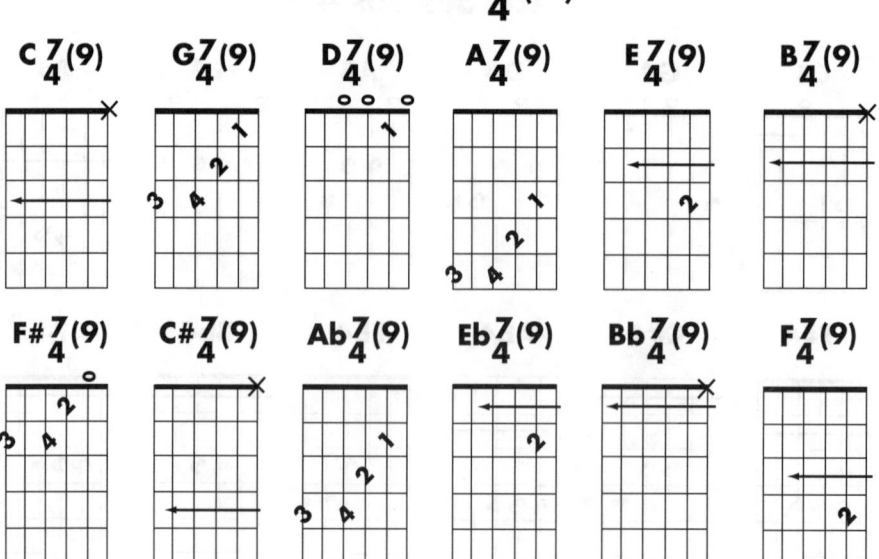

Acordes Maiores com a 3ª no baixo

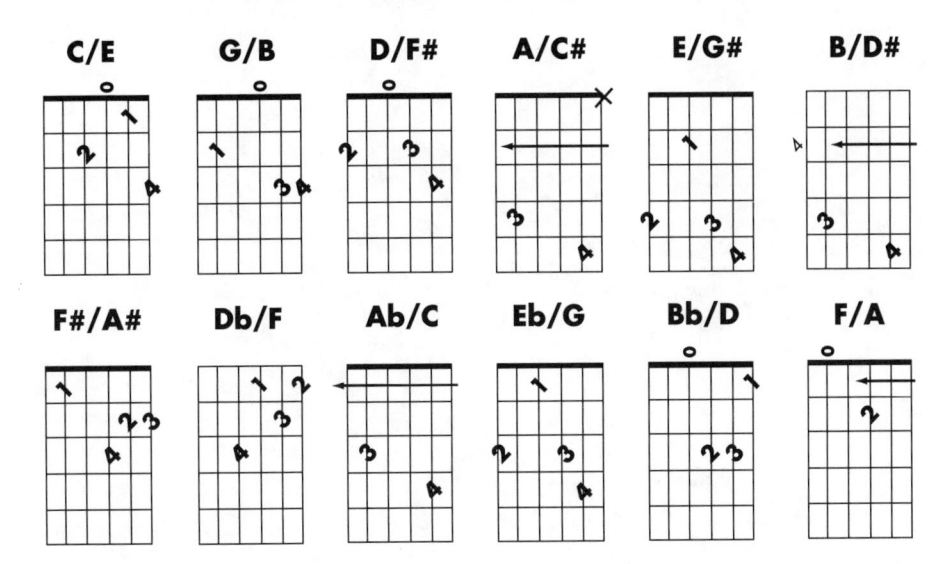

C/E   G/B   D/F#   A/C#   E/G#   B/D#

F#/A#   Db/F   Ab/C   Eb/G   Bb/D   F/A